面向十二五高职高专会计专业规划教材

企业财务会计实务

于 文 主 编

清华大学出版社

北 京

内 容 简 介

本书是济南职业学院教材编写组在近些年课改过程中，通过广泛的行业和岗位调研，并与行业企业专家共同对工作任务进行分析，确定学生的主要就业岗位以及这些岗位对学生职业能力的要求，以此为起点对每个岗位进行教学项目设计及学习情境设置，从而编制完成的一部"教、学、做一体化"教材。教学设计以培养会计核算能力、会计分析能力为重点，以会计工作过程为主线，以会计系统化工作任务（活动）为载体，让学生置身于企业生产经营管理过程和会计工作岗位的职业情境中，认知职业环境，接受任务，与他人分工与协作，逐步完成会计核算任务。

本书主要作为高职高专院校会计专业的教学用书，同时也可作为会计从业人员的学习参考用书。

图书在版编目(CIP)数据

企业财务会计实务/于文主编. --北京：清华大学出版社，2016
(面向十二五高职高专会计专业规划教材)
ISBN 978-7-302-43367-5

Ⅰ. ①企…　Ⅱ. ①于…　Ⅲ. ①企业管理—财务会计—高等职业教育—教材　Ⅳ. ①F275.2

中国版本图书馆 CIP 数据核字(2016)第 074884 号

责任编辑：汤涌涛
装帧设计：杨玉兰
责任校对：王　晖
责任印制：沈　露

出版发行：清华大学出版社
　　　　　网　　　址：http://www.tup.com.cn, http://www.wqbook.com
　　　　　地　　　址：北京清华大学学研大厦 A 座　　　邮　　编：100084
　　　　　社 总 机：010-62770175　　　　　　　　　邮　　购：010-62786544
　　　　　投稿与读者服务：010-62776969, c-service@tup.tsinghua.edu.cn
　　　　　质量反馈：010-62772015, zhiliang@tup.tsinghua.edu.cn
　　　　　课件下载：http://www.tup.com.cn, 010-62791865
印 装 者：北京鑫海金澳胶印有限公司
经　　销：全国新华书店
开　　本：185mm×260mm　　　印　张：21.75　　　字　数：524 千字
版　　次：2016 年 6 月第 1 版　　　　　　　　印　次：2016 年 6 月第 1 次印刷
印　　数：1～3000
定　　价：43.00 元

产品编号：067706-01

《企业财务会计实务》以教育部制定的《高职高专教育会计专业人才培养方案》为指导，以财政部发布的《企业会计准则》和《企业会计准则应用指南》为依据，坚持"能力本位、工学结合、校企合作、持续发展"的高职教育理念，以"夯实财务会计知识、锤炼会计操作技能、培养学生会计职业素养、形成会计综合职业能力"为宗旨，按照"理实一体"的设计理念，将理论知识、实际操作技能与职业素养教育融为一体。本书结合中小型企业的特点，以中小企业常见的经济业务为例，在理论知识够用的基础上，按注重实用的原则编写而成。

本书是教材编写组在近些年课改过程中，通过广泛的行业和岗位调研，并与行业企业专家共同对工作任务进行分析，确定学生的主要就业岗位以及这些岗位对学生职业能力的要求，以此为起点对每个岗位进行教学项目设计及学习情境设置，从而编制完成的一部"教、学、做一体化"教材。教学设计以培养会计核算能力、会计分析能力为重点，以会计工作过程为主线，以会计系统化工作任务(活动)为载体，让学生置身于企业生产经营管理过程和会计工作岗位的职业情境中，认知职业环境，接受任务，与他人分工与协作，逐步完成会计核算任务。

本书具有以下特点：

(1) 基于工作过程组织设计教材内容

重组设计后的基于工作过程系统化的教学内容，与实际工作岗位所要完成的工作任务对接。本书设计了筹资、采购、生产、销售、投资、财产清查、利润及利润分配、财务报表编制等十个学习情境，教学过程就是完成工作任务的过程，以实现教学向岗位的迁徙，充分体现了工学结合的教学模式。

(2) 教、学、做融为一体

本书将教师需教的、学生需学的和边学边做的内容融为一体，与实际工作所需的知识和技能高度一致，学生学习的内容和完成的工作任务就是以后工作的内容。

(3) 内容形式多样，模拟仿真职业性强

本书设有知识目标、能力目标、情境导入及知识导图、任务引例、知识链接、任务实施、做中学、能力训练等栏目。图文并茂，形象生动，符合高职学生的认知规律和学习特点。以时达实业有限公司为例，呈现了大量的原始单据，以增强学生的感性认识和职业判断能力。

本书由济南职业学院教师联合相关行业财务专家共同编写完成。于文、宋拥会负责全书的整体框架及全书的校对修订和最后总纂统稿工作；由于文担任主编，鲁劲秋、常红、张晓楠担任副主编。专业建设指导委员会陈月华、王伟负责确定会计工作过程、业务流程等及部分撰写工作；于文负责撰写学习情境二、八、十；鲁劲秋撰写学习情境六；常红撰写学习情境一、九；张晓楠撰写学习情境五。其他参编人员有李明(学习情境一)、王红敏(学习情境二)、于水英(学习情境三)、于逄(学习情境四)、訾燕(学习情境五)、李琳和陈丽莉(学习情境七)。

　　由于编者水平有限，书中难免有疏漏和不足之处，敬请专家和读者批评指正，以使本书内容日臻完善。

编　者

目　　录

面向十二五高职高专会计专业规划教材

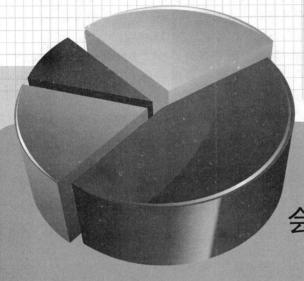

学习情境一 《

会计及会计岗位认知

[职业能力目标]

【知识目标】

- 理解会计的基本假设

- 理解会计信息的质量要求

- 理解会计的基本计量属性

- 了解企业设置的主要会计岗位

【能力目标】

- 能够在会计实务中正确运用基本会计准则

- 能够对基本会计工作进行分工

情境导入

李华毕业于某高职院校的会计专业，通过应聘进入速赛电子公司从事会计工作。即将走上工作岗位，李华既兴奋又紧张，既为自己找到专业对口的工作感到高兴，又担心自己无法胜任岗位工作。她向曾经的专业课老师咨询，如何才能胜任会计工作？老师告诉她：按会计准则去做，你就是一名合格的会计人员。在老师的鼓励下，李华开始了她在速赛电子公司的工作。该公司是一家从事电子产品加工销售的小型企业，从事会计工作的人员较少，分工为出纳、制单会计和明细账会计及总账会计。李华担任出纳工作，其职责主要是日常资金的核算、登记现金及银行存款日记账。经过一个月的工作实践，李华熟悉了该公司的会计核算流程，对自己的岗位工作也已驾轻就熟。

通过实际工作，李华体会到：会计是一项规范性很强的工作，要求我们严格按制度办事，而会计工作的根本要求就体现在会计准则中。掌握基本的会计准则，才能懂会计进而会做会计。另外，会计也是一项综合性的工作，无论企业规模大小，会计工作都不可能由一人完成，必须通过分工协作来完成相应的工作。在分工的基础上就产生了会计岗位，也随之产生了岗位职责。各岗位既相互牵制又密切配合，才能保证会计核算工作的顺利实施。

在本学习情境中，我们将带领大家了解会计准则中对会计的一些基本要求，以及企业应如何设置会计机构、如何进行会计岗位分工，进而让大家了解会计工作、会计岗位的设置及岗位职责。

知识导图

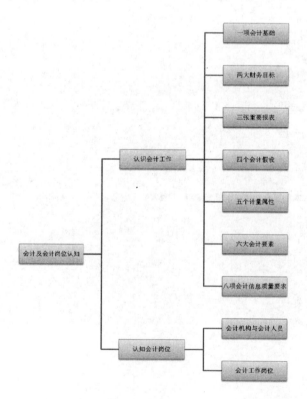

任务一　认知会计工作

任务引例

李华的同学张明大学毕业后自主创业,设立一家销售户外用品的专营店。新店开设需要一定的资金,亲朋好友投入了 20 万元作为投资,张明又向当地银行贷款 10 万元。经过紧张的筹备,张明的户外用品专营店命名为起点户外用品专营店(以下简称起点户外),在 2016 年 1 月 1 日正式开业。开业初始资产负债表(简化)如表 1-1 所示。

表 1-1　资产负债表

2016 年 1 月 1 日　　　　　　　　　　　　　　　　　　单位: 元

资产		负债及所有者权益	
货币资金	300 000.00	长期借款	100 000.00
		负债合计	100 000.00
		实收资本	200 000.00
		所有者权益合计	200 000.00
总资产	300 000.00	负债及所有者权益合计	300 000.00

2016 年 1 月起点户外发生以下业务:

(1) 5 日,购入山地自行车一批,价值 80 000 元,商品已到货,货款已付 50 000 元,双方约定剩余部分三个月后支付。

(2) 20 日,销售给某单位山地自行车 5 辆,售价合计 10 000 元,货款尚未收到;该批自行车的购入成本为 6000 元。

(3) 23 日,张明为起点户外购入台式电脑一台,价格 5000 元;同时为其个人购入手机一部,价格 2000 元。

(4) 起点户外在银行的借款 100 000 元,年利率 6%,自 2016 年 1 月 1 日开始计息,利息按年支付。

如果你是起点户外的投资人,你应该通过何种方式了解起点户外的财务状况和经营成果?你希望该企业在整个持续经营期间,是停止营业时提供一次相关会计信息给你,还是每年一次,或每月一次,或每旬,或每日?

截至 2016 年 1 月 31 日,起点户外的资产、负债及所有者权益相比开业初有什么变化?

知识链接

会计被称为"商业的语言",会计以凭证为依据,采用专门的方法,将企业的信息汇入报表传递给决策制定者,从而帮助企业管理者对经营活动进行管理,帮助投资者在投资项目中选择目标,帮助个人了解其经济环境并对日常事务进行管理,也为政府的行政管理提供重要的信息。因此学习一些必要的会计知识对每一个生活在现代社会的人来说都是非常必要的。

认知会计工作，可以从以下几方面入手。

一、一项会计基础

企业会计的确认、计量和报告应当以权责发生制为基础。权责发生制基础要求，凡是当期已经实现的收入和已经发生或应当负担的费用，无论款项是否收付，都应当作为当期的收入和费用，计入利润表；凡是不属于当期的收入和费用，即使款项已在当期收付，也不应当作为当期的收入和费用。

二、两大财务目标

财务报告的目标是向财务报告使用者提供与企业财务状况、经营成果和现金流量等相关的会计信息，反映企业管理层受托责任履行情况，有助于财务报告使用者做出经济决策。这个目标的定位，将保护投资者利益、满足投资者进行投资决策的信息需求放在了突出位置，彰显了财务报告报告受托责任、提供决策相关信息这两大目标。

三、三张重要报表

财务会计报告是指企业对外提供的反映企业某一特定日期的财务状况和某一会计期间的经营成果、现金流量等会计信息的文件，包括会计报表及其附注和其他应当在财务会计报告中披露的相关信息和资料。会计报表至少应当包括资产负债表、利润表、现金流量表等报表。

四、四个会计假设

会计基本假设包括会计主体、持续经营、会计分期和货币计量。会计基本假设是企业会计确认、计量和报告的前提，是对会计核算所处时间、空间环境等所做的合理设定。

(一)会计主体

会计主体是指会计工作服务的特定单位，是企业会计确认、计量和报告的空间范围。为了向财务报告使用者反映企业财务状况、经营成果和现金流量，提供对其决策有用的信息。会计核算和财务报告的编制应当集中于反映特定对象的活动，并将其与其他经济实体区别开来，才能实现财务报告的目标。明确界定会计主体是开展会计确认、计量和报告工作的重要前提。

一般来说，法律主体可以是一个会计主体，一个企业作为一个法律主体，应当建立财务会计系统，独立反映其财务状况、经营成果和现金流量。但是，会计主体不一定是法律主体。

(二)持续经营

持续经营，是指会计主体的生产经营活动将无期限持续下去，在可以预见的将来不会倒闭。会计确认、计量和报告应当以企业持续、正常的生产经营活动为前提。

如果判断企业会持续经营，就可以假定企业的固定资产会在持续的生产经营过程中长期发挥作用，并服务于生产经营过程，固定资产就可以根据历史成本进行记录，并采用折旧的方法，将历史成本分摊到各个会计期间或相关产品的成本中。如果判断企业不会持续经营，固定资产就不应采用历史成本进行记录并按期计提折旧。

(三)会计分期

会计分期，是指将一个企业持续的生产经营活动划分为一个个连续的、长短相同的期间。会计分期的目的，在于通过会计期间的划分，将持续的生产经营活动划分成连续、相等的期间，据以结算盈亏，按期编报财务报告，从而及时向财务报告使用者提供有关企业财务状况、经营成果和现金流量的信息。

在会计分期假设下，企业应当划分会计期间，分期结算账目和编制财务报告。会计期间通常分为年度和中期。中期，是指短于一个完整的会计年度的报告期间。由于会计分期，才产生了当期与以前期间、以后期间的差别，才使不同类型的会计主体有了记账的基准，进而出现了折旧、摊销等会计处理方法。

(四)货币计量

货币计量，是指会计主体在财务会计确认、计量和报告时以货币作为计量尺度，反映会计主体的生产经营活动。

货币计量有两层含义，一是会计核算要以货币作为主要的计量尺度，会计法规定会计核算以人民币为记账本位币，业务收支以人民币以外的货币为主的单位，可以选定其中一种作为记账本位币，但是编报的财务会计报表应当折算为人民币。二是假定币值稳定，只有在币值稳定或相对稳定的情况下，不同时点上的资产的价值才有可比性，不同期间的收入和费用才能进行比较，并计算确定其经营成果，会计核算提供的会计信息才能真实反映会计主体的经济活动情况。

五、五个计量属性

企业在对会计要素进行计量时，一般应当采用历史成本、重置成本、可变现净值、现值、公允价值进行计量，并保证所确定的会计要素金额能够取得并可靠计量。

(一)历史成本

历史成本又称为实际成本，就是取得或制造某项财产物资时所实际支付的现金或其他等价物。在历史成本计量下，资产按照其购置时支付的现金或者现金等价物的金额，或者按照购置资产时所付出的对价的公允价值计量。负债按照其因承担现时义务而实际收到的款项或者资产的金额，或者承担现时义务的合同金额，或者按照日常活动中为偿还负债预期需要支付的现金或者现金等价物的金额计量。

(二)重置成本

重置成本又称现行成本，是指按照当前市场条件，重新取得同样一项资产所需支付的现金或现金等价物金额。在重置成本计量下，资产按照现在购买相同或者相似资产所需支付的现金或者现金等价物的金额计量。负债按照现在偿付该项债务所需支付的现金或者现金等价物的金额计量。在实务中，重置成本多应用于盘盈固定资产的计量等。

(三)可变现净值

可变现净值，是指在正常生产经营过程中，以资产预计售价减去进一步加工成本和预计销售费用以及相关税费后的净值。在可变现净值计量下，资产按照其正常对外销售所能收到现金或者现金等价物的金额扣减该资产至完工时估计将要发生的成本、估计的销售费用以及相关税费后的金额计量。可变现净值通常应用于存货资产减值情况下的后续计量。

(四)现值

现值是指对未来现金流量以恰当的折现率进行折现后的价值，是考虑货币时间价值的一种计量属性。在现值计量下，资产按照预计从其持续使用和最终处置中所取得的未来净现金流入量的折现金额计量，负债按照预计期限内需要偿还的未来净现金流出量的折现金额计量。

(五)公允价值

在公允价值计量下，资产和负债按照市场参与者在计量日发生的有序交易中，出售资产所能收到或者转移负债所需支付的价格计量。引入公允价值，更能反映企业的实际情况，对投资者等财务报告使用者的决策更具有效性。如交易性金融资产采用公允价值计量。

六、六大会计要素

(一)资产

资产是指企业过去的交易或者事项形成的、由企业拥有或者控制的、预期会给企业带来经济利益的资源。

(二)负债

负债是指企业过去的交易或者事项形成的、预期会导致经济利益流出企业的现时义务。

面向十二五高职高专会计专业规划教材

(三)所有者权益

所有者权益是指企业资产扣除负债后由所有者享有的剩余权益。所有者权益的来源包括所有者投入的资本、直接计入所有者权益的利得和损失、留存收益等。

(四)收入

收入是指企业在日常活动中形成的、会导致所有者权益增加的、与所有者投入资本无关的经济利益的总流入。

(五)费用

费用是指企业在日常活动中发生的、会导致所有者权益减少的、与向所有者分配利润无关的经济利益的总流出。

(六)利润

利润是指企业在一定会计期间的经营成果。利润包括收入减去费用后的净额、直接计入当期利润的利得和损失等。

七、八项会计信息质量要求

会计信息质量要求是对企业财务报告中所提供高质量会计信息的基本规范，是使财务报告中所提供会计信息对投资者等使用者决策有用应具备的基本特征，根据会计基本准则的规定，有八大会计信息质量要求。

(一)可靠性

可靠性要求企业应当以实际发生的交易或者事项为依据进行确认、计量和报告，如实反映符合确认和计量要求的各项会计要素及其他相关信息，保证会计信息真实可靠、内容完整。

(二)相关性

相关性要求企业提供的会计信息应当与投资者等财务报告使用者的经济决策需要相关，有助于投资者等财务报告使用者对企业过去、现在或者未来的情况做出评价或者预测。

会计信息质量的相关性要求，是以可靠性为基础的，两者之间是统一的，并不矛盾，不应将两者对立起来。也就是说，会计信息在可靠性前提下，尽可能地做到相关性，以满足投资者等财务报告使用者的决策需要。

(三)可理解性

可理解性要求企业提供的会计信息应当清晰明了，便于投资者等财务报告使用者理解和使用，满足向投资者等财务报告使用者提供决策有用信息的要求。

(四)可比性

可比性要求企业提供的会计信息应当相互可比。这主要包括以下两层含义。

其一，同一企业不同时期可比。可比性要求同一企业不同时期发生的相同或者相似的交易或者事项，应当采用一致的会计政策，不得随意变更。但是，如果按照规定或者在会计政策变更后可以提供更可靠、更相关的会计信息，可以变更会计政策。

其二，不同企业相同会计期间可比。可比性还要求不同企业同一会计期间发生的相同或者相似的交易或者事项，应当采用统一规定的会计政策，确保会计信息口径一致、相互可比，以使不同企业按照一致的确认、计量和报告要求提供有关会计信息。

(五)实质重于形式

实质重于形式要求企业应当按照交易或者事项的经济实质进行会计确认、计量和报告，不仅仅以交易或者事项的法律形式为依据。

企业发生的交易或事项在多数情况下其经济实质和法律形式是一致的，但在有些情况下也会出现不一致。例如，企业按照销售合同销售商品但又签订了售后回购协议，虽然从法律形式上看实现了收入，但如果企业没有将商品所有权上的主要风险和报酬转移给购货方，没有满足收入确认的各项条件，即使签订了商品销售合同或者已将商品交付给购货方，也不应当确认销售收入。

(六)重要性

重要性要求企业提供的会计信息应当反映与企业财务状况、经营成果和现金流量有关的所有重要交易或者事项。

财务报告中提供的会计信息的省略或者错报会影响投资者等使用者据此做出决策的，该信息就具有重要性。重要性的应用需要依赖职业判断，企业应当根据其所处环境和实际情况，从项目的性质和金额大小两方面加以判断。例如，企业发生的某些支出，金额较小的，从支出受益期来看，可能需要若干会计期间进行分摊，但根据重要性要求，可以一次计入当期损益。

(七)谨慎性

谨慎性要求企业对交易或者事项进行会计确认、计量和报告时保持应有的谨慎，不应高估资产或者收益、低估负债或者费用。

在市场经济环境下，企业的生产经营活动面临着许多风险和不确定性，如应收款项的可收回性、固定资产的使用寿命、无形资产的使用寿命、售出存货可能发生的退货或者返修等。会计信息质量的谨慎性要求，需要企业在面临不确定性因素的情况下做出职业判断时，应当保持应有的谨慎，充分估计到各种风险和损失，既不高估资产或者收益，也不低估负债或者费用。

(八)及时性

及时性要求企业对于已经发生的交易或者事项，应当及时进行确认、计量和报告，不得提前或者延后。

任务实施

针对本任务引例处理如下。

1. 业务解析

(1) 作为企业的投资人，了解财务状况最主要的方式就是财务报表。通过资产负债表可以了解企业的财务状况，通过利润表可以了解企业的经营成果，从而为投资人做出决策提供依据。

(2) 按照持续经营假设，企业将永远经营下去，没有终止期。由此，我们要了解整个经营期的经营情况就无法实现。这就有了会计分期的必要。通常来说，我们可以按月、季度、半年及一年来确定会计期间。

2. 会计处理

针对起点户外 2016 年 1 月发生经济业务分析如下(不考虑相关税费)：

(1) 5 日，购入山地自行车，企业的存货增加 80 000 元，货币资金减少 50 000 元，同时增加应付账款 30 000 元。

(2) 20 日，销售自行车，虽然货款尚未收到，但按照权责发生制的原则，该项收入应计入本期损益，同时确认应收账款增加。同时，按收入与成本费用配比的要求，该项销售的销售成本 6000 元也应计入本期损益。

(3) 张明因企业经营需要，为起点户外购入的电脑应作为企业的固定资产核算；而为个人购入的手机，与企业经营无关，按会计主体假设的要求，不能计入起点户外的核算内容。

(4) 起点户外借款利息按年支付，2016 年 1 月虽没有利息的实际支付，但按权责发生制原则，应将属于本月的借款利息 500 元计入本期的费用。

截至 2016 年 1 月 31 日，起点户外的资产、负债及所有者权益构成如表 1-2 所示。

表 1-2　资产负债表

2016 年 1 月 31 日　　　　　　　　　　　　　　　　单位：元

资　产		负债及所有者权益	
货币资金	245 000.00	应付账款	30 000.00
应收账款	10 000.00	应付利息	500.00
存货	74 000.00	长期借款	100 000.00
固定资产	5000.00	负债合计	130 500.00
		实收资本	200 000.00

续表

资　产		负债及所有者权益	
		本年利润	3500.00
		所有者权益合计	203 500.00
总资产	334 000.00	负债及所有者权益合计	334 000.00

任务二　认知会计岗位

任务引例

经过一段时间的工作，李华对自己的出纳工作已经非常熟悉了，工作之余积极了解其他会计岗位的工作职责。除出纳岗位外，速赛电子公司还设置了制单会计、明细账会计及总账会计几个岗位。制单会计负责编制会计凭证，并负责处理财务收支、债权与债务的事项，纳税申报与缴纳税款等事项；明细账会计负责登记所有明细分类账，定期核对总账与明细分类账和财产账的收发、结存数额；会计主管兼任总账会计，负责审核会计凭证，定期进行财产清查，登记所有总账，核算成本，编制会计报表等。

企业会计岗位设置应遵循哪些基本原则？企业设置的会计岗位通常包括哪些？

知识链接

会计是一项综合性较强的工作，需要通过分工协作来完成。因此，会计机构的建立和岗位的设置及分工就成为做好企业会计工作的组织保证，同时也是保证会计制度实施的重要条件。

一、会计机构与会计人员

(一)会计机构

会计法规定，各单位设置会计机构要根据本单位会计业务的需要具体决定。一般来说，有三种方法：一是设置专门的会计机构；二是在有关机构中设置会计人员并指定会计主管人员；三是确实不具备设置条件的，应当委托经批准设立从事会计代理记账业务的中介机构代理记账。

是否单独设置会计机构由各单位根据自身会计业务的需要自主决定。一般而言，一个单位是否单独设置会计机构，往往取决于下列各因素。

(1) 单位规模的大小。一个单位的规模，往往决定了这个单位内部职能部门的设置，也决定了会计机构的设置与否。一般来说，大中型企业和具有一定规模的事业行政单位，以及财务收支数额较大、会计业务较多的社会团体和其他经济组织，都应单独设置会计机构，如会计(或财务)处、部、科、股、组等，以便及时组织本单位各项经济活动和财务收支的核算，实行有效的会计监督。

(2) 经济业务和财务收支的繁简。经济业务多、财务收支量大的单位，有必要单独设置会计机构，以保证会计工作的效率和会计信息的质量。

(3) 经营管理的要求。有效的经营管理是以信息的及时准确和全面系统为前提的。一个单位在经营管理上的要求越高，对会计信息的需求也相应增加，对会计信息系统的要求也越高，从而决定了该单位设置会计机构的必要性。

(二)会计人员

设置会计机构，应当配备会计机构负责人；在有关机构中配备专职会计人员，应当在专职会计人员中指定会计主管人员。从事会计工作的人员，必须取得会计从业资格证书；未取得会计从业资格证书的人员，不得从事会计工作。

会计机构负责人、会计主管人员的任免，应当符合《中华人民共和国会计法》和相关法律的规定；担任会计机构负责人(会计主管人员)的，除取得会计从业资格证书外，还应当具备会计师以上专业技术职务资格或者从事会计工作3年以上经历。

国有的和国有资产占控股地位或者主导地位的大、中型企业必须设置总会计师。总会计师的任职资格、任免程序、职责权限由国务院规定。总会计师，是组织领导本单位的财务管理、成本管理、预算管理、会计核算和会计监督等方面的工作，参与本单位重要经济问题分析和决策的单位行政领导人员，不同于单位内部财会机构负责人，更不同于一般的会计人员。担任总会计师的，要求取得会计师专业技术资格后，主管一个单位或者单位内部一个重要方面的财务会计工作的时间不少于3年。

会计人员应当具备必要的专业知识和专业技能，熟悉国家有关法律、法规、规章和国家统一会计制度，遵守职业道德。会计人员应当按照国家有关规定参加会计业务的培训。各单位应当合理安排会计人员的培训，保证会计人员每年有一定时间用于学习和参加培训。

国家机关和国有企业、事业单位任用会计人员应当实行回避制度。单位领导人的直系亲属不得担任本单位的会计机构负责人、会计主管人员。会计机构负责人、会计主管人员的直系亲属不得在本单位会计机构中担任出纳工作。需要回避的直系亲属为：夫妻关系、直系血亲关系、三代以内旁系血亲以及配偶亲关系。

二、会计工作岗位

会计机构要设置会计岗位，会计岗位是会计分工的体现。一般企业会计岗位的设置包括两层含义：第一，确定整个会计机构的岗位类别；第二，确定每一会计岗位的职责要求并配备相应的人员。

(一)会计工作岗位设置基本原则

1. 按需设置

各单位会计工作岗位的设置应与本单位业务活动的规模、特点和管理要求相结合。通常，规模大、经济业务多、业务过程复杂和管理较严格的单位，会计机构相应较大，

会计机构内部分工较细，会计人员和岗位也相应较多；相反，规模小、经济业务少、业务过程简单和管理要求不高的单位，会计机构相应较小，会计机构内部的分工会相应较粗，会计人员和岗位也相应较少。

2．符合内部牵制的要求

内部牵制是通过实施岗位分离自动实现账目间的相互核对来保证相关账目正确无误的一种控制机制。《会计基础工作规范》中规定：会计工作岗位，可以一人一岗、一人多岗或者一岗多人；凡是涉及款项和财物收付、结算及登记的任何一项工作，必须由两人或两人以上分工办理，以起到相互制约的作用。但出纳人员不得兼管稽核、会计档案保管和收入、费用、债权债务账目的登记工作。

3．轮岗制度

会计人员的工作岗位应当有计划地进行轮换，以促进会计人员全面熟悉业务和不断提高业务素质。定期或不定期地轮换会计人员的工作岗位，也有利于增强会计人员之间的团结合作意识，进一步完善单位内部控制制度。

4．建立岗位责任制

明确各项具体会计工作的职责范围、具体内容和要求，并落实每个会计工作岗位或会计人员的工作责任。会计岗位责任制是单位会计人员履行会计岗位职责，提高工作效率的有效保证。

(二)主要会计岗位

企业设置哪些会计岗位，应根据自身规模大小、业务量多少等具体情况决定，大中型企业应设置的会计工作岗位一般可分为如下几种。

(1) 会计机构负责人(会计主管)岗位；
(2) 出纳岗位；
(3) 固定资产核算岗位；
(4) 材料物资核算岗位；
(5) 工资核算岗位；
(6) 成本费用核算岗位；
(7) 财务成果核算岗位；
(8) 资金核算岗位；
(9) 往来结算岗位；
(10) 总账报表岗位；
(11) 稽核岗位。

开展会计电算化和管理会计的单位，可以根据需要设置相应工作岗位，也可以与其他工作岗位相结合。

任务实施

针对本任务引例处理如下。

业务解析与处理

(1) 企业在设置会计岗位时应遵循的原则：按需设置；符合内部牵制的要求；轮岗制度；建立岗位责任制。

(2) 企业设置哪些会计岗位，应根据自身规模大小、业务量多少等决定。速赛电子公司规模较小、业务较少，所以仅设置了出纳、制单会计、明细账会计及总账会计几个岗位。在一般大中型企业，可以根据工作需要进行更加细致的分工，可以设置的会计工作岗位一般可分为：会计机构负责人或者会计主管人员、出纳、固定资产核算、材料物资核算、工资核算、成本费用核算、财务成果核算、资金核算、往来结算、总账报表、稽核等岗位。

能 力 训 练

一、单项选择题

1. 会计确认、计量和报告的前提是(　　)。
　　A. 权责发生制　　　　　　　　B. 资金运动
　　C. 生产经营活动　　　　　　　D. 会计基本假设

2. 在会计信息质量特征中，要求合理核算可能发生的收益或费用，不高估收益，不低估费用的是(　　)。
　　A. 可比性　　　B. 可靠性　　　C. 重要性　　　D. 谨慎性

3. 由于(　　)的存在，才产生了本期与其他期间的差异，从而出现了权责发生制和收付实现制。
　　A. 会计主体　　　B. 持续经营　　　C. 会计分期　　　D. 货币计量

4. 某企业2016年3月发生了如下经济业务：①预付下季度房租20 000元；②收到3月份销售商品货款25 000元，款项已存入银行；③购买1000元的办公用品；④预收购货方定金12 000元，货物尚未发送。以权责发生制为计算基础，3月份的收支净额为(　　)元。
　　A. 24 000　　　B. 16 000　　　C. 4000　　　D. 36 000

5. 企业销售商品时，如果没有将商品所有权上的风险和报酬转移给购货方，即使已经将商品交付给购货方，也不应当确认销售收入，体现了会计信息质量(　　)的基本要求。
　　A. 谨慎性　　　　　　　　　　B. 实质重于形式
　　C. 相关性　　　　　　　　　　D. 重要性

6. 关于会计核算的基本前提，下列说法中不正确的是(　　)。
　　A. 会计基本假设包括会计主体、持续经营、会计分期和货币计量

B. 如果企业发生破产清算，经相关部门批准后，可以继续适用持续经营假设

C. 在我国，以公历年度作为企业的会计年度，即公历1月1日至12月31日

D. 会计的货币计量假设，包含了两层含义：一是以货币作为会计的统一计量单位；二是作为会计计量单位的货币，其币值是稳定不变的

7. 一般说来会计主体与法律主体是(   )。

    A. 是有区别的   B. 相互一致的

    C. 不相关的   D. 相互可替代的

8. 界定从事会计工作和提供会计信息的空间范围的会计基本前提是(   )。

    A. 会计职能   B. 会计主体   C. 会计内容   D. 会计对象

9. 企业固定资产可以按照其价值和使用情况，确定采用某一方法计提折旧，它所依据的会计核算前提是(   )。

    A. 会计主体   B. 持续经营   C. 会计分期   D. 货币计量

10. 反映企业某一特定日期财务状况的财务报表是(   )。

    A. 利润表   B. 资产负债表   C. 现金流量表   D. 所有者权益变动表

11. 以实际发生的交易为依据进行会计确认与计量，体现的会计信息质量要求是(   )。

    A. 相关性   B. 可靠性   C. 重要性   D. 及时性

12. 《会计法》规定：各单位应依据(   )的需要设置会计机构，或者在有关机构中设置会计人员并指定会计主管人员。

    A. 会计业务   B. 会计人员数量

    C. 单位营业收入   D. 单位的规模

13. 下列条件中，(   )是一个单位是否设置会计机构的三大因素之一。

    A. 是否有合格的人员担任会计机构负责人

    B. 收支的金额大小

    C. 会计人员的数量

    D. 经营管理的要求

14. 因财务收支数额不大，会计核算业务比较简单，不设置财务会计机构，而在有关机构中设置会计人员的单位，单位负责人应当(   )。

    A. 任命或聘请会计机构负责人   B. 指定会计主管人员

    C. 兼任该机构的负责人   D. 指定会计人员

15. 《会计法》规定：国有的和国有资产占控股地位或者主导地位的大、中型企业必须设置(   )。

    A. 总会计师   B. 总审计师   C. 会计师   D. 注册会计师

16. 记账凭证的填制是由(   )进行的。

    A. 出纳人员   B. 会计人员   C. 经办人员   D. 主管人员

17. 出纳员可以从事的工作是(   )。

    A. 保管会计档案

    B. 登记债权、债务账目

C. 登记现金日记账和银行存款日记账

  D. 登记收入、费用账目

18. 从事会计工作必须持有的资格证书是(　　)。

  A. 会计从业资格证　　　　　　　B. 会计师证

  C. 注册会计师证　　　　　　　　D. 会计学专业毕业证

19. 不属于会计岗位的是(　　)。

  A. 药房收费员　　　　　　　　　B. 出纳岗位

  C. 会计电算化岗位　　　　　　　D. 总账岗位

20. 根据《会计法》的规定,担任单位会计机构负责人的,除取得会计从业资格证书外,还应当具备会计师以上专业技术职务资格或者具有一定年限会计工作经历。该年限是(　　)年以上。

  A. 1　　　　　　B. 2　　　　　　C. 3　　　　　　D. 4

二、多项选择题

1. 下列属于反映企业财务状况的会计要素有(　　)。

  A. 收入　　　　　　　　　　　　B. 所有者权益

  C. 费用　　　　　　　　　　　　D. 资产

2. 下列各项中,属于会计计量属性的有(　　)。

  A. 公允价值　　　B. 现值　　　C. 重置成本　　　D. 历史成本

3. 下面哪些是会计确认的标准? (　　)

  A. 相关性　　　B. 可靠性　　　C. 清晰性　　　D. 及时性

4. 下列组织中,可以作为一个会计主体进行财务核算的有(　　)。

  A. 合伙企业　　　　　　　　　　B. 单独核算的基金

  C. 独立核算的车间　　　　　　　D. 母公司及其子公司组成的企业集团

5. 下列各岗位中,出纳不得同时兼任的有(　　)。

  A. 稽核　　　　　　　　　　　　B. 费用类科目的账目记录

  C. 会计档案保管　　　　　　　　D. 债权类科目的账目登记

6. 国家机关、国有企业、事业单位任用会计人员实行回避制度,单位负责人的直系亲属不得担任(　　)工作。

  A. 会计机构负责人　　　　　　　B. 会计主管人员

  C. 会计　　　　　　　　　　　　D. 出纳

7. 下列不属于会计岗位的有(　　)。

  A. 单位内部审计人员　　　　　　B. 政府审计人员

  C. 资本、基金核算岗位　　　　　D. 商场收银员

8. 会计岗位是指从事会计工作、办理会计事项的具体职位,包括(　　)。

  A. 总会计师岗位　　　　　　　　B. 会计主管人员岗位

  C. 出纳岗位　　　　　　　　　　D. 收入、支出、债权、债务核算岗位

9. 会计工作岗位可以( )。
   A. 一人一岗   B. 一人多岗   C. 一岗多人   D. 交叉兼管

10. 一个单位是否单独设置会计机构，其决定的因素包括( )。
   A. 单位规模的大小   B. 经济业务和财务收支的繁简
   C. 经营管理的要求   D. 上级主管部门的要求

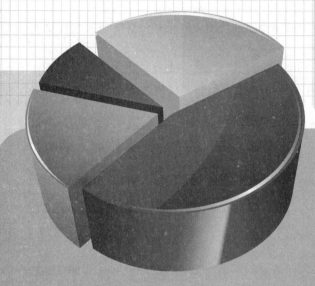

学习情境二 《《

筹资业务的核算

[职业能力目标]

【知识目标】

- 了解企业筹资的分类与方式
- 了解投入资本的方式和计价
- 掌握投入资本、资本公积的核算
- 掌握短期借款、长期借款、应付债券的核算

【能力目标】

- 能够对投资者以不同方式投入资本进行账务处理
- 能够对资本溢价的资本公积进行账务处理
- 能够对短期借款进行账务处理
- 能够对长期借款、应付债券进行账务处理

情境导入

2014 年 5 月 22 日晚，中国最大自营式电商——京东正式登陆纳斯达克，发行价为 19 美元，融资 17.8 亿美元，是此前中概股在纳斯达克最大规模的 IPO。招股说明书显示，京东之前进行过如下几轮融资：2007 年融资 1000 万美元；2008 年 2100 万美元；2011 年 62.37 亿元；2012 年 28.54 亿元；2013 年 18.55 亿元。

此外，2014 年 3 月 10 日，京东获得来自 Huang River Investment Limited 的投资，这家公司隶属于腾讯控股公司，向京东购买 351 678 637 股京东普通股。

上市之后，京东也一直在不断创新融资模式，比如 2015 年 8 月，爱活动京东股权众筹再创奇迹，1000 万元融资提前超额完成。

与此同时，京东也是以一种超乎想象的"高速模式"在稳健发展，2015 年 1～3 月份，全国网上商品零售额达 6310 亿元，增长 41%，京东一季度的业绩增速达到了行业平均增速的两倍以上。

可见，一个企业的生存与发展离不开筹资，对筹资业务的核算是企业会计工作的重要组成部分。那么企业该如何筹集资金呢？京东是吸引投资者加入带来资金，其他的筹资方式有哪些呢？作为财务人员，应当如何对筹资活动进行核算和监督？本情境将围绕上述问题进行学习和探讨。

知识导图

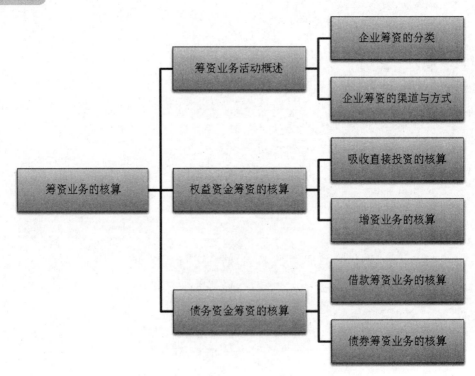

任务一 筹资业务活动概述

任务引例

中南整体橱柜公司是一家上市公司，专业生产、销售整体橱柜。2000 年以来，我国经济快速发展，居民掀起购房和装修热潮，对公司生产的不同类型的整体橱柜需求旺盛，其销售收入增长迅速。公司预计在北京及其周边地区的市场潜力较为广阔，销售收入预计每年将增长 50%～100%。为此，公司决定在 2004 年底前在北京郊区建成一座新厂。公司为此需要筹措资金 5 亿元，其中 2000 万元可以通过公司自有资金解决，剩余的 4.8 亿元需要从外部筹措。2003 年 8 月，公司总经理周建召开总经理办公会议研究筹资方案，决定以增发股票的方式筹集 2.8 亿元，以向银行长期借款的方式筹资 2 亿元。请思考这两种方式分别是何种筹资方式。

知识链接

企业筹集资金是指企业向外部有关单位或个人以及从企业内部筹措和集中生产经营所需资金的财务活动。筹集资金是企业资金运动的起点，是决定资金运动规模和生产经营发展程度的重要环节。通过一定的资金渠道，采取一定的筹资方式，组织资金的供应，保证企业生产经营活动的需要，是企业财务管理的一项重要内容。

一、企业筹资的分类

企业筹集的资金可按不同方式进行不同的分类，这里只介绍两种最主要的方式。

(一)按资金使用期限的长短，分为短期资金和长期资金

短期资金是指供一年以内使用的资金。短期资金主要投资于现金、应收账款、存货等，一般在短期内可收回。短期资金常采用商业信用、银行流动资金借款等方式来筹集。

长期资金是指供一年以上使用的资金。长期资金主要投资于新产品的开发和推广、生产规模的扩大、厂房和设备的更新，一般需几年或几十年才能收回。长期资金通常采用吸收投资、发行股票、发行债券、长期借款、融资租赁、留存收益等方式来筹集。

(二)按资金的来源渠道，分为所有者权益资金和负债资金

权益资金是指企业通过发行股票、吸收投资、内部积累等方式筹集的资金，它们都属于企业的所有者权益，所有者权益不用还本，因而称为企业的自有资金、主权资金或权益资金。自有资金不用还本，因此筹集自有资金没有财务风险。但自有资金要求的回报率高，资本成本也高。

负债资金是指企业通过发行债券、银行借款、融资租赁等方式筹集的资金，属于企业的负债，到期要归还本金和利息，因而又称之为企业的借入资金或负债资金。企业采

用借入的方式筹集资金，一般将承担较大的财务风险，但相对而言付出的资本成本较小。

二、企业筹资的渠道与方式

(一)筹资渠道

筹资渠道是指筹集资金来源的方向与通道，体现资金来源与供应量。我国企业目前筹资渠道主要有如下几种。

(1) 国家财政资金；

(2) 银行信贷资金；

(3) 非银行金融机构资金；

(4) 其他企业资金，是指企业生产经营过程中产生的部分闲置的资金，可以互相投资，也可以通过购销业务形成信用关系形成其他企业资金，这也是企业资金的重要来源；

(5) 居民个人资金；

(6) 企业自留资金，指企业通过计提折旧、提取公积金和未分配利润等形式形成的资金，这些资金的重要特征之一是企业无须通过一定的方式去筹集，它们是企业内部自动生成或转移的资金。

(二)筹资方式

筹资方式是指可供企业在筹措资金时选用的具体筹资形式。我国企业目前主要有以下几种筹资方式：吸收直接投资；发行股票；利用留存收益；向银行借款；利用商业信用；发行公司债券；融资租赁；杠杆收购。

其中前 3 种方式筹措的资金为权益资金，后 5 种方式筹措的资金是负债资金。

任务实施

针对本任务引例处理如下。

1．业务解析

(1) 增发股票的方式筹集 2.8 亿元，属于筹资方式的第二种发行股票；

(2) 向银行长期借款的方式筹资 2 亿元，属于筹资方式的第四种向银行借款。

2．会计处理

(1) 发行股票取得 2.8 亿元，筹措的资金为权益资金；

(2) 向银行长期借款取得的 2 亿元，筹措的资金是负债资金。

任务二　权益资金筹资的核算

任务引例

2016 年 1 月 1 日，时达实业有限公司接受长江投资有限公司投资的现金 2 500 000 元，时达公司已经收到投资者应缴款项。原始凭证分别如表 2-1、表 2-2 所示。

表 2-1　中国银行进账单

（　中国　银行）**进账单**(回单)		1
2016 年 1 月 1 日		

付款人	全　称	长江投资有限公司	收款人	全　称	时达实业有限公司	此联是开户银行交给持票人的回单
	账　号	9556600100789024321		账　号	9556600100264582485	
	开户行	中行北京朝阳支行		开户行	中行济南分行	
金　额	人民币(大写) 贰佰伍拾万元整			亿千百十万千百十元角分 ¥ 2 5 0 0 0 0 0 0 0		
票据种类	支票					
票据张数	壹张		★ 业务受理章	开户银行签章		
复核 董丽　记账 宋岩						

表 2-2　投资协议书

投资协议书（摘要）

投出单位：长江投资有限公司

投入单位：时达实业有限公司

……

第三，长江投资有限公司向时达实业有限公司投资现金2500000元。

第四，长江投资有限公司投资后享有时达实业有限公司注册资本的5%。

第五，长江投资有限公司必须在2016年1月5日前投资后向时达实业有限公司出出资。

投出单位　　　　　　　　　　　投入单位

2016年1月1日

知识链接

一、筹资业务活动

(一)设立筹资业务活动

《公司法》规定，投资者设立企业首先必须按照有关规定投入资本，股东可以用货币出资，也可以用实物、工业产权、专利技术、土地使用权等作价出资。企业在设立时，根据企业的组织形式不同，可采取发行股票和吸收直接投资等方式筹集资金。股份有限公司采用发行股票的方式筹集资金，而其之外的其他企业则采用吸收直接投资方式筹集资金。

(1) 吸收直接投资：货币资产形式出资、非货币资产形式出资；

(2) 发行股票。

(二)增资业务活动

企业增加资本一般有如下三条途径。

(1) 所有者(包括原企业所有者和新投资者)投入；

(2) 将资本公积转为实收资本或股本；

(3) 将盈余公积转为实收资本。

公司法定公积金转增为注册资本的，留存的该项公积金不得少于转增前公司注册资本的25%。

二、账户设置

(一)"实收资本"或"股本"账户

该账户用于核算企业接受投资者投入的实收资本。

该账户为所有者权益类账户，账户贷方登记所有者投资的增加额，借方登记所有者投资的减少额，期末余额在贷方，表示企业实有的资本数额。其中，股份有限公司应通过"股本"科目核算，其他企业均通过"实收资本"科目核算，如表2-3所示。

表2-3 实收资本

借方	贷方
投入资本的减少数	投入资本的增加数
	投入资本的实际数额

(二)"资本公积"账户

该账户用于核算企业收到投资者出资额超出其在注册资本或股本中所占份额的部

分。直接计入所有者权益的利得和损失，也通过本科目核算。

该账户为所有者权益类账户，账户贷方登记资本公积的增加额，借方登记资本公积的减少额，期末余额在贷方，表示企业资本公积的现有数额，如表2-4所示。本账户应按"资本溢价(股本溢价)"、"其他资本公积"等明细账户进行核算。

表2-4 资本公积

借方	贷方
资本公积的减少数	资本公积的增加数
	资本公积的结存数额

股本溢价：股份有限公司是以发行股票的方式筹集股本的，股票可按面值发行，也可溢价发行，我国目前不准折价发行。股本溢价的数额等于股份有限公司发行股票时实际收到的款额超过股票面值总额的部分。

发行股票相关的手续费、佣金等交易费用，如果是溢价发行股票的，应从溢价中抵扣，冲减资本公积(股本溢价)；无溢价发行股票或溢价金额不足以抵扣的，应将不足抵扣的部分冲减盈余公积和未分配利润。

三、设立筹资业务核算

(一)吸收直接投资

1. 货币资产形式出资

借：银行存款
　　贷：实收资本/股本
　　　　资本公积

2. 非货币资产形式出资

借：原材料
　　固定资产
　　无形资产
　　应交税费——应交增值税(进项税额)
　　贷：实收资本/股本
　　　　资本公积

(二)增资业务活动

1. 所有者(包括原企业所有者和新投资者)投入

借：银行存款
　　原材料
　　固定资产

　　无形资产

　　应交税费——应交增值税(进项税额)

　　　　贷：实收资本/股本

2．将资本公积转为实收资本或股本

　　借：资本公积

　　　　贷：实收资本/股本

3．将盈余公积转为实收资本

　　借：盈余公积

　　　　贷：实收资本/股本

任务实施

针对本任务引例处理如下。

1．业务解析

(1) 出纳收到支票进行支票背书，填写进账单，一并递交银行；

(2) 出纳收到收账通知，会计审核收账通知并填制记账凭证；

(3) 会计主管审核记账凭证；

(4) 财务主管审核完凭证后，会计据以登记"银行存款"、"实收资本"等的总账及明细账，出纳登记"银行存款"日记账。

2．会计处理

借：银行存款　　　　　　　　　　　　　　　　2 500 000

　　贷：实收资本——长江投资　　　　　　　　　　 2 500 000

做　中　学

一、设立筹资业务核算

(一)吸收直接投资

1．货币资产形式出资

此类情况参见本任务引例和任务实施的处理。

2．非货币资产形式出资

[做中学 2-1]

1．业务背景及原始凭证

2016 年 1 月 5 日,时达实业有限公司接受莲花投资有限公司投资的润滑油,重量 2000

千克，约定的价值共计 854 700.85 元，增值税进项税额为 145 299.15 元，莲花投资有限公司已开出增值税发票。假定原材料约定的价值与公允价值相符，该进项税额允许抵扣，不考虑其他因素，原始凭证如表 2-5～表 2-7 所示。

表 2-5　入库单

入 库 单

2016 年　1 月　5 日　　　　　　　　　　　　　　　单号 00142578

交来单位及部门	莲花投资有限公司	发票号码或生产单号码	01831380		验收仓库	第二仓库		入库日期	2016.01.05	
编号	名称及规格	单位	数　量		实际价格		计划价格		价格差异	合计联
			交库	实收	单价	金额	单价	金额		
01	润滑油	千克	2000	2000	427.35	854700.85				
	合　　计		2000	2000	427.35	854700.85				

部门经理：董玉　　　　　会计：张皂　　　　　仓库：李薇　　　　　经办人：王蕾

表 2-6　增值税发票

3200063170　　　　　　山东省 增值税专用发票　　　　No.01831380

开票日期：2016 年 1 月 5 日

购货单位	名　称	时达实业有限公司		密码区		第三联：抵扣联　购货方扣税凭证
	纳税人识别号	350426810001				
	地址、电话	济南市山大路169号　88795220				
	开户行及账号	中行济南分行9556600100264582485				

货物或应税劳务名称	规格型号	单位	数量	单价	金额	税率	税额
润滑油		千克	2000.00	427.35	854700.85	17%	145299.15
合　计					854700.85		145299.15

价税合计（大写）	壹佰万元整	（小写）¥1000000.00

销售单位	名　称	莲花投资有限公司	备注	投资
	纳税人识别号	6999888774100		
	地址、电话	济南市花园路16号　83627511		
	开户行及账号	建行济南分行9553300100285478321		

收款人：***　　　复核：***　　　开票人：***　　　销货单位（章）：

25

表2-7　投资协议书

投资协议书（摘要）

投出单位：莲花投资有限公司
投入单位：时达实业有限公司

- - - - - - - - - - -

第三，莲花投资有限公司以含税价 1000000 元的材料向时达实业有限公司投资
第四，莲花投资有限公司投资后享有时达实业有限公司注册资本的 2%
第五，莲花投资有限公司必须在 2016 年 1 月 20 日前向时达实业有限公司出资

投出单位　　　　　　　　　　　　　投入单位

2016 年 1 月 5 日

2．业务解析

(1) 仓库管理员按双方约定协议书上的价值填写入库单；

(2) 会计审入库单并根据增值税进项发票填制记账凭证；

(3) 会计主管审核记账凭证。

3．会计处理

借：原材料　　　　　　　　　　　　　　　　854 700.85

　　应交税费——应交增值税(进项税额)　　　145 299.15

　　贷：实收资本——莲花投资　　　　　　　1 000 000

[做中学 2-2]

1．业务背景及原始凭证

2016 年 3 月 10 日，时达实业有限公司与山海投资有限公司签订投资协议书，约定山海投资有限公司以双方确认价值 1 100 000 元的厂房向时达实业有限公司投资，山海投资有限公司投资后享有时达实业有限公司注册资本 5000 万元的 2%，且 3 月 31 日前向时达实业有限公司出资。合同约定该固定资产价值与公允价值相符，不考虑其他因素，原始凭证如表2-8、表2-9 所示。

2．业务解析

(1) 取得专业资产评估机构的公允价值认定书；

(2) 会计审核固定资产验收单并根据评估认定书填制记账凭证；

(3) 会计主管审核记账凭证。

表 2-8　投资协议书

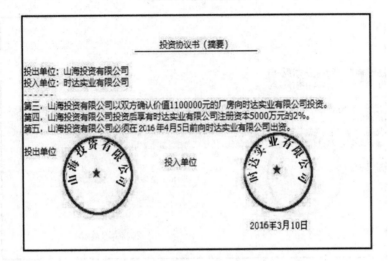

投资协议书（摘要）

投出单位：山海投资有限公司
投入单位：时达实业有限公司
第三，山海投资有限公司以双方确认价值1100000元的厂房向时达实业有限公司投资。
第四，山海投资有限公司投资后享有时达实业有限公司注册资本5000万元的2%。
第五，山海投资有限公司必须在2016年4月5日前向时达实业有限公司出资。
‥‥‥

投出单位　　　　　　　　　　投入单位

2016年3月10日

表 2-9　固定资产验收单

固定资产验收单

2016 年 3 月 31 日　　　　　　　　　　编号

名　称	规格型号	来源	数量	购（造）价	使用年限	预计残值
厂房		投入	1	1100000	20	0
安装费	月折旧率	建造单位		交工日期		附件
		2016年3月31日				
验收部门	王海	验收人员	刘英	管理部门	李光	管理人员　文婧
备注	该固定资产为山海投资有限公司投入。					

3．会计处理

借：固定资产　　　　　　　　　　　　　　　　1 100 000

　　贷：实收资本——山海投资　　　　　　　　　　1 000 000

　　　　资本公积　　　　　　　　　　　　　　　　100 000

[做中学 2-3]

1．业务背景及原始凭证

时达实业有限公司接受明发投资有限公司投资的无形资产，原始凭证如表 2-10、表 2-11 所示。

2．业务解析

(1) 取得专业无形资产评估机构的公允价值认定书；

(2) 会计根据评估认定书填制记账凭证；

(3) 会计主管审核记账凭证。

表 2-10 投资协议书

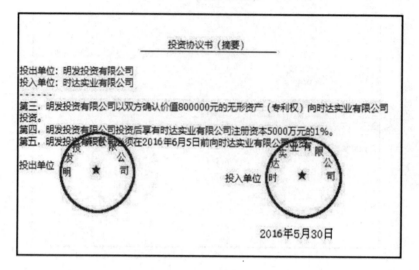

表 2-11 专利权转让合同

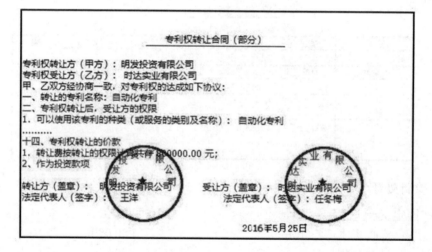

3. 会计处理

借：无形资产	800 000
贷：实收资本——明发投资	500 000
资本公积	300 000

(二)发行股票

[做中学 2-4]

1. 业务背景及原始凭证

2016 年 1 月 1 日，东方股份有限公司发行普通股 500 万股，每股面值 1 元，每股发行价格为 1.2 元。发行过程中共发生 3%相关税费，从发行收入中扣除。股款 582 万元已经全部收到，原始凭证如表 2-12、表 2-13 所示。

表 2-12　股票承销协议

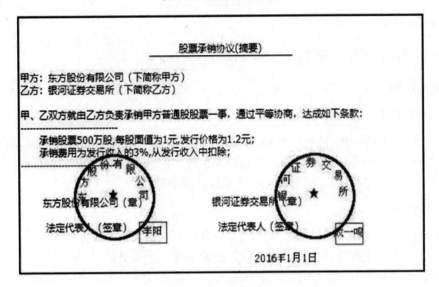

表 2-13　中国银行进账单

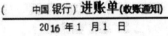

2．业务解析

(1) 出纳收到认购款，填制进账单并递交银行；

(2) 出纳收到收账通知，会计审核收账通知并填制记账凭证；

(3) 会计主管审核记账凭证。

3．会计处理

收到股票款=1.2×5 000 000×(1−3%)= 5 820 000(元)；

"股本"科目按面值计入，1×5 000 000 = 5 000 000(元)

借：银行存款   5 820 000

      贷：股本   5 000 000

            资本公积——股本溢价   820 000

二、增资业务活动

(一)所有者(包括原有投资者和新投资者)投入

[做中学 2-5]

1．业务背景

为扩大经营规模，经批准，2015 年 12 月 10 日，A 有限责任公司注册资本由原来的 100 万元扩大为 500 万元，甲、乙、丙按照原出资比例分别追加投资 120 万元、120 万元和 160 万元。A 公司如期收到甲、乙、丙追加的现金投资。

2．业务解析

(1) 出纳收到现金，填制进账单并递交银行；

(2) 出纳收到收账通知，会计审核收账通知并填制记账凭证；

(3) 会计主管审核记账凭证。

3．会计处理

借：银行存款   4 000 000

      贷：实收资本——甲   1 200 000

                     ——乙   1 200 000

                     ——丙   1 600 000

(二)资本公积转增资本

[做中学 2-6]

1．业务背景及原始凭证

海成科技有限公司的股东为长江投资有限公司和山海投资有限公司，持股比例分别为 60% 和 40%。请根据背景资料，编制海成科技有限公司资本公积转增实收资本时的会计分录，原始凭证如表 2-14 所示。

2．业务解析

(1) 会计审核验资报告并按照批准的金额填制记账凭证；

(2) 会计主管审核记账凭证。

3．会计处理

借：资本公积   5 000 000

      贷：实收资本——长江投资   3 000 000

面向十二五高职高专会计专业规划教材

——山海投资　　　　　　　　　　　2 000 000

表 2-14　验资报告

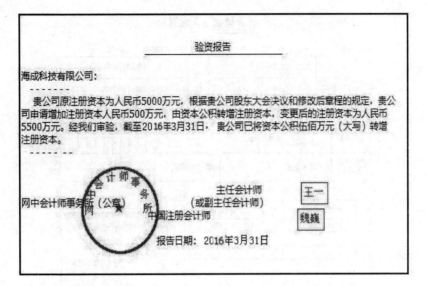

(三)盈余公积转增资本

[做中学 2-7]

1. 业务背景

因扩大经营规模需要，经批准，2016 年 3 月 1 日，A 有限责任公司按原出资比例将盈余公积 100 万元转增资本。

2. 业务解析

(1) 会计审核批准书并按照批准的金额填制记账凭证；
(2) 会计主管审核记账凭证。

3. 会计处理

借：盈余公积　　　　　　　　　　1 000 000
　　贷：实收资本——甲　　　　　　　300 000
　　　　　　　　——乙　　　　　　　300 000
　　　　　　　　——丙　　　　　　　400 000

任务三　债务资金筹资的核算

任务引例

时达实业有限公司 2016 年与中国银行安平分行签订一借款合同，该公司制度规定按月计提利息。请根据背景文件，编制会计分录，原始凭证如表 2-15～表 2-18 所示。

表 2-15 借款借据

（放款）

借款借据（入账通知）

单位编号		借款日期 2016 年 1 月 1 日		借据编号		36554
收款单位	名 称	时达实业有限公司	付款单位	名 称	中国银行安平分行	
	开户账号	0232071609011983123		放款户账号	0921100809100100111	
	开户银行	中国银行中山分行		开户银行	中国银行安平分行	

借款金额 人民币（大写） 壹佰万元整 　 千百十万千百十元角分 ￥ 1 0 0 0 0 0 0 0 0

借款原因及用途 生产周转资金 　 借款计划指标

	借 款 期 限				
期次	计划还款日期	√	计划还款金额	
1	2016.7.1	☐	￥1000000.00	你单位上列借款，已转入你单位结算户内。借款到期时由我行按期自你单位结算户内扣收。此致 借款单位
		☐		中国银行安平分行 （银行盖章）付讫章
		☐		

备注：

（此联由银行退借款单位作入账通知）

表 2-16 结款合同

借款合同（摘要）

立合同单位：
  时达实业有限公司（简称借款方）
  中国银行安平分行（简称贷款方）
  根据国家规定，借款方经贷款方审查同意发放。为明确双方责任，恪守信用，特签订本合同，共同遵守。
  第一条 借款方向贷款方借款人民币（大写）壹佰万元整，期限六个月，年利率为6%。
  第二条 自支用贷款之日起，按月计算利息，利息按季支付，到期归还本金。
  ……………………
  第八条 本合同经过双方签字、盖章后生效，贷款本息全部清偿后生效。合同正本一式2份，借、贷双方各执一份；副本一份，报送银行监督管理委员会

借款方：（公章）
法人代表：（签字）司徒冬梅
开户银行及账号：中国银行中山分行0232071609011983123

贷款方：（公章）
法人代表：（签字）张□会

签约日期： 2016年1月1日

表 2-17　利息回单

表 2-18　进账单

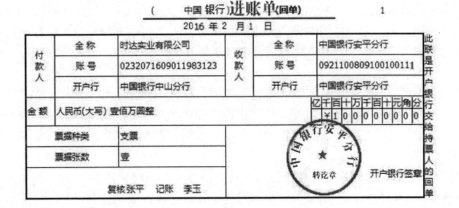

知识链接

一、负债筹资业务活动

(一)借款筹资业务活动

1. 短期借款

短期借款是指为了满足企业日常生产经营的需要,向银行或其他非银行的金融机构等借入的期限在 1 年以下(含 1 年)的各种借款。

2. 长期借款

长期借款即除短期借款以外的借款,是指偿还期在 1 年以上的一个营业周期的借款。由于长期借款时间长、风险大,筹资合约中必然有较多的限制,资金运用受到较大的约束。另外，长期借款往往具有固定的偿还期限和固定的利息率，需要企业及时安排足够的资金来偿还到期的本金和利息，过多依赖长期借款筹集长期资金，一旦经营状况恶化，安排资金有困难，不能按期偿付到期的借款，则可能面临诉讼甚至破产的风险。

因此，依靠长期借款筹集长期资金，企业仍需要综合考虑风险，采取合适的筹资方式。

(二)发行债券的筹资业务活动

企业债券的发行方式有三种，即面值发行、溢价发行和折价发行。企业债券发行价格的高低一般取决于债券票面金额、债券票面利率、发行当时的市场利率以及债券期限的长短等因素。

1. 公司债券的分类

(1) 按债券是否记名可分为记名债券和无记名债券

记名债券是指发行人登记债券持有人的地址和姓名，并根据登记的信息向持有人支付债券本金和利息的一种债券。

无记名债券是指发行人未对债券持有人的地址和姓名进行登记的一种债券。

记名债券要求发行人须按登记的债券持有人信息支付本金和利息，因此对于债券持有人来说比较安全。无记名债券则向债券的直接持有人支付本金和利息，债券在谁手里，谁就可持债券领取本金和利息。因此，记名债券转让时，必须到发行人处办理过户手续，否则将无法领取本金和利息。

(2) 按债券有无担保可分为有担保债券(抵押债权)和无担保债券(信用债券)

有担保债券是指发行企业以特定资产作为抵押担保而发行的债券，又称抵押债券。

无担保债券是指企业没有特定资产作为抵押担保，凭借企业良好信誉而发行的债券，又称信用债券。

(3) 按债券是否可转换为股票可分为可转换债券和不可转换债券

可转换债券是指可按一定条件转换为发行企业普通股股票的债券。

不可转换债券是指不能转换为发行企业普通股股票的债券。

另外，企业发行的债券按支付方式分，还可分为到期一次还本付息债券，即到期日支付全部的利息；分期付息债券，即每隔固定期限支付一次利息。

2. 公司债券的发行方式

公司债券的发行方式有三种，即面值发行、溢价发行和折价发行。

在其他条件不变的情况下，债券的票面利率高于同期银行存款利率时，可按超过债券面值的价格发行，称为溢价发行。溢价发行是企业以后为多支付利息而事先得到的补偿。若债券的票面利率低于同期银行存款利率，可按低于债券面值的价格发行，称为折价发行。折价发行是企业为以后各期少支付利息而预先给投资者的补偿。若债券的票面利率等于同期银行存款利率，可按债券面值价格发行，称为平价发行。债券的溢价或折价是发行企业在债券存续期内对利息费用的调整。

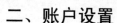

二、账户设置

(一)"短期借款"账户

该账户用于核算企业向银行或其他金融机构借入的期限在一年以下(含一年)的各种借款。

该账户属于负债类账户,贷方登记取得的短期借款,借方登记归还的短期借款,期末余额在贷方,反映企业尚未偿还的短期借款的数额,如表 2-19 所示。

表 2-19 短期借款

借方	贷方
归还短期借款数额	借入短期借款数额
	尚未归还的短期借款的数额

(二)"长期借款"账户

该账户用于核算企业向银行或其他金融机构借入的期限在一年以上(不含一年)的各种借款。

该账户属于负债类账户,贷方登记取得的长期借款本金和预计的利息,借方登记归还的长期借款本息,期末余额在贷方,反映企业尚未偿还的长期借款的本息,如表 2-20 所示。本账户应按"本金"、"利息调整"、"应计利息"等设置明细账户进行核算。

表 2-20 长期借款

借方	贷方
归还长期借款本金和利息数额	借入长期借款数额
	到期还本付息应计利息
	尚未归还的长期借款本金和利息

(三)"应付利息"账户

该账户用于核算企业按照合同约定应支付的利息。

该账户是负债类账户,贷方登记按照合同约定应支付的利息,借方登记利息的实际支出数额,期末余额在贷方,表示企业应支付但尚未支付的利息,如表 2-21 所示。

表 2-21 应付利息

借方	贷方
利息的偿还数额	按合同约定应支付的利息
	应付未付的利息

(四)"应付债券"账户

该账户用于核算企业为筹集(长期)资金而发行债券的本金和利息。

该账户属于负债类账户,发行债券时负债增加,记入账户的贷方;返还时负债减少,记入账户的借方;期末余额在贷方,表示应付而未付的债券款,如表 2-22 所示。本账户应按"面值"、"利息调整"、"应计利息"等设置明细账户进行核算。

表 2-22　应付债券

借方	贷方
支付债券本息金额	发行债券实际收到的债券款
	尚未偿还债券摊余成本

三、债务筹资业务核算

(一)借款筹资业务活动

1. 短期借款

(1) 取得时

借:银行存款

　　贷:短期借款

(2) 月末计提利息时

在实际工作中,银行一般于每季度末收取短期借款利息。为此,企业的短期借款利息一般采用月末预提的方式进行核算。

借:财务费用

　　贷:应付利息

(3) 季末支付利息时

借:应付利息

　　贷:银行存款

(4) 短期借款到期偿还本金时

借:短期借款

　　贷:银行存款

2. 长期借款

(1) 取得长期借款

借:银行存款

　　贷:长期借款——本金

(2) 借款利息的核算

在资产负债表日:

借：在建工程/财务费用/制造费用/研发支出

　　贷：应付利息/长期借款——应计利息

按合同利率计算确定的应付未付利息，如果属于分期付息的，记入"应付利息"科目，如果属于到期一次还本付息的，记入"长期借款——应计利息"科目。

(3) 归还长期借款

借：长期借款——本金

　　应付利息/长期借款——应计利息

　　贷：银行存款

(二)发行债券的筹资业务活动

1．发行公司债券时(按面值发行)

借：银行存款

　　贷：应付债券——面值

2．资产负债表日计提利息时

(1) 对于分期付息、一次还本的债券

借：在建工程/财务费用等

　　贷：应付利息

(2) 对于到期一次还本付息的债券

借：在建工程/财务费用等

　　贷：应付债券——应计利息

3．偿还公司债券时

(1) 采用分期付息、一次还本方式发行的债券

在每期支付利息时：

借：应付利息

　　贷：银行存款

债券到期偿还本金并支付最后一期利息时：

借：应付债券——面值

　　应付利息

　　贷：银行存款

(2) 企业采用到期一次还本付息方式发行的债券

借：应付债券——面值

　　　　　——应计利息

　　贷：银行存款

任务实施

针对本任务引例处理如下。

1. 业务解析

(1) 填写借款申请书并交银行，签订借款合同；

(2) 出纳收到借款收账通知，会计审核原始凭证并填制记账凭证；

(3) 会计主管审核记账凭证。

2. 会计处理

(1) 2016 年 1 月 1 日取得借款时

借：银行存款　　　　　　　　　　　　1 000 000

　　贷：短期借款　　　　　　　　　　　　1 000 000

(2) 2016 年 1 月 31 日计提利息时

借：财务费用　　　　　　　　　　　　5000

　　贷：应付利息　　　　　　　　　　　　5000

(3) 2016 年 2 月 29 日计提利息时

借：财务费用　　　　　　　　　　　　5000

　　贷：应付利息　　　　　　　　　　　　5000

(4) 2016 年 3 月 31 日支付利息时

借：财务费用　　　　　　　　　　　　5000

　　应付利息　　　　　　　　　　　　10 000

　　贷：银行存款　　　　　　　　　　　　15 000

(5) 2016 年 4 月 30 日计提利息时

借：财务费用　　　　　　　　　　　　5000

　　贷：应付利息　　　　　　　　　　　　5000

(6) 2016 年 5 月 31 日计提利息时

借：财务费用　　　　　　　　　　　　5000

　　贷：应付利息　　　　　　　　　　　　5000

(7) 2016 年 6 月 30 日支付利息时

借：财务费用　　　　　　　　　　　　5000

　　应付利息　　　　　　　　　　　　10 000

　　贷：银行存款　　　　　　　　　　　　15 000

(8) 2016 年 7 月 1 日归还本金时

借：短期借款　　　　　　　　　　　　1 000 000

　　贷：银行存款　　　　　　　　　　　　1 000 000

面向十二五高职高专会计专业规划教材

做 中 学

一、借款筹资业务活动

(一)短期借款

此类情况参见本任务引例和任务实施的处理。

(二)长期借款

[做中学 2-8]

1. 业务背景及原始凭证

2016 年 1 月 1 日，时达实业有限公司为建造厂房与中国银行安平分行签订一长期借款合同，借入资金 100 万元，借款期限 2 年，年利率为 9%，每年付息一次，到期一次还本和支付最后一次利息。所借款项已存入银行，1 月 2 日以该银行存款支付工程款 100 万元，该工程预计于 2018 年 8 月底完工，达到预定可使用状态，原始凭证略。

2. 业务解析

(1) 填写借款申请书并交银行，签订借款合同；
(2) 出纳收到借款收账通知，会计审核原始凭证并填制记账凭证；
(3) 会计主管审核记账凭证。

3. 会计处理

(1) 2016 年 1 月 1 日取得长期借款时

借：银行存款　　　　　　　　　1 000 000
　　贷：长期借款——本金　　　　　　　1 000 000

(2) 2016 年 12 月 31 日计提利息时

借：在建工程　　　　　　　　　90 000
　　贷：应付利息　　　　　　　　　　　90 000

2017 年 1 月还息：

借：应付利息　　　　　　　　　90 000
　　贷：银行存款　　　　　　　　　　　90 000

(3) 2017 年 12 月 31 日计提利息时

借：在建工程　　　　　　　　　90 000
　　贷：应付利息　　　　　　　　　　　90 000

(4) 2018 年 1 月 1 日，向银行偿还到期的长期借款本金和利息时

借：长期借款——本金　　　　　1 000 000
　　应付利息　　　　　　　　　90 000
　　贷：银行存款　　　　　　　　　　　1 090 000

二、发行债券筹资业务活动

[做中学 2-9]

1. 业务背景

2016 年 1 月 1 日，时达实业有限公司经批准发行两年期债券 200 000 张，每年 7 月 1 日和 12 月 31 日付息两次，到期时归还本金和支付最后一次利息。该债券发行银行收款为 2 000 万元，债券年利率 3%。该债券所筹集资金全部用于新生产线的建设，新生产线于 2017 年 6 月 30 日完工。

2. 业务解析

(1) 签订代理发行企业债券协议书，出纳收到银行进账单；

(2) 会计审核原始凭证并填制记账凭证；

(3) 会计主管审核记账凭证。

3. 会计处理

(1) 2016 年 1 月 1 日发行债券时

借：银行存款　　　　　　　　　　　　20 000 000

　　贷：应付债券——面值　　　　　　　　20 000 000

(2) 2016 年 6 月 30 日、2016 年 12 月 31 日、2017 年 6 月 30 日计提利息时

借：在建工程　　　　　　　　　　　　300 000

　　贷：应付利息　　　　　　　　　　　　300 000

随后还息时：

借：应付利息　　　　　　　　　　　　300 000

　　贷：银行存款　　　　　　　　　　　　300 000

(3) 2017 年 12 月 31 日计提利息时：

借：财务费用　　　　　　　　　　　　300 000

　　贷：应付利息　　　　　　　　　　　　300 000

(4) 2018 年 1 月 1 日归还债券本金及最后一期利息时

借：应付债券——面值　　　　　　　　20 000 000

　　应付利息　　　　　　　　　　　　　300 000

　　贷：银行存款　　　　　　　　　　　　20 300 000

能 力 训 练

一、单项选择题

1. 企业所有者权益中的盈余公积和未分配利润一般称为(　　)。

　　A. 实收资本　　　B. 资本公积　　　C. 留存收益　　　D. 所有者权益

2. 当新投资者介入有限责任公司时，其出资额大于按约定比例计算的、在注册资本中所占的份额部分，应计入(　　)。

  A. 实收资本　　　B. 营业外收入　　C. 资本公积　　　D. 盈余公积

3. 企业所有者权益在数量上等于(　　)。

  A. 企业流动负债减长期负债后的差额

  B. 企业流动资产减流动负债后的差额

  C. 企业长期负债减流动负债后的差额

  D. 企业全部资产减全部负债后的差额

4. A 公司为有限责任公司，于 5 年前成立，公司成立时注册资本为 1000 万元，红星公司现在欲投入资本 600 万元，占 A 公司全部有表决权资本的 1/3，则 A 公司接受红星公司投资时，实收资本增加额为(　　)万元。

  A. 1000　　　　B. 600　　　　C. 500　　　　D. 400

5. 在股份有限公司，股东投入企业的资本，应通过(　　)账户进行核算。

  A. 实收资本　　　B. 资本公积　　　C. 盈余公积　　　D. 股本

6. 股份有限公司发行股票的溢价收入应计入(　　)。

  A. 资本公积　　　B. 实收资本　　　C. 营业外收入　　D. 盈余公积

7. 采用溢价发行方式发行股票筹集资本时，其"股本"科目登记的金额为(　　)。

  A. 实际收到的款项

  B. 实际收到的款项减去支付给证券商的筹资费用

  C. 实际收到的款项加上支付给证券商的筹资费用

  D. 股本面值乘以股份总数

8. A 股份公司委托某证券公司代理发行普通股 100 000 股，每股面值 1 元，每股按 1.2 元的价格出售。按协议，证券公司按发行收入的 3% 计提手续费，并直接从发行收入中扣除，则 A 公司计入资本公积的数额为(　　)元。

  A. 16 400　　　B. 100 000　　　C. 116 400　　　D. 0

9. D 公司接受 A 公司投入设备一台，原价 50 000 元，账面净值 30 000 元，评估净值为 35 000 元。则 D 公司接受设备投资时，"实收资本"账户的入账金额为(　　)元。

  A. 30 000　　　B. 35 000　　　C. 50 000　　　D. 20 000

10. 企业计提短期借款的利息支出时应借记的科目是(　　)。

  A. 财务费用　　　B. 预提费用　　　C. 应付利息　　　D. 在建工程

11. 为筹集生产经营所需资金而发生的费用称为(　　)。

  A. 借入资本　　　B. 投入资本　　　C. 管理费用　　　D. 财务费用

12. 企业为建造工程所借入的长期借款在工程完工达到可使用状态之前发生的利息支出应计入(　　)。

  A. 管理费用　　　B. 财务费用　　　C. 固定资产　　　D. 在建工程

13. 正常经营期间长期借款的利息均应计入(　　)。

  A. 其他业务成本　　　　　　　　B. 营业外支出

C. 财务费用   D. 销售费用

14. 短期借款利息核算不会涉及的账户是( )。

    A. 预提费用   B. 应付利息   C. 财务费用   D. 银行存款

15. A 公司于 2016 年 7 月 1 日按面值发行三年期、到期一次还本付息、年利率为 8%(不计复利)的债券，债券的面值总额为 500 万元。该公司所筹集的资金全部用于建造固定资产，至 2016 年 12 月 31 日工程尚未完工。该期债券产生的实际利息费用全部符合资本化条件，作为在建工程成本。则该公司 2016 年末计提利息的会计分录为( )。

    A. 借: 在建工程   200 000

              贷: 应付债券——应计利息   200 000

    B. 借: 在建工程   400 000

              贷: 应付债券——应计利息   400 000

    C. 借: 在建工程   400 000

              贷: 应付利息   400 000

    D. 借: 在建工程   200 000

              贷: 应付利息   200 000

二、多项选择题

1. 企业筹集资金的渠道主要有( )。

    A. 由投资者投入   B. 由他人捐赠

    C. 向债权人借入   D. 向债务人收取

    E. 以上所有各项

2. 当企业吸收股东投资时，下列会计科目的余额可能发生变化的有( )。

    A. 盈余公积   B. 资本公积   C. 实收资本   D. 未分配利润

3. 引起企业实收资本增加的项目有( )。

    A. 投资者投入非现金资产   B. 盈余公积转增资本

    C. 资本公积转增资本   D. 接受捐赠非现金资产

4. 企业实收资本减少的主要原因有( )。

    A. 实收资本转盈余公积   B. 因资本过剩而减资

    C. 实收资本转资本公积   D. 因严重亏损而减资

5. "实收资本"账户的贷方登记( )。

    A. 投资者投入的资本数   B. 资本公积转增资本数

    C. 投资者收回的资本数   D. 盈余公积转增资本数

6. 盈余公积减少的原因有( )。

    A. 用盈余公积对外捐赠   B. 用盈余公积弥补亏损

    C. 用盈余公积转增资本   D. 用盈余公积派发股利

7. 企业自有资金筹资方式有( )。

    A. 企业内部积累   B. 发行债券

    C. 发行股票   D. 商业信用

    E. 利润分配

8. 长期借款发生的利息费用，根据长期借款的使用方向，可以将其直接计入的科目有( )。

    A. 财务费用　　　　B. 在建工程　　　　C. 管理费用　　　　D. 营业外支出

三、实务操作题

[实务操作 2-1]

1. 目的

练习收到实物资产投资业务的核算。

2. 资料

甲公司于设立时收到乙公司作为资本投入的不需要安装的机器设备一台以及一批原材料，合同约定该机器设备的价值为 600 000 元，增值税进项税额 102 000 元(允许抵扣)，原材料价值 100 000 元。合同约定的固定资产、原材价值与公允价值相符，不考虑其他因素。

3. 要求

编制甲公司有关会计分录。

[实务操作 2-2]

1. 目的

练习发行股票业务的核算。

2. 资料

甲公司委托某证券公司代理发行普通股 6 000 000 股，每股面值 1 元，发行价格为每股 2 元，企业与证券公司约定，按发行收入的 2%收取佣金，从发行收入中扣除，假定收到的股款已存入银行。

3. 要求

编制甲公司有关会计分录。

[实务操作 2-3]

1. 目的

练习企业借款业务的核算。

2. 资料

A 企业于 2015 年 11 月 30 日从银行借入资金 4 000 000 元，期限为 3 年，年利率 8.4%(到期一次还本付息，不计复利)。所借款项已存入银行。A 企业用该借款于当日购买不需安装设备一台，价款 3 900 000 元，另支付运杂费及保险费等 100 000 元，设备已于当日投入使用。A 企业于 2015 年 12 月 31 日计提长期借款利息，2018 年 11 月 30 日，A 企业偿还该笔银行借款本息。

3. 要求

编制 A 企业有关会计分录。

[实务操作 2-4]

1. 目的

练习资金筹集业务的核算。

2. 资料

大地股份公司 2016 年 3 月发生下列经济业务:

(1) 接受投资者投入企业的资本 180 000 元, 款项存入银行;

(2) 收到某投资者投入的一套全新设备, 投资双方确认的价值为 200 000 元; 收到投资者投入企业的专利权一项, 确认价值为 500 000 元, 相关手续已办妥;

(3) 从银行取得期限为 4 个月的生产经营用借款 600 000 元, 所得款项已存入开户银行;

(4) 若上述借款年利率为 4%, 根据与银行签署的借款协议: 该项借款的利息分月计提, 按季支付, 本金于到期后一次归还。计算提取本月借款利息;

(5) 从银行取得期限为 2 年的借款 1 000 000 元, 所得款项已存入开户银行;

(6) 偿还到期短期借款本金 200 000 元。

3. 要求

(1) 根据上述经济业务编制会计分录;

(2) 若 1 月份大地股份公司的资产总额为 1 600 000 元, 计算 3 月末的资产总额。

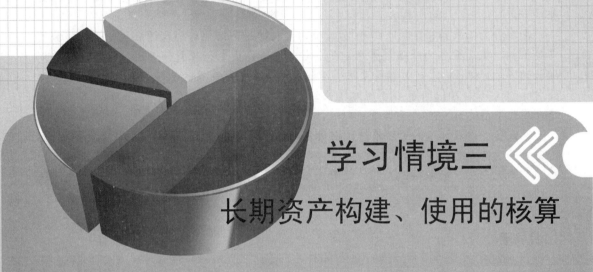

学习情境三 《《

长期资产构建、使用的核算

[职业能力目标]

【知识目标】

- 理解固定资产的含义及分类，掌握固定资产的初始计量
- 掌握固定资产折旧的影响因素、计提范围和计算方法
- 掌握固定资产取得、计提折旧、后续支出和处置的核算
- 掌握无形资产的构成，理解其确认与计量
- 掌握无形资产取得、摊销和处置的核算
- 了解其他资产的核算

【能力目标】

- 能够熟练运用多种方法计算固定资产折旧，并进行相应的账务处理
- 能够对固定资产的取得、后续支出和处置业务进行账务处理
- 能够对无形资产的取得、摊销、处置进行账务处理

情境导入

青岛海尔股份有限公司的前身是成立于 1984 年的青岛电冰箱总厂,青岛海尔股票于 1993 年 11 月在上交所上市交易。公司主要从事电冰箱、空调、电冰柜、洗衣机、热水器、洗碗机、燃气灶等家电及其相关产品生产经营,以及商业流通业务。

在全球市场,根据世界权威市场调查机构欧睿国际(Euromonitor)发布的 2014 年全球大型家用电器调查数据显示:海尔大型家用电器 2014 年品牌零售量的全球市场份额为 10.2%,第六次蝉联全球第一;海尔冰箱、洗衣机、冷柜、酒柜的全球零售量继续蝉联全球第一。

面对扑面而来的"互联网+"时代,公司大力推进网络化转型及适应消费升级趋势的产品结构、渠道业务的升级,勇于创新变革,在保持白电行业引领者地位、实现有质量增长的同时,初步构建起向智慧互联生活解决方案生态圈发展的基础。2014 年年报显示,公司的总资产从 2013 年的 611 亿元增长到 750 亿元,增长幅度达到了 22.7%,其中固定资产增长幅度达到 27%,无形资产增长幅度达到 45%。资产增长的相当一部分表现为不动产和设备,以及技术和管理软件,前者是所谓的固定资产、后者是无形资产。

作为财务人员,应当如何对固定资产的增加、减少、计提折旧以及后续支出进行核算呢?对无形资产的取得、摊销、处置又如何进行账务处理呢?本情境将围绕上述问题进行学习和探讨。

知识导图

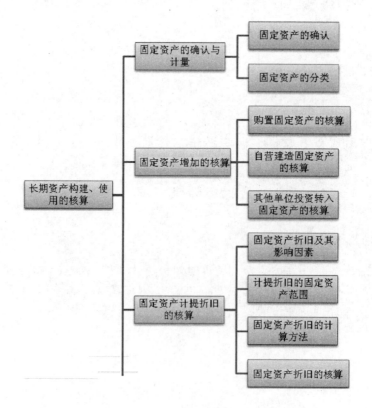

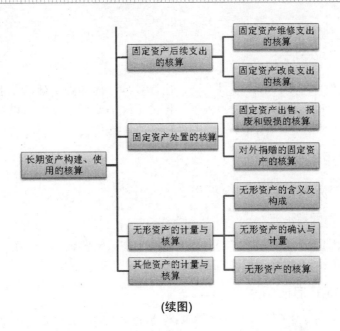

(续图)

任务一　固定资产的确认与计量

任务引例

假设某公司有以下资产：

A. 运输用汽车一辆，单价 80 000 万元。

B. 为生产储备的燃料，总价值 10 000 元。

C. 其他单位的欠款 20 000 元。

D. 自行研制开发的某项专利技术。

请问：以上哪些属于企业的固定资产？

知识链接

一、固定资产的确认

固定资产是指同时具有下列两个特征的有形资产：①为生产商品、提供劳务、出租或经营管理而持有的；②使用寿命超过一个会计年度。

作为企业进行生产经营活动必须拥有的劳动资料，固定资产与其他资产相比具有如下特点：第一，企业持有固定资产的目的是为了满足生产经营活动的需要，而不是为了出售；第二，使用期限较长，固定资产的使用寿命一般超过一个会计年度，能在一年以上的时间里连续多次为企业生产经营活动服务而不改变其实物形态，并为企业创造经济利益。

固定资产在同时满足以下两个条件时，才能加以确认：

(1) 该固定资产包含的经济利益很可能流入企业；

(2) 该固定资产的成本能够可靠地计量。

二、固定资产的分类

企业固定资产的种类繁多，规格不一，用途各异，为加强管理，便于组织核算，必须对固定资产进行科学合理的分类。根据不同的管理需要和核算要求以及不同的分类标准，可以对固定资产进行不同的分类，主要有两种分类方法。

(一)按经济用途分类

固定资产按经济用途可分为如下两类。

1. 生产经营用固定资产

生产经营用固定资产，是指直接服务于企业生产、经营过程的各类固定资产，包括生产经营用的房屋、建筑物、机器、设备、器具、运输工具等。

2. 非生产经营用固定资产

非生产经营用固定资产，是指不直接服务于企业生产、经营过程的各类固定资产，包括职工宿舍、食堂、浴室、理发室等用于职工生活福利方面的房屋及建筑物、机器设备和其他固定资产等。

按固定资产的经济用途分类，可以分别反映生产性和非生产性固定资产的数量规模，借以考察固定资产的有效利用情况，促进固定资产的合理配置。

(二)综合分类

采用这一分类方法，可把企业的固定资产分为以下七类。

1. 生产经营用固定资产

它是指直接服务于企业生产经营过程的各类固定资产。

2. 非生产经营用固定资产

它是指不直接服务于企业生产经营过程的各类固定资产。

3. 租出固定资产

它指在经营性租赁方式下出租给外单位使用的固定资产。

4. 不需用固定资产

它是指企业由于历史原因形成的现在根本就不需要或不用于现在和将来经营需要而等待调出的固定资产。

5. 未使用固定资产

它是指企业经营所需的、企业想使用而暂时不能启用的固定资产。

6. 土地

土地是指过去已经估价单独入账的土地。企业因征地而支付的补偿费，应计入与土地相关的房屋及建筑物的价值，不单独作为土地价值入账，取得的土地使用权应作为无形资产。

7．融资租入固定资产

它是指企业以融资租入方式租入的固定资产，在租赁期内尽管固定资产的所有权仍为出租单位，但应视同自有的固定资产进行核算和管理。

这种分类能综合反映固定资产的用途结构及使用情况，有利于固定资产的核算与管理。在会计实务中，大多按此种分类方法进行分类。

任务实施

针对本任务引例处理如下。

业务解析

根据固定资产的定义及确认条件，选项 A 运输用汽车一辆，单价 80 000 元中的运输汽车是企业的固定资产，其他资产不是固定资产。

任务二　固定资产增加的核算

任务引例

时达实业有限公司 2016 年 1 月 16 日，购入一台不需要安装的生产设备，增值税专用发票上列明的价款为 100 000 元，增值税税额为 17 000 元，货物运输业增值税专用发票上列明运费 4000 元，增值税税额为 440 元。设备已交付车间使用，款项已通过转账支付，原始凭证如表 3-1～表 3-4 所示。

表 3-1　增值税专用发票

表 3-2　固定资产验收单

固定资产验收单

2016 年 1 月 16 日　　　　　　　　　　编号 12

名　称	规格型号	来源	数量	购（造）价	使用年限	预计残值
渔具生产设备		购入	1	104000.00	10	10400.00
安装费	月折旧率	建造单位		交工日期		附件
				2016年1月16日		
验收部门	王亮	验收人员	王华	管理部门	张思	管理人员	张别
备注	不需安装					

表 3-3　货物运输业增值税专用发票

1100124730

1100124730
69853621

货物运输业增值税专用发票

NO.69853621
开票日期：2016-01-16

承运人及纳税人识别号	白鹭运输有限公司 35020670154x186	密码区	5687@4656*+156644/54+253+454+456/47/233,545 +6585564+425/65345/+56215265658/56*6- 56+574+5+54+568/58/6+32-53*47/596 *6+25- 59*/86/8452+652+98-4546+456546-5465*4*/**85
实际受票方及纳税人识别号	长安集团公司 350820536423		
收货人及纳税人识别号	时达实业有限公司 350426810001	发货人及纳税人识别号	长安集团公司 350820536423
起运地、经由、到达地			
费用项目及金额	费用项目　金额　费用项目　金额 货物运输　4000.00	运输货物信息	
合计金额	￥4,000.00	税率	11%	税额	440.00	机器编号	600135789502
价税合计（大写）	肆仟肆佰肆拾元整	（小写）	￥4,440.00
车种车号	E6520D	车船吨位	8	备注	
主管税务机关及代码	北京东城区国家税务局 111010100		

收款人：　　　　复核人：　　　　开票人：徐天　　　　承运人：（章）

第三联·发票联　购货方记账凭证

表 3-4　支票存根

一、固定资产的初始计量

固定资产的初始计量，就是指企业取得固定资产时运用恰当的计量属性对固定资产按一定的价值形式记录的过程。一般情况下，固定资产按实际成本计量。由于固定资产取得的渠道不同，取得时的成本构成也各不相同，具体情况如下。

(1) 购置的不需要经过建造过程即可使用的固定资产，按实际支付的买价、使固定资产达到预定可使用状态前所发生的应归属于固定资产的运输费、装卸费、安装费、缴纳的有关税金和专业人员服务费等，作为入账价值。

(2) 自行建造的固定资产，按建造该项资产达到预定可使用状态前发生的全部支出，作为入账价值。

(3) 投资者投入的固定资产，按投资合同或协议约定的价值，作为入账价值。但合同或协议约定不公允的除外。

(4) 接受捐赠的固定资产，如果捐赠方提供了有关凭据的，按凭据上标明的金额加上应支付的相关税费，作为入账价值；如果捐赠方没有提供有关凭据，可按如下顺序确定其入账价值：

① 同类或类似固定资产存在活跃市场的，按同类或类似固定资产的市场价格估计的金额，加上应支付的相关税费，作为入账价值。

② 同类或类似固定资产不存在活跃市场的，按该接受捐赠的固定资产的预计未来现金流量现值，作为入账价值。

③ 如受赠的系旧的固定资产，按照上述方法确定的价值，减去按该项资产的新旧程度估计的价值损耗后的余额，作为入账价值。

(5) 盘盈的固定资产，按同类或类似固定资产的市场价格，减去按该项资产的新旧程度估计的价值损耗后的余额，作为入账价值。

(6) 经批准无偿调入的固定资产，按调出单位的账面价值加上发生的运输费、安装费等相关费用，作为入账价值。

(7) 以非货币性资产交换、债务重组等方式取得的固定资产，应分别按照"非货币性资产交换"和"债务重组"准则中的有关规定确定其入账价值。

二、账户设置

固定资产增加的会计处理主要运用"固定资产"、"在建工程"和"工程物资"三个账户。

(一)"固定资产"账户

该账户用来核算企业固定资产原始价值的增减变动和结存情况，如表 3-5 所示。本账户应按固定资产类别和项目设置明细账户进行核算。

表 3-5　固定资产

借方	贷方
原始价值的增加额	原始价值的减少额
现有固定资产的原始价值	

(二)"在建工程"账户

该账户用于核算企业进行基建工程、安装工程、技术改造工程、大修理工程等发生的实际支出,包括需要安装设备的价值。该账户借方登记投入在建工程的各项支出增加数;贷方登记工程竣工、固定资产交付使用的工程成本数及项目工程物资和退回工程款、退库材料的发生额;期末余额在借方,表示尚未竣工的在建工程的实际成本,如表 3-6 所示。本账户应按照"建筑工程"、"安装工程"、"在安装设备"、"技术改造工程"、"大修理工程"和"其他支出"设置明细账户进行核算。

表 3-6　在建工程

借方	贷方
投入在建工程的各项支出增加数	工程竣工、固定资产交付使用的工程成本数; 项目工程物资和退回工程款、退库材料的发生额
尚未竣工的在建工程的实际成本	

(三)"工程物资"账户

该账户用于核算企业为在建工程准备的各种物资的实际成本。该账户借方登记企业购入的为在建工程准备的物资的实际成本以及工程完工后对领出的剩余工程物资办理退库时的实际成本;贷方登记企业领用的工程物资的实际成本;期末余额在借方,表示企业为工程购入但尚未领用的专用材料的实际成本,如表 3-7 所示。

表 3-7　工程物资

借方	贷方
企业购入的为在建工程准备的物资的实际成本; 工程完工后对领出的剩余工程物资办理退库时的实际成本	企业领用的工程物资的实际成本
企业为工程购入但尚未领用的专用材料的实际成本	

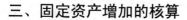

三、固定资产增加的核算

(一)购置固定资产

1．购入不需要安装的固定资产

这种情况是指购入的固定资产不需要安装即可交付使用，其会计核算比较简单，购入的固定资产按实际交付的价款，作为购入固定资产的原始价值。

借：固定资产
　　应交税费——应交增值税(进项税额)
　　　贷：银行存款

2．购入需要安装的固定资产

这种情况是指购入的固定资产在安装完工前尚未处于预定可使用状态，不能作为固定资产入账。发生的买价、运杂费、包装费等先通过"在建工程"账户核算，待安装完工后，再作为固定资产入账。

(1) 支付设备价款、税金、装卸费、包装费时
借：在建工程
　　应交税费——应交增值税(进项税额)
　　　贷：银行存款
(2) 支付安装费用、领用原材料时
借：在建工程
　　　贷：银行存款/应付职工薪酬
　　　　　原材料
(3) 安装完毕交付使用时
借：固定资产
　　　贷：在建工程

(二)自行建造固定资产

企业自行建造固定资产包括自营建造和出包建造两种方式。不论哪种方式，都应按建造该项资产达到预定可使用状态前所发生的全部支出，作为固定资产的成本。

1．自营建造方式

(1) 企业为建造固定资产准备的各种物资，应当按照实际支付的买价、运输费、保险费等相关税费作为实际成本
借：工程物资
　　　贷：银行存款
(2) 领用工程物资时
借：在建工程——××工程

贷：工程物资

(3) 若工程为不动产固定资产，工程领用本企业原材料时，按材料的实际成本加上不能抵扣的进项税额计入在建工程成本

借：在建工程——××工程

　　贷：原材料

　　　　应交税费——应交增值税(进项税额转出)

若工程为动产固定资产(如设备等)，工程领用本企业原材料时，按材料的实际成本计入在建工程成本，进项税额不用转出。

借：在建工程——××工程

　　贷：原材料

(4) 工程领用本企业产品时，按商品的实际成本加上相关税金，计入在建工程成本

借：在建工程——××工程

　　贷：库存商品

　　　　应交税费——应交增值税(销项税额)

(5) 工程应负担的职工薪酬应计入所建工程项目的成本

借：在建工程——××工程

　　贷：应付职工薪酬

(6) 辅助生产部门为自营建造工程提供的水、电、修理、运输等劳务，以及其他必要支出等应计入所建工程项目的成本

借：在建工程——××工程

　　贷：生产成本——辅助生产成本

(7) 工程完工交付使用

借：固定资产

　　贷：在建工程——××工程

2．出包建造方式

出包建造固定资产，是指企业通过招标等方式将工程发包给建筑承包商，由承包商组织施工而建造的固定资产。在这种方式下，企业只需根据建筑承包合同中的规定，按工程进度拨付工程款。

(1) 企业拨付工程款、备料款时

借：在建工程——××工程

　　贷：银行存款

(2) 以拨付承包企业的材料抵作预付备料款时

借：在建工程——××工程

　　贷：工程物资

(3) 将需要安装的设备交付承包企业进行安装时

借：在建工程——在安装设备

　　贷：工程物资

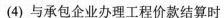

(4) 与承包企业办理工程价款结算时

借：在建工程——××工程

　　贷：银行存款/应付账款

(5) 工程完工交付使用时

借：固定资产

　　贷：在建工程——××工程

(三)其他单位投资转入的固定资产

企业对于其他单位投入的房屋、机器设备等固定资产，在办理了固定资产移交手续之后，应按投资合同或协议约定的价值加上应支付的相关税费作为固定资产的入账价值，但合同或协议约定价值不公允的除外。

借：固定资产

　　贷：实收资本

任务实施

针对本任务引例处理如下。

1. 业务解析

(1) 验收设备，编制固定资产验收单，送交财务部门；

(2) 出纳填写支票，支付货款；

(3) 会计人员根据增值税专用发票、固定资产验收单、支票存根联编写记账凭证；

(4) 记账人员根据审核无误的记账凭证登记有关账簿。

2. 会计处理

从 2009 年 1 月 1 日起，购进固定资产的进项税额准予抵扣，同时运费按 11%准予抵扣，故总共可以抵扣的进项税额为 17 000+4000×11%=17 440(元)，"固定资产"的入账金额为 100 000+4000=104 000(元)。

借：固定资产　　　　　　　　　　　　　　104 000

　　应交税费——应交增值税(进项税额)　　 17 440

　　　贷：银行存款　　　　　　　　　　　　　　　121 440

做 中 学

一、购入不需要安装的固定资产

此类情况参见任务引例和任务实施的处理。

二、购入需要安装的固定资产

[做中学 3-1]

1. 业务背景及原始凭证

时达实业有限公司 2016 年 1 月 16 日购入一台需要安装的水泵生产设备，增值税专用发票上列明的价款为 100 000 元，增值税税额为 17 000 元，货物运输业增值税专用发票上列明运费 4000 元，增值税税额为 440 元。款项以转账支票支付。原始凭证如表 3-1、表 3-2、表 3-3、表 3-4 所示。2 月 19 日，时达实业有限公司支付远光安装有限公司安装费 2 500 元，原始凭证如表 3-8 所示。

表 3-8 服务业发票

上海 服务业发票

发票联

地税监

440170043

查询电话：0592-2512312　　　　　查询号码 2212332

顾客名称：时达实业有限公司　　　　2016 年 2 月 19 日

收费项目	数量	单价	金额 万千百十元角分	备注
安装费	1	2500.00	2 5 0 0 0 0	
合计人民币（大写）	零万贰仟伍佰零拾零元零角零分		1255	

开票人：张励　　　收款人：李替　　　开票单位（盖章）

2016 年 2 月 25 日，时达实业有限公司安装工程完工，交付车间使用，原始凭证如表 3-9 所示。

表 3-9 固定资产验收单

2016 年 2 月 25 日　　　　　　　　　　编号 12

名　称	规格型号	来源	数量	购(造)价	使用年限	预计残值
水泵生产设备		购入	1	106500.00	10	10650.00
安装费	月折旧率	建造单位		交工日期	附件	
2500.00				2016 年 2 月 25 日		
验收部门	王亮	验收人员	王华	管理部门	张思	管理人员 张刚
备注	需安装					

2. 业务解析

(1) 验收设备，编制固定资产验收单，送交财务部门；

(2) 出纳填写支票，支付货款；

(3) 会计人员根据增值税专用发票、固定资产验收单、支票存根联编写记账凭证。

3．会计处理

(1) 支付设备价款、税金、运费时

借：在建工程	104 000
应交税费——应交增值税(进项税额)	17 440
贷：银行存款	121 440

(2) 支付安装费用时

借：在建工程	2500
贷：银行存款	2500

(3) 安装完毕交付使用时

借：固定资产	106 500
贷：在建工程	106 500

三、自营建造固定资产

[做中学 3-2]

1．业务背景及原始凭证

时达实业有限公司 2016 年 3 月份自行建造一座厂房，13 日从健祥集团有限公司购入器械材料一批，增值税专用发票上注明买价 200 000 元，增值税税额为 34 000 元，款项用转账支票支付，原始凭证如表 3-10～表 3-12 所示。

表 3-10　增值税专用发票

	增值税专用发票	No 60972952
3200063170	发票联	开票日期：2016 年 3 月 13 日

购货单位	名　称：	时达实业有限公司						密码区	*-*5436*6+76>22126690 加密版本：01 /073-68-<9-/+5172599 3100083620 8796>2017<226<-13-8/ 01454880 77>+79*<*76479+9<>>//
	纳税人识别号：	350426810001							
	地址、电话：	中山路119号3497259							
	开户行及账号：	中国银行中山分行0232071609011983123							

货物或应税劳务名称	规格型号	单位	数量	单价	金额	税率	税额
器械材料		件	200	1000.00	200000.00	17%	34000.00
合计					200000.00		34000.00

价税合计（大写）	贰拾叁万肆仟元整	（小写）　¥234000.00

销售单位	名　称：	健祥集团有限公司	备注
	纳税人识别号：	334987594359	
	地址、电话：	上海路122号2340238	
	开户行及账号：	中国农业银行中山分行41004700040009061	

收款人：　　　复核：　　　开票人：李立

表 3-11　入库单

物资类别	工程物资		入　库　单			N.o 0028501							
			2016 年 3 月 13 日				连续号 665						
交来单位及部门	健祥集团有限公司		发票号码或生产单号码				验收仓库	第二仓库	入库日期	2016.03.13			
编号	名 称 及 规 格	单位	数　　量		实 际 价 格		计 划 价 格		价格差异				
			交库	实收	单价	金额	单价	金额					
09	器械材料	件	200.00	200.00	1170.00	234000.00							
	合　　计		200.00	200.00	1170.00	234000.00							
财务部门主管	赵欣	记账 陈巧	保管部门主管	李立	验收 张晴		单位部门主管	张文	缴库 王喆				

表 3-12　转账支票存根

2016 年 3 月 15 日，工程部门全部领用 13 日购入的工程物资，原始凭证如表 3-13 所示。

表 3-13　出库单

物资类别	工程物资		出　库　单			N.o 0013152				
			2016 年 3 月 15 日				连续号 12365			
提货单位或领货部门	工程部门		发票号码或生产单号码	01470085		发出仓库	第二仓库	出库日期	2016.03.15	
编号	名 称 及 规 格	单位	数　　量		单价	金额	备 注			
			要数	实发						
09	器械材料	件	200.00	200.00	1170.00	234000.00				
	合　　计		200.00	200.00	1170.00	234000.00				
财会部门主管	赵欣	记账 陈巧	保管部门主管	张晴	发货 李立		单位部门主管	王喆	制单 张文	

2016 年 3 月 18 日，领用原材料一批。实际成本为 40 000 元，应转出的增值税税额为 6800 元，原始凭证如表 3-14 所示。

表 3-14　出库单

物资类别	原材料	出　库　单			N.o 0013152				
		2016 年3　月 18　日			连续号 123456				
提货单位或领货部门	工程部门	发票号码或生产单号码	01470085		发出仓库	第一仓库	出库日期	2016. 03.18	
编号	名 称 及 规 格	单位	数　　量		单价	金 额	备 注		
			要 数	实 发					
01	钢板	千克	800.00	800.00	50.00	40000.00			
	合　　　计		800.00	800.00	50.00	40000.00			

财会部门主管 陈云　记账 李瑞　保管部门主管 李云　发贷 李湘　单位部门主管 张云　制单 张三

2016 年 3 月 31 日，结算工程人员的工资共 50 000 元。

2016 年 4 月 5 日，自建工程验收完工，原始凭证如表 3-15 所示。

表 3-15　固定资产验收单

固定资产验收单
2016 年 4 月 5 日　　　　　编号15

名　称	规格型号	来源	数量	购（造）价	使用年限	预计残值
厂房		自营建造	1	330800.00	10	33080.00
安装费	月折旧率		建造单位	交工日期		附件
				2016 年 4 月 5 日竣工验收		
验收部门	任于	验收人员	李玉	管理部门	李锋	管理人员	张云
备注							

2. 业务解析

(1) 验收材料，编制入库单，送交财务部门；

(2) 出纳填写支票，支付货款；

(3) 会计人员根据增值税专用发票、入库单、出库单、转账支票存根、固定资产验收单编写记账凭证。

3. 会计处理

(1) 企业购入为工程准备的物资时

借：工程物资　　　　　　　　　　234 000

　　贷：银行存款　　　　　　　　　　234 000

(2) 领用工程物资时

借：在建工程——建筑工程　　　　234 000

　　贷：工程物资　　　　　　　　　　234 000

(3) 工程领用本企业原材料时

借：在建工程——建筑工程 46 800

贷：原材料 40 000

应交税费——应交增值税(进项税额转出) 6 800

(4) 结算工程应负担的职工工资

借：在建工程——建筑工程 50 000

贷：应付职工薪酬 50 000

(5) 工程完工交付使用

借：固定资产 330 800

贷：在建工程——建筑工程 330 800

四、其他单位投资转入的固定资产

[做中学 3-3]

1. 业务背景

时达实业有限公司 2016 年 6 月 19 日接受顺风房地产集团公司投资的厂房一间，协议价格为 50 000 元。原始凭证略。

2. 业务解析

(1) 收到投资者投入的固定资产时签订投资协议；

(2) 向投资方索取发票，机器设备类可依据取得的增值税专用发票的税额计入"应交税费——应交增值税(进项税额)"，不动产"厂房"不属于增值税纳税范畴。

3. 会计处理

借：固定资产 50 000

贷：实收资本 50 000

任务三　固定资产计提折旧的核算

任务引例

时达实业有限公司 2016 年 12 月 20 日购入一台机器设备，原始价值为 100 000 元，预计可使用 5 年，按有关规定，该设备报废时的预计净残值为 2000 元。2017 年 1 月 31 日，时达实业有限公司按直线法计提 1 月份生产设备折旧额。

假设你是时达实业有限公司的会计，请计算该生产设备 2017 年 1 月份的折旧额。

知识链接

一、固定资产折旧及影响折旧计算的因素

(一)固定资产折旧的概念

固定资产折旧，是对固定资产由于磨损和损耗而转移到成本费用中的那一部分价值的补偿。固定资产磨损和损耗包括固定资产的有形损耗和无形损耗。其中，有形损耗又分为实物损耗和自然损耗。固定资产的实物损耗是指固定资产在使用过程中其实物形态由于运转磨损等原因发生的损耗，一般是指机器磨损。固定资产本身结构、质量和使用状况，以及固定资产的维修状况，对固定资产实物磨损程度起着决定性的作用。固定资产的自然损耗，是指固定资产受自然条件的影响发生的腐蚀性损失。固定资产的无形损耗，是指固定资产在使用过程中由于技术进步等非实物磨损、非自然损耗等原因发生的价值损失。

固定资产折旧是固定资产由于磨损和损耗而逐渐转移的价值。这部分转移的价值以折旧费的形式计入相关成本费用，并从企业的营业收入中得到补偿。因此，企业应当在固定资产的使用寿命内，按照确定的方法对应计折旧额进行系统分摊。

(二)影响固定资产折旧的因素

影响折旧的因素主要包括以下几个方面。
(1) 固定资产原始价值：即固定资产取得时的成本。
(2) 固定资产的净残值：即预计残值收入减去预计清理费用后的余额。
(3) 固定资产预计使用年限：即固定资产预计经济使用年限。
(4) 固定资产折旧方法：即计提折旧的方法。
(5) 固定资产减值准备：即计提的资产减值准备。

二、计提折旧的固定资产范围

"固定资产"准则规定，企业应对所有的固定资产计提折旧，但是，已提足折旧仍继续使用的固定资产和单独计价入账的土地除外。在确定计提折旧的范围时还应注意以下几点。

(1) 固定资产应当按月计提折旧。固定资产应自达到预定可使用状态时开始计提折旧，终止确认时或划分为持有待售非流动资产时停止计提折旧。简单来说，就是当月增加的固定资产，当月不计提折旧，从下月起计提折旧；当月减少的固定资产，当月仍计提折旧，从下月起不计提折旧。

(2) 固定资产提足折旧后，不论能否继续使用，均不再计提折旧，提前报废的固定资产也不再补提折旧。所谓提足折旧是指已经提足该项固定资产的应计折旧额。

(3) 已达到预定可使用状态但尚未办理竣工决算的固定资产，应当按照估计价值确定

其成本，并计提折旧；待办理竣工决算后再按实际成本调整原来的暂估价值，但不需要调整原已计提的折旧额。

三、固定资产折旧的计算方法

固定资产折旧方法，是指将应提折旧总额在固定资产各使用期间进行分配时所采用的具体计算方法。

(一)平均年限法

平均年限法又称直线法，是最简单并且常用的一种方法。此法是以固定资产的原价减去预计净残值除以预计使用年限，求得每年的折旧费用。平均年限法最大的优点是简单明了，易于掌握，简化了会计核算，因此在实际工作中得到了广泛的应用。计算公式如下：

年折旧额=(固定资产原价-预计净残值)/预计使用年限

月折旧额=年折旧额÷12

为了简便计算，可以合理确定预计净残值率，再计算年折旧率和月折旧率，每月用固定资产原价乘以月折旧率即可求得月折旧额。预计净残值率，是指预计净残值占固定资产原价的比率。

年折旧率=(1-预计净残值率)/预计使用年限×100％

月折旧率=年折旧率÷12

月折旧额=固定资产原价×月折旧率

(二)工作量法

工作量法，是指按固定资产所能完成的总工作量计算每个工作量折旧额，然后按每期实际完成的工作量计提折旧的一种方法。某些价值大而又不经常使用或季节性使用的大型机器设备，可以用工作量法来计提折旧。计算公式如下：

单位工作量折旧额=固定资产原价×(1-预计净残值率)/预计总工作量

某项固定资产月折旧额=该项固定资产当月工作量×单位工作量折旧额

(三)双倍余额递减法

双倍余额递减法是在不考虑固定资产残值的情况下，根据每一期期初固定资产账面净值和双倍直线法折旧率计算固定资产折旧的一种方法。计算公式如下：

年折旧率=2/预计的折旧年限×100％

年折旧额=固定资产账面净值×年折旧率

月折旧额=年折旧额÷12

这种方法没有考虑固定资产的残值收入，因此不能使固定资产的账面折余价值降低到其预计残值收入以下，即实行双倍余额递减法计提折旧的固定资产，应当在其固定资产折旧年限到期的最后两年，将固定资产净值扣除预计净残值后的余额平均摊销。

(四)年数总和法

年数总和法也称为合计年限法，是将固定资产的原值减去净残值后的净额和一个逐年递减的分数计算每年的折旧额，这个分数的分子代表固定资产尚可使用的年限，分母代表使用年数的逐年数字总和。计算公式为：

年折旧率=尚可使用年限/预计使用年限折数总和

或：年折旧率=(预计使用年限−已使用年限)/[预计使用年限×(预计使用年限+1)]÷2×100%

年折旧额=(固定资产原价−预计净残值)×年折旧率

月折旧额=年折旧额÷12

双倍余额递减法和年数总和法属于加速折旧法。

四、账户设置

"累计折旧"账户是"固定资产"账户的调整账户，用来核算企业提取固定资产折旧的累计数额。贷方登记企业按月计提的折旧额；借方登记因固定资产减少而应转销的折旧额；期末余额在贷方反映企业现有固定资产的累计折旧数额，如表3-16所示。固定资产的折旧只进行总分类核算，而不进行明细分类核算。

表3-16　累计折旧

借方	贷方
因固定资产减少而应转销的折旧额	固定资产的累计折旧额
	固定资产的累计折旧额

五、固定资产折旧的核算

企业计提的折旧应根据用途计入相关资产的成本或当期损益。基本生产车间使用的固定资产，其计提的折旧应计入制造费用；管理部门使用的固定资产，计提的折旧应计入管理费用；销售部门使用的固定资产，计提的折旧应计入销售费用；经营租出的固定资产，计提的折旧应计入其他业务成本；未使用固定资产，其计提的折旧应计入管理费用等。

借：制造费用

　　管理费用

　　销售费用

　　其他业务成本

　　贷：累计折旧

实务中，实行直线法计提折旧的企业每月可根据"折旧计算表"并按照以下公式核算固定资产的折旧。

本月应提的折旧=上月计提的折旧额+上月增加的固定资产应计提折旧额-上月减少固定资产应计提折旧额

任务实施

针对本任务引例处理如下。

年折旧率=(1-预计净利残值率)/预计使用年限×100%

$\qquad$ =(1-2000/100 000)/5×100%=19.6%

年折旧额=固定资产原值×年折旧率=100 000×19.6%=19 600(元)

或者年折旧额=(固定资产原价-预计净残值)/预计使用年限

$\qquad$ =(100 000-2000)/5=19 600(元)

月折旧额=年折旧额÷12=19 600÷12=1633.33 (元)

所以 1 月份的折旧额是 1633.33 元。

做 中 学

一、运用平均年限法计算折旧

此类情况参见任务引例和任务实施的处理。

二、运用工作量法计算折旧

[做中学 3-4]

1．业务背景

时达实业有限公司销售部 2016 年 1 月 15 日外购一辆货运卡车，原值 100 000 元，预计净残值为 5000 元。该卡车预计总行驶里程为 400 000 千米，采用工作量法计提折旧。2016 年 2 月份行驶里程为 5000 千米。

2．业务解析

当月增加的固定资产，当月不计提折旧，从下月开始计提折旧。本例中，1 月份外购的卡车应自 2 月份开始计提折旧。按照工作量法的要求，直接套用有关计算公式。

3．会计处理

单位工作量折旧额=固定资产原价×(1-残值率)/预计总工作量

=100 000×(1-5000/100 000)/400 000=0.2375(元/千米)

卡车月折旧额=该项固定资产当月工作量×单位工作量折旧额

=5000×0.2375=1187.5(元)

三、运用双倍余额递减法计算折旧

[做中学 3-5]

1．业务背景

时达实业有限公司 2016 年 12 月 1 日购进一台幻影机(管理部门使用)，原价 40 000 元，预计净残值为 800 元，预计可使用 5 年。该设备采用双倍余额递减法计提折旧，预计使用年限为 5 年。

2．业务解析

当月增加的固定资产，当月不计提折旧，从下月开始计提折旧。本例中，2016 年 12 月份购入的幻影机应自 2017 年 1 月份开始计提折旧。

3．会计处理

年折旧率=2/5×100%=40%

年折旧额=固定资产账面净值×年折旧率

第一年应提的折旧额=40 000×40%=16 000(元)

第二年应提的折旧额=(40 000-16 000)×40%=9600(元)

第三年应提的折旧额=(24000-9600)×40%=5760(元)

按双倍余额递减法计算折旧的固定资产，在折旧年限到期前两年，将折旧方法改为直线法，故从第四年起改按直线法计提折旧，如表 3-17 所示。

表 3-17　固定资产折旧计算表　　　　　　　　　　单位：元

年　份	折旧计算	年折旧额	累计折旧额	账面净额
0				40 000
1	40 000×40%	16 000	16 000	24 000
2	24 000×40%	9 600	25 600	14 400
3	14 400×40%	5 760	31 360	8 640
4	(8640-800)÷2	3 920	35 280	4 720
5	(8640-800)÷2	3 920	39 200	800

第四、五年的年折旧额
=(40 000-16 000-9600-5760-800)/2=3920(元)

四、运用年数总和法计算折旧

[做中学 3-6]

1．业务背景

时达实业有限公司 2016 年 12 月 1 日购进一台生产用机床，原值 200 000 元，预计净残值为4000元，预计可使用5年。该生产用机床采用年数总和法计提折旧。

2．业务解析

当月增加的固定资产，当月不计提折旧，从下月开始计提折旧。本例中，2016年12月份购入的生产用机床应自2017年1月份开始计提折旧。

3．会计处理

预计使用年限的年数总和=5×(5+1)÷2=15

年折旧率=尚可使用年限/预计使用年限折数总和

故，第一年的年折旧率为5/15，第二年的年折旧率为4/15，第三年的年折旧率为3/15，第四年的年折旧率为2/15，第五年的年折旧率为1/15，如表3-18所示。

年折旧额=(固定资产原价-预计净残值)×年折旧率

表3-18　固定资产折旧计算表　　　　　　　　　　单位：元

年份	原值-净残值	尚可使用年限	年折旧率	年折旧额	累计折旧	账面净值
						200 000.00
1	196 000	5	5/15	65 333.33	65 333.33	134 666.67
2	196 000	4	4/15	52 266.67	117 600	82 400.00
3	196 000	3	3/15	39 200.00	156 800	43 200.00
4	196 000	2	2/15	26 133.33	182 933.33	17 066.67
5	196 000	1	1/15	13 066.67	196 000	4000.00

五、固定资产折旧的核算

[做中学 3-7]

1．业务背景及原始凭证

时达实业有限公司2016年1月份的固定资产折旧计算表如表3-19所示。

表3-19　固定资产折旧计算表　　　　　　　　　　单位：元

使用部门	固定资产折旧项目	上月折旧额	上月增加固定资产		上月减少固定资产		本月折旧	分配费用
			原价	折旧额	原价	折旧额		
A 车间	厂房	3000					3000	制造费用
	设备	15 000					15 000	
B 车间	厂房	2000					2000	
	设备	12 000	40 000	200			12 200	
厂部	房屋	1200					1200	管理费用
	车辆	1500			30 000	900	600	
合计		34 700	40 000	200	30 000	900	34 000	

2．业务解析

本月应计提的折旧=上月计提的折旧额+上月增加的固定资产应计提折旧额-上月减少固定资产应计提折旧额=34 700+200-900=34 000(元)

3．会计处理

借：制造费用——A 车间	18 000
——B 车间	14 200
管理费用——厂部	1 800
贷：累计折旧	34 000

任务四　固定资产后续支出的核算

任务引例

2016 年 1 月 20 日，时达实业有限公司为修理设备，用银行存款支付东方维修厂维修费用 5200 元。

假设你是时达实业有限公司的会计，该如何对上述业务做出正确的处理？

知识链接

一、固定资产后续支出的概念

固定资产的后续支出是指固定资产使用过程中发生的日常修理费、大修理费、更新改造支出、房屋的装修费等。固定资产发生的后续支出，若满足固定资产确认条件的应资本化，计入固定资产成本；若不能满足固定资产确认条件的应费用化，计入当期损益。

二、固定资产后续支出的核算

(一)固定资产维修支出

固定资产维修支出通常是指固定资产在使用过程中发生的日常修理费、大修理费用。固定资产维修只能确保固定资产维持正常的工作状态，一般不能满足固定资产的确认条件。因此，其修理费用应予以费用化。费用化的后续支出，应当计入支出发生的当期损益，不得采用预提或待摊方式处理。按照新准则的规定，修理设备应记入"管理费用"科目等。

发生维修费用时

借：管理费用

　　贷：银行存款

(二)固定资产改良支出

1. 固定资产改良支出的概念

固定资产改良支出也称为固定资产改建、扩建。固定资产改良支出一般数额较大，收益期较长(超过一年)，而且使固定资产的性能、质量等都有较大进步。固定资产改良支出具体包括更新改造支出、房屋装修费用等。

2. 固定资产改良支出的确认条件

(1) 使固定资产的使用年限延长。

(2) 使固定资产的生产能力提高。

(3) 使生产成本降低。

(4) 使产品品种、性能、规格等发生良好的变化。

(5) 使产品质量提高。

(6) 使企业经营管理环境或条件改善。

3. 固定资产改良支出的会计处理

(1) 将固定资产转入在建工程

借：在建工程

　　累计折旧

　　　贷：固定资产

(2) 用银行存款支付后续支出

借：在建工程

　　　贷：银行存款

(3) 改造工程完工，结转工程成本

借：固定资产

　　　贷：在建工程

(4) 改造后每月计提折旧

借：制造费用

　　　贷：累计折旧

任务实施

针对本任务引例处理如下。

1. 业务解析

固定资产维修只能确保固定资产维持正常的工作状态，一般不能满足固定资产的确认条件。因此，本任务引例中的修理费用应予以费用化，记入"管理费用"科目。

面向十二五高职高专会计专业规划教材

2．会计处理

借：管理费用　　　　　　　　　　　　　5 200

　　贷：银行存款　　　　　　　　　　　　　5 200

做　中　学

一、固定资产维修支出

此类情况参见任务引例和任务实施的处理。

二、固定资产改良支出

[做中学 3-8]

1．业务背景

时达实业有限公司为提高现有生产能力，决定对其进行改造。该生产线的原价为 4 000 000 元，已计提折旧 1 500 000 元。改造过程中共发生支出 1 800 000 元，全部用银行存款支付。该后续支出符合固定资产的确认条件，但不属于固定资产重要组成部分，不单独计价。公司重新估计该生产线的剩余使用寿命为 10 年，预计净残值为 40 000 元，采用平均年限法计提折旧。

2．业务解析

(1) 固定资产改建、扩建工程一般通过"在建工程"科目核算，工程完工交付使用后再转入"固定资产"科目。因改良而延长了使用年限的固定资产，应对其使用年限和折旧率进行调整。

(2) 转入"在建工程"科目的固定资产净值为 400 000−1 500 000=2 500 000 元，加上后续支出 1 800 000 元，改良后的固定资产成本为 4 300 000 元。

(3) 按照平均年限法计提折旧，月折旧额=(4 300 000−40 000)÷10÷12=35 500 元。

3．会计处理

(1) 将固定资产转入在建工程

借：在建工程　　　　　　　　　　　2 500 000

　　累计折旧　　　　　　　　　　　1 500 000

　　贷：固定资产　　　　　　　　　　　　4 000 000

(2) 用银行存款支付后续支出

借：在建工程　　　　　　　　　　　1 800 000

　　贷：银行存款　　　　　　　　　　　　1 800 000

(3) 改造工程完工，结转工程成本

借：固定资产　　　　　　　　　　　4 300 000

贷：在建工程		4 300 000

(4) 改造后每月计提折旧

借：制造费用		35 500
贷：累计折旧		35 500

任务五　固定资产处置的核算

任务引例

时达实业有限公司 2016 年出售一幢厂房的业务如下：

(1) 4 月 23 日，出售一幢厂房。该厂房原值为 200 000 元，已提折旧 100 000 元。

(2) 4 月 23 日，时达实业有限公司收到销售厂房款 120 000 元。

(3) 4 月 30 日，按照 5%的营业税率计提营业税。

(4) 4 月 30 日，结转固定资产清理。

假设你是时达实业有限公司的会计，该如何对上述业务做出正确的会计处理？

知识链接

固定资产处置包括固定资产的出售、报废、毁损、对外捐赠等。企业出售、报废或者毁损的固定资产通过"固定资产清理"账户进行核算，该账户核算企业因出售、报废和毁损等原因转入清理的固定资产净值以及在清理过程中所发生的清理费用和清理收入。借方登记固定资产转入清理的净值、清理过程中所发生的清理费用以及结转的清理净收益；贷方登记清理固定资产的变价收入、应由保险公司或过失人承担的损失以及结转的清理净损失。其借方余额表示尚未清理完毕固定资产的净损失，贷方余额表示尚未清理完毕固定资产的净收益，如表 3-20 所示。清理完毕后应将其贷方或借方余额转入"营业外收入"或"营业外支出"账户，结转后该账户应无余额。本账户应按被清理的固定资产设置明细账，进行明细核算。

表 3-20　固定资产清理

借方	贷方
固定资产转入清理的净值；	清理固定资产的变价收入；
清理过程中所发生的清理费用；	应由保险公司或过失人承担的损失；
结转的清理净收益	结转的清理净损失
尚未清理完毕固定资产的净损失	尚未清理完毕固定资产的净收益

一、固定资产的出售、报废和毁损

企业出售、报废、毁损的固定资产，应通过"固定资产清理"账户进行核算，会计核算一般可以分为以下几个步骤。

(一)固定资产转入清理

企业出售、报废和毁损的固定资产转入清理时，应作如下会计分录：

借：固定资产清理　　(固定资产净值)
　　累计折旧　　　　(已提折旧)
　　贷：固定资产　　(账面原价)

(二)发生的清理费用

固定资产清理过程中发生的清理费用以及应缴纳的税金，应按实际额作如下会计分录：

借：固定资产清理
　　贷：银行存款
　　　　应交税费——应交营业税

(三)出售收入和残料等的处理

企业收回出售固定资产的价款、报废固定资产的残料价值和变价收入等，应冲减清理支出，按实际收到的出售价款及残料变价收入等作如下会计分录：

借：银行存款/原材料
　　贷：固定资产清理

(四)保险赔偿的处理

企业计算或收到的应由保险公司或过失人赔偿的报废、毁损固定资产的损失时，应冲减清理支出，按实际额作如下会计分录：

借：银行存款/其他应收款
　　贷：固定资产清理

(五)清理净损益的处理

固定资产清理后发生的净损益，应区别不同情况进行处理。

(1) 固定资产清理后的净收益，属于生产经营期间的，应计入当期损益。

借：固定资产清理
　　贷：营业外收入

(2) 固定资产清理后的净损失，若属于自然灾害等原因造成的损失，记入"营业外支出——非常损失"账户，若属于生产经营期间正常的处理损失，记入"营业外支出——处置固定资产净损失"账户。

借：营业外支出——非常损失/处置固定资产净损失
　　贷：固定资产清理

二、对外捐赠的固定资产

对外捐赠固定资产的行为导致企业资产流出，通过"固定资产清理"和"应交税费——应交增值税"账户进行核算，最后将固定资产的净值和应转出的增值税进项税额记入企业的"营业外支出"账户。会计核算一般可以分为以下几个步骤。

(一)固定资产转入清理

借：固定资产清理　(固定资产净值)
　　累计折旧　　　(已提折旧)
　　贷：固定资产　(账面原价)

(二)转销固定资产清理余额

借：营业外支出——捐赠支出
　　贷：固定资产清理
　　　　应交税费——应交增值税(销项税额)

任务实施

针对本任务引例处理如下。

1．业务解析

先将固定资产账面价值转入固定资产清理，然后确认出售固定资产价款，计算营业税，最后结转清理净损益。

2．会计处理

(1) 将固定资产账面价值转入清理

借：固定资产清理　　　　　　　　　　100 000
　　累计折旧　　　　　　　　　　　　100 000
　　贷：固定资产　　　　　　　　　　　　200 000

(2) 收到变价收入

借：银行存款　　　　　　　　　　　　120 000
　　贷：固定资产清理　　　　　　　　　　120 000

(3) 计提营业税

借：固定资产清理　　　　　　　　　　　6 000
　　贷：应交税费——应交营业税　　　　　　6 000

(4) 结转清理净损益

借：固定资产清理　　　　　　　　　　14 000
　　贷：营业外收入——固定资产清理　　　　14 000

做 中 学

一、固定资产出售

此类情况参见任务引例和任务实施的处理。

二、固定资产报废

[做中学 3-9]

1. 业务背景

2016 年 3 月 23 日，时达实业有限公司报废一台数控机床。该机床账面原值为 50 000 元，已提折旧 45 000 元。2016 年 3 月 24 日，时达实业有限公司收到报废固定资产的残值变卖价款 2000 元存入银行，时达实业有限公司现金支付清理费用 350 元，结转固定资产清理损失。假设不考虑相关税费。

2. 业务解析

先转入固定资产清理，然后确认废品变卖价款，支付清理费用，最后结转清理净损益。

3. 会计处理

(1) 报废转入清理时

借：固定资产清理　　　　　　　　　　　　　　5 000

累计折旧　　　　　　　　　　　　　　45 000

贷：固定资产——生产经营用固定资产　　　50 000

(2) 收到残料变价收入价款

借：银行存款　　　　　　　　　　　　　　2 000

贷：固定资产清理　　　　　　　　　　2 000

(3) 支付清理费用

借：固定资产清理　　　　　　　　　　　　350

贷：库存现金　　　　　　　　　　　　350

(4) 结转报废清理的净损失

借：营业外支出　　　　　　　　　　　　　3 350

贷：固定资产清理　　　　　　　　　　3 350

三、固定资产毁损

[做中学 3-10]

1. 业务背景

2016 年 6 月 15 日，时达实业有限公司因水灾毁损仓库一幢。该仓库原值 400 000 元，已提折旧 100 000 元。6 月 15 日，时达实业有限公司现金支付清理费用 1 000 元。6 月 18 日，仓库毁损清理的残料 100 千克入库，入库材料单价为 50 元，共计 5 000 元。6 月 20 日，经保险公司核定应赔偿损失 150 000 元，尚未收到赔款。

2. 业务解析

先转入固定资产清理，然后支付清理费用，确认残料入库价值，最后结转清理净损益。

3. 会计处理

(1) 报废转入清理时

借：固定资产清理　　　　　　　　　　　300 000

　　累计折旧　　　　　　　　　　　　　100 000

　　　贷：固定资产——生产经营用固定资产　　400 000

(2) 支付清理费用

借：固定资产清理　　　　　　　　　　　1 000

　　　贷：库存现金　　　　　　　　　　　　1 000

(3) 残料入库

借：原材料　　　　　　　　　　　　　　5 000

　　　贷：固定资产清理　　　　　　　　　　5 000

(4) 确认保险公司的赔偿款

借：其他应收款——保险公司　　　　　　150 000

　　　贷：固定资产清理　　　　　　　　　　150 000

(5) 结转报废清理的净损失

借：营业外支出——非常损失　　　　　　146 000

　　　贷：固定资产清理　　　　　　　　　　146 000

任务六　无形资产的计量与核算

任务引例

2016 年 1 月 25 日，时达实业有限公司因生产产品需要购入一项专利权，支付价款 1 000 000 元，另支付相关税费 5000 元。

假设你是时达实业有限公司的会计，该如何对上述业务做出正确的处理？

知识链接

一、无形资产的含义与特征

无形资产，是指企业拥有或者控制的没有实物形态的可辨认非货币性资产。无形资产的主要特征包括以下几点。

(一)不具备实物形态

无形资产没有实物形态是与固定资产、存货等其他有形资产相区别的一个显著特征。无形资产代表了企业拥有的某些特殊权利或优势，具有极大的潜在价值，能使企业获得高于一般盈利水平的额外经济利益。

(二)具有可辨认性

资产满足下列条件之一的，符合无形资产定义中的可辨认性标准：

(1) 能够从企业中分离或者划分出来，并能单独或者与相关合同、资产或负债一起，用于出售、转移、授予许可、租赁或者交换。

(2) 源自合同性权利或其他法定权利，无论这些权利是否可以从企业或其他权利和义务中转移或者分离。

(三)属于非货币性长期资产

无形资产属于非货币性资产，一般能够在多个会计期间为企业带来经济利益。通常无形资产借助于有形资产发挥作用，其所提供的未来经济利益具有高度的不确定性，无形资产的取得成本与其能为企业带来的未来经济利益之间并无内在联系。

二、无形资产的构成

无形资产主要包括专利权、非专利技术、商标权、著作权、土地使用权、特许权等。

(一)专利权

专利权是指国家专利主管机关依法授予发明创造专利申请人对其发明创造在法定期限内所享有的专有权利，包括发明专利权、实用新型专利权和外观设计专利权。

企业从外单位购入的专利权，应按实际支付的价款作为专利权的成本。企业自行研究开发并按法律程序申请取得的专利权，应按照《企业会计准则第 6 号——无形资产》确定其成本。

(二)非专利技术

非专利技术是指为发明人所拥有的、未公开的、未申请专利的、可以带来经济效益

的各种具有使用价值的技术及知识、诀窍等。如设计图纸、资料、数据、技术规范、工艺流程、材料配方等。

(三)商标权

商标是商品的生产者、经营者在其生产、制造、加工、拣选或者经销的商品上或者服务的提供者在其提供的服务上采用的、区别商品或者服务来源的，由文字、图形或者其组合构成的，具有显著特征的标志。

企业自创并注册登记的商标，费用一般不大，可根据情况决定是否将其资本化。如果企业购买他人的商标，一次性支出费用较大的，可以将其资本化，作为无形资产管理，以购入商标的价款、手续费及有关费用作为商标的成本。

(四)著作权

著作权又称版权，是文学、艺术和科学作品的作者及其他著作权人依法对其作品享有的人身权利和财产权利的总称。著作权是民事主体支配特定作品并享受其利益的知识产权，主要包括著作权、表演者权、音像制品制作者权、广播电视节目作者权、图书装和版式设计权等。

(五)土地使用权

土地使用权又称场地使用权，是指国家准许企业或单位在一定期间内对国有土地享有开发、利用、经营的权利。土地使用权是我国的一项特殊的无形资产。企业取得土地使用权，通常应将取得时发生的支出作为土地使用权的成本予以资本化，计入无形资产。土地使用权用于自行开发建造厂房等地上建筑物时，其账面价值不与地上建筑物合并计算成本，仍作为无形资产进行核算，土地使用权与地上建筑物分别进行摊销和提取折旧。作为建造成本处理房地产开发企业取得的土地使用权用于建造对外出售的房屋建筑物，相关的土地使用权应当计入所建造的房屋建筑物成本。

(六)特许权

特许权又称经营特许权，是指政府机关授权准许企业在某一地区经营某种业务或销售某种特定商品的权利，或依照企业间合同，有期限或无期限地使用另一企业的某些权利。如水、电、邮电、通信等专营权，烟草专卖权，使用总店名称开设连锁分店等。只有支付了费用取得的经营特许权才能作为无形资产入账。

三、无形资产的确认与计量

(一)无形资产的确认

无形资产在符合其定义的基础上，还必须同时满足下列条件，才能予以确认：

(1) 与该无形资产有关的经济利益很可能流入企业；

(2) 该无形资产的成本能够可靠地计量。

(二)无形资产的计量

根据无形资产取得方式的不同，相应地有不同的计量方法。

1．外购的无形资产

企业外购的无形资产应当按成本进行初始计量。外购无形资产的成本包括购买价款、相关税费以及直接归属于该项资产达到预定用途所发生的其他支出。

2．投资者投入的无形资产

投资者投入的无形资产，应以投资各方确认的价值作为入账价值。但合同或协议约定价值不公允的除外。

3．自行开发的无形资产

企业会计准则将自行开发过程划分为两个阶段，即研究阶段和开发阶段。根据准则规定，企业研究阶段的支出全部费用化，计入当期损益。开发阶段的支出符合资本化条件的，才能确认为无形资产；不符合资本化条件的，计入当期损益。无法区分研究阶段支出和开发阶段支出的，应当将其所发生的研发支出全部费用化，计入当期损益。

企业内部发生的开发阶段支出，应同时满足下列条件，才能予以资本化，确认为无形资产。

(1) 完成该项无形资产以使其能够使用或出售在技术上具有可能性。

(2) 具有完成该无形资产并使用或出售的意图。

(3) 无形资产能够为企业带来未来经济利益。

(4) 有足够的技术、财务资源和其他资源支持，以完成该无形资产的开发并有能力使用或出售该无形资产。

(5) 归属于该无形资产开发阶段的支出能够可靠地计量。

四、账户设置

为了核算无形资产的取得、摊销和出售报废等情况，企业应当设置"无形资产"、"累计摊销"等账户。

(一)"无形资产"账户

本账户用于核算企业持有无形资产的成本，如表 3-21 所示。应按无形资产类别设置"商标权"、"专利权"、"著作权"、"商誉"、"非专利技术"和"土地使用权"等明细账，进行明细核算。

表 3-21　无形资产

借方	贷方
企业购入的或自行创造并按法律程序申请取得的以及投资者投入的各种无形资产的价值	出售、报废无形资产而转出的无形资产价值
企业已入账的无形资产价值	

(二)"累计摊销"账户

本账户属于"无形资产"的调整账户，是核算企业对使用寿命有限的无形资产计提的累计摊销。借方登记处置无形资产转出的累计摊销，贷方登记企业计提的无形资产摊销，期末贷方余额反映企业无形资产的累计摊销额，如表 3-22 所示。本账户可按无形资产项目进行明细核算。

表 3-22　累计摊销

借方	贷方
处置无形资产转出的累计摊销	企业计提的无形资产摊销
	企业无形资产的累计摊销额

五、无形资产的核算

(一)无形资产的取得

无形资产应当按照成本进行初始计量。企业取得无形资产的方式主要有外购、自行研究开发等。取得的方式不同，其会计处理也相应有所差别。

1．外购的无形资产

外购的无形资产其成本包括购买价款、相关税费以及直接归属于使该项资产达到预定用途所发生的其他支出。

借：无形资产
　　贷：银行存款

2．自行研究开发的无形资产

(1) 相关研发费用发生时。
借：研发支出——费用化支出
　　　　　　——资本化支出
　　贷：原材料/应付职工薪酬/银行存款
(2) 会计期末：将费用化支出结转到"管理费用"账户；对于资本化支出部分，则等到该无形资产到预定用途时，才将其转入"无形资产"账户"。

① 结转费用化支出

借：管理费用

　　贷：研发支出——费用化支出

② 当资本化支出部分达到预定用途时

借：无形资产

　　贷：研发支出——资本化支出

(二)无形资产的摊销

企业应当于取得无形资产时分析判断其使用寿命。使用寿命有限的无形资产应进行摊销。使用寿命不确定的无形资产不予摊销。

无形资产的摊销期自其可供使用时开始，至终止确认时止，取得当月起在预计使用年限内系统合理摊销，处置无形资产的当月不再摊销。即当月增加的无形资产，当月开始摊销；当月减少的无形资产，当月不再摊销。

企业选择的无形资产摊销方法，应当能够反映与该项无形资产有关的经济利益的预期实现方式，并一致地运用于不同会计期间；无法可靠确定其预期实现方式的，应当采用直线法进行摊销。企业按月计提无形资产摊销额时，如果是企业自用的无形资产，其摊销金额计入管理费用；出租的无形资产，其摊销金额计入其他业务成本；某项无形资产包含的经济利益通过所生产的产品或其他资产实现的，其摊销金额应当计入相关资产成本。

借：其他业务成本

　　管理费用

　　制造费用

　　贷：累计摊销

(三)无形资产的出售

按照现行税法的规定，出售无形资产还应按实际转让收入计算缴纳营业税，营业税税率为5%。企业出售无形资产的净收益，作为非流动资产处置利得，记入"营业外收入——处置非流动资产所得"科目；出售无形资产的净损失，作为非流动资产处置损失，记入"营业外支出——处置非流动资产损失"科目。

借：银行存款

　　累计摊销

　　贷：无形资产——专利权

　　　　应交税费——应交营业税

　　　　营业外收入——处置非流动资产所得

(或借记"营业外支出——处置非流动资产损失")

任务实施

针对本任务引例处理如下。

1. 业务解析

外购的无形资产其成本包括购买价款、相关税费以及直接归属于使该项资产达到预定用途所发生的其他支出。

2. 会计处理

借：无形资产   1 005 000
  贷：银行存款   1 005 000

做 中 学

一、无形资产的取得

(一)外购的无形资产

此类情况参见任务引例和任务实施的处理。

(二)自行研究开发的无形资产

[做中学 3-11]

1. 业务背景

时达实业有限公司研发某项新技术，在研发过程中发生材料费 130 000 元，应付研发人员薪酬 70 000 元，支付其他费用 20 000 元。根据我国会计准则的规定，上述各项应予以资本化的支出是 156 000 元，应予以费用化的支出是 64 000 元。另外，该项技术成功申请了国家专利，在申请专利过程中发生注册费 30 000 元，聘请律师费 6000 元。

2. 业务解析

先核算研发支出发生时的业务，再在期末结转费用化支出，最后在研发新技术达到预定用途时进行无形资产的确认。

3. 会计处理

(1) 研发支出发生时
借：研发支出——费用化支出   64 000
     ——资本化支出   192 000
  贷：原材料   130 000
    应付职工薪酬   70 000
    银行存款   56 000

(2) 期末，结转费用化支出时

借：管理费用　　　　　　　　　　　　64 000

　　贷：研发支出——费用化支出　　　　　　　64 000

(3) 研究新技术达到预定用途时

借：无形资产　　　　　　　　　　　　192 000

　　贷：研发支出——资本化支出　　　　　　　192 000

二、无形资产的摊销

[做中学 3-12]

1．业务背景

时达实业有限公司以银行存款购入某专利权用于产品生产，成本 960 000 元，估计使用寿命 8 年；同时购入一项商标权，成本为 1 200 000 元，估计使用寿命 10 年。假定这两项无形资产的净残值为零。

2．业务解析

先核算取得无形资产的业务，再按月进行摊销。两者均属于使用寿命有限的无形资产，专利权专门用于产品生产，将摊销金额计入相关产品的制造成本，商标权的摊销金额直接计入当期管理费用。

3．会计处理

(1) 取得无形资产时

借：无形资产——专利权　　　　　　　960 000

　　　　　　——商标权　　　　　　　1 200 000

　　贷：银行存款　　　　　　　　　　　　2 160 000

(2) 无形资产按月摊销时

借：制造费用——专利权摊销　　　　　10 000

　　管理费用——商标权摊销　　　　　10 000

　　贷：累计摊销　　　　　　　　　　　　20 000

三、无形资产的出售

[做中学 3-13]

1．业务背景

时达实业有限公司将其拥有的一项专利权出售给甲公司，取得收入 100 000 元，应缴纳营业税等相关费用 5000 元，该专利的成本为 400 000 元，累计摊销额为 320 000 元。

2．业务解析

先转销账面价值和累计摊销额，再处理实际收入和营业税，最后计算净损益。

3．会计处理

借：银行存款	100 000
累计摊销	320 000
贷：无形资产——专利权	400 000
应交税费——应交营业税	5000
营业外收入——处置非流动资产所得	15 000

任务七　其他资产的计量与核算

知识链接

其他资产的计量与核算

其他资产是指除货币资金、交易性金融资产、应收及预付款项、存货、长期股权投资、固定资产、无形资产等以外的资产，如长期待摊费用等。

长期待摊费用是指企业已经发生但应由本期和以后各期负担的分摊期限在一年以上的各项费用，如以经营租赁方式租入的固定资产发生的改良支出等。企业应设置"长期待摊费用"账户进行核算，企业发生的长期待摊费用，借记"长期待摊费用"账户，贷记"原材料"、"银行存款"等账户；摊销长期待摊费用，借记"管理费用"、"销售费用"等账户，贷记"长期待摊费用"账户；长期待摊费用科目期末借方余额，反映企业尚未摊销完毕的长期待摊费用。"长期待摊费用"账户可按费用项目进行明细核算。

[做中学 3-14]

1．业务背景

2016 年 4 月 1 日，时达实业有限公司对其以经营租赁方式新租入的办公楼进行装修，发生以下有关支出：领用生产材料 500 000 元，购进该批原材料时支付的增值税进项税额为 85 000 元；辅助生产车间为该装修工程提供的劳务支出为 180 000 元；有关人员工资等职工薪酬 435 000 元。2016 年 12 月 1 日，该办公楼装修完工，达到预定可使用状态并交付使用，并按租赁期 10 年开始进行摊销。假定不考虑其他因素。

2．业务解析

以经营租赁方式租入的固定资产发生的改良支出，应通过"长期待摊费用"账户进行核算。

3．会计处理

(1) 装修领用原材料

借：长期待摊费用	585 000

　　贷：原材料　　　　　　　　　　　　　　　　　500 000

　　　　应交税费——应交增值税 (进项税额转出)　　85 000

(2) 辅助生产车间为装修工程提供劳务时

借：长期待摊费用　　　　　　　　　　　　　　180 000

　　贷：生产成本——辅助生产成本　　　　　　　　180 000

(3) 确认工程人员职工薪酬时

借：长期待摊费用　　　　　　　　　　　　　　435 000

　　贷：应付职工薪酬　　　　　　　　　　　　　　435 000

(4) 每月摊销装修支出时

办公楼装修完工时，"长期待摊费用"余额=585 000+180 000+435 000=1 200 000(元)，每月摊销装修支出金额=1 200 000÷10÷12=10 000(元)

借：管理费用　　　　　　　　　　　　　　　　10 000

　　贷：长期待摊费用　　　　　　　　　　　　　　10 000

能 力 训 练

一、单项选择题

1. 企业购入需要安装的固定资产发生的安装费用应记入(　　)科目。

　　A. 固定资产　　　B. 在建工程　　　C. 管理费用　　　D. 营业外支出

2. 企业出售固定资产应交的营业税，应借记的会计科目是(　　)。

　　A. 营业税金及附加　　　　　　　　B. 固定资产清理

　　C. 营业外支出　　　　　　　　　　D. 其他业务支出

3. 某企业对一座建筑物进行改建。该建筑物的原价为 100 万元，已提折旧为 60 万元。改建过程中发生支出 30 万元。被替换部分固定资产的账面价值为 5 万元。该建筑物改建后的入账价值为(　　)万元。

　　A. 65　　　　　B. 70　　　　　C. 125　　　　　D. 130

4. 某企业对生产线进行扩建。该生产线原价为 1200 万元，已提折旧 100 万元，扩建生产线时发生扩建支出 200 万元，同时在扩建时处理废料发生变价收入 10 万元。该生产线新的原价应为(　　)万元。

　　A. 1390　　　　B. 1300　　　　C. 1290　　　　D. 1205

5. 对行政管理部门固定资产多提折旧将使企业的利润表中(　　)。

　　A. 费用增加　　　B. 费用减少　　　C. 收入增加　　　D. 收入减少

6. 某企业对账面原价为 100 万元,累计折旧为 60 万元的某一项固定资产进行清理。清理时发生清理费用 5 万元，清理收入 80 万元(按 5%的营业税率缴纳营业税，其他税费略)。该固定资产的清理净收入为(　　)万元。

　　A. 31　　　　　B. 35　　　　　C. 41　　　　　D. 45

7. 某项固定资产原值为 15 500 元，预计使用年限为 5 年，预计净残值为 500 元，按双倍余额递减法计提折旧，则第二年年末该固定资产的账面价值为(   )元。

    A. 5580   B. 6320   C. 5900   D. 6500

8. 某企业 2016 年 6 月 28 日自行建造的一条生产线投入使用，该生产线建造成本为 370 万元，预计使用年限为 5 年，预计净残值为 10 万元。在采用年数总和法计提折旧的情况下，2016 年该设备应计提的折旧额为(   )万元。

    A. 120   B. 70   C. 60   D. 74

9. 某企业 2016 年 12 月 30 日购入一台不需安装的设备，已交付生产使用，原价 50 000 元，预计使用 5 年，预计净残值 2000 元。若按年数总和法计提折旧，则第三年的折旧额为(   )元。

    A. 10 000   B. 9600   C. 12 800   D. 6400

10. 某企业对一大型设备进行扩建。该设备原价 1000 万元，已提折旧 80 万元，发生的改扩建支出共计 140 万元，同时因处理废料发生变价收入 5 万元。该大型设备新的原价为(   )万元。

    A. 1135   B. 1055   C. 1140   D. 1145

11. 对固定资产多提折旧，将使企业的资产负债表中的(   )。

    A. 资产净值减少   B. 资产净值增加
    C. 负债增加   D. 负债减少

12. A 企业自行研制一项专利技术。在研制过程中发生原材料费用 100 000 元，开发人员工资 160 000 元，管理费用 70 000 元。在申请专利的过程中，发生律师费 15 000 元，注册费 5000 元。若企业本期已依法取得该项专利，则该项专利的入账价值为(   )元。

    A. 350 000   B. 90 000   C. 280 000   D. 20 000

13. 下列项目中，应予以资本化的利息支出是(   )。

    A. 开发无形资产前发生的长期借款利息支出
    B. 购建固定资产发生的长期借款，在资产达到预定可使用状态前发生的利息支出
    C. 为生产经营活动日常开支需要借入的长期借款利息支出
    D. 进行长期投资而发生的长期借款利息支出

14. 某企业于 2016 年 12 月 31 日购入一项固定资产，其原价为 200 万元，预计使用年限为 5 年，预计净残值为 0.8 万元，采用双倍余额递减法计提折旧。2017 年度该项固定资产应计提的年折旧额为(   )万元。

    A. 39.84   B. 66.4   C. 79.68   D. 80

15. 企业 2016 年 3 月购入并投入使用不需要安装设备一台原值 860 万元，预计使用年限 5 年，预计净残值 2 万元，采用双倍余额递减法计提折旧，则企业在 2017 年应计提的折旧额为(   )万元。

    A. 344   B. 240.8   C. 206.4   D. 258

16. 甲公司为增值税一般纳税人，2016 年 12 月 31 日购入不需要安装的生产设备一台，当日投入使用。该设备价款为 360 万元，增值税税额为 61.2 万元，预计使用寿命为 5 年,预计净残值为零,采用年数总和法计提折旧。该设备 2017 年应计提的折旧额为(　　)万元。

    A、72　　　　　B. 120　　　　　C. 140.4　　　　　D. 168.48

17. 和平均年限法相比，采用年数总和法对固定资产计提折旧将使(　　)。
    A. 计提折旧的初期，企业利润减少，固定资产原值减少
    B. 计提折旧的初期，企业利润减少，固定资产净值减少
    C. 计提折旧的后期，企业利润减少，固定资产原值减少
    D. 计提折旧的后期，企业利润减少，固定资产净值减少

18. 关于企业内部研究开发项目的支出，下列说法中错误的是(　　)。
    A. 企业内部研究开发项目的支出，应当区分研究阶段支出与开发阶段支出
    B. 企业内部研究开发项目研究阶段的支出，应当于发生时计入当期损益
    C. 企业内部研究开发项目开发阶段的支出，应确认为无形资产
    D. 企业内部研究开发项目开发阶段的支出，可能确认为无形资产，也可能确认为费用

19. 某企业转让一项专利权，与此有关的资料如下：该专利权的账面余额 50 万元，已摊销 20 万元，计提资产减值准备 5 万元，取得转让价款 28 万元，应交营业税 1.4 万元。假设不考虑其他因素，该企业应确认的转让无形资产净收益为(　　)万元。

    A. -2　　　　　B. 1.6　　　　　C. 3　　　　　D. 8

20. 关于无形资产的后续计量，下列说法中正确的是(　　)。
    A. 使用寿命不确定的无形资产应该按系统合理的方法摊销
    B. 使用寿命不确定的无形资产，其摊销金额应按 10 年摊销
    C. 企业无形资产摊销方法，应当反映与该项无形资产有关的经济利益的预期实现方式
    D. 无形资产的摊销方法只有直线法

二、多项选择题

1. 在采用自营方式建造固定资产的情况下，下列项目中应计入固定资产取得成本的有(　　)。
    A. 工程项目耗用的工程物资
    B. 在建工程人员工资
    C. 生产车间为工程提供的水、电等费用
    D. 企业行政管理部门为组织和管理生产经营活动而发生的费用

2. 下列关于固定资产计提折旧的表述，正确的有(　　)。
    A. 提前报废的固定资产不再补提折旧
    B. 固定资产折旧方法一经确定不得改变
    C. 已提足折旧但仍继续使用的固定资产不再计提折旧

D. 自行建造的固定资产应自办理竣工决算时开始计提折旧

3. 下列各项固定资产，应当计提折旧的有( )。

    A. 闲置的固定资产   B. 单独计价入账的土地

    C. 经营租出的固定资产   D. 已提足折旧仍继续使用的固定资产

4. 企业计提固定资产折旧时，下列会计分录正确的有( )。

    A. 计提行政管理部门固定资产折旧：借记"管理费用"账户，贷记"累计折旧"账户

    B. 计提生产车间固定资产折旧：借记"制造费用"账户，贷记"累计折旧"账户

    C. 计提专设销售机构固定资产折旧：借记"销售费用"账户，贷记"累计折旧"账户

    D. 计提自建工程使用的固定资产折旧：借记"在建工程"账户，贷记"累计折旧"账户

5. 固定资产的折旧方法有( )。

    A. 年限平均法   B. 工作量法

    C. 双倍余额递减法   D. 年数总和法

6. 固定资产清理发生的下列收支中，影响其清理净损益的有( )。

    A 清理费用   B. 变价收入

    C. 保险赔偿收入   D. 营业税

7. 固定资产的特征包括( )。

    A. 为生产商品、提供劳务而持有的

    B. 为出租或经营管理而持有的

    C. 单位价值较高

    D. 使用寿命超过一个会计年度

8. 双倍余额递减法和年数总和法在计算固定资产折旧时的共同点是( )。

    A. 不考虑净残值   B. 前期折旧额较低

    C. 加速折旧   D. 前期折旧额较高

9. 在采用自营方式建造固定资产的情况下，下列项目中应计入固定资产取得成本的有( )。

    A. 工程人员的工资

    B. 工程领用本企业商品应交的增值税销项税额

    C. 辅助生产车间为工程提供的水、电等费用

    D. 企业行政管理部门为组织和管理生产经营活动而发生的管理费用

10. 企业对使用寿命有限的无形资产进行摊销时，其摊销额应根据不同情况分别计入( )。

    A. 管理费用   B. 制造费用   C. 财务费用   D. 其他业务成本

11. 关于无形资产的摊销，下列说法中正确的有( )。

A. 使用寿命有限的无形资产，其应摊销余额应当在使用寿命内系统合理摊销

B. 企业摊销无形资产，应当自无形资产可供使用时起，至不再作为资产确认时

C. 无形资产摊销年限不超过10年

D. 使用寿命有限的无形资产一定无残值

三、实务操作题

[实务操作3-1]

1. 目的

练习购入无须安装固定资产业务的核算。

2. 资料

某企业购入一台生产用设备，增值税专用发票注明价款50 000元，增值税税额8500元，支付运输费2000元(不考虑运输费增值税抵扣)。固定资产无须安装，货款以银行存款支付。

3. 要求

根据以上资料编制有关的会计分录。

[实务操作3-2]

1. 目的

练习购入需要安装固定资产业务的核算。

2. 资料

A公司(一般纳税人)发生如下经济业务：

购入一台需要安装的设备，增值税专用发票注明价款500 000元，增值税税额为85 000元，运输费2500元(不考虑运输费增值税抵扣)；安装设备时，领用本公司原材料一批，价值10 000元，购进该批原材料时支付增值税1700元；支付安装工人工资3800元。上述有关款项已通过银行收付。假定不考虑其他相关税费。

3. 要求

编制自购入、安装及交付使用的会计分录。

[实务操作3-3]

1. 目的

练习自建固定资产的核算。

2. 资料

某企业发生自行建造仓库一座，购入为工程准备的各种物资300 000元，支付的增值税税额为51 000元。建造过程中领用全部工程物资。此外，还领用生产用的原材料一批，实际成本20 000元，应转出的增值税税额为3400元；支付工程人员工资80 000元；用银行存款支付水电费7000元。工程完工交付使用。

3. 要求

根据以上资料编制有关的会计分录。

[实务操作 3-4]

1. 目的

练习企业接受投资转入固定资产业务的核算。

2. 资料

某企业接受其他单位投资转入设备一台，投资单位的账面原值 60 万元，已提折旧 30 万元，双方协议价格为 40 万元。

3. 要求

编制有关的会计分录。

[实务操作 3-5]

1. 目的

练习企业固定资产更新改造业务的核算。

2. 资料

2016 年 12 月 31 日，企业支付 2000 万元购入管理用的某项机器设备，采用年限平均法计提折旧，预计使用年限为 10 年，预计净残值为 0。2020 年 12 月 31 日，企业对该项固定资产进行更新改造(符合资本化条件)，领用企业购买的原材料成本为 300 万元，进项税额为 51 万元，人工支出 100 万元；2021 年 6 月 30 日达到预定可使用状态，更新后预计净残值为零，折旧方法继续使用直线法，预计使用年限为 13 年。

3. 要求

编制 2021 年更新改造期间的会计处理及 2021 年计提折旧的会计处理。

[实务操作 3-6]

1. 目的

练习固定资产计提折旧业务的核算。

2. 资料

某企业(一般纳税人)2016 年发生如下经济业务：

(1) 1 月 20 日，企业生产车间购入一台不需安装的 A 设备，取得的增值税专用发票上注明的设备价款为 478 万元，增值税税额为 81.26 万元，另发生运杂费 2 万元，款项均以银行存款支付。

(2) A 设备经过调试后，于 1 月 22 日投入使用，预计使用 10 年，净残值为 23 万元，决定采用双倍余额递减法计提折旧。

(3) 7 月 15 日，企业生产车间购入一台需要安装的 B 设备，取得的增值税专用发票上注明的设备价款为 600 万元，增值税税额为 102 万元，另发生保险费 10 万元，款项均以银行存款支付。

(4) 8 月 19 日，将 B 设备投入安装，以银行存款支付安装费 10 万元。B 设备于 8 月 25 日达到预定使用状态，并投入使用。

(5) B 设备采用工作量法计提折旧，预计净残值为 20 万元，预计总工时为 2 万小时。9 月，B 设备实际使用工时为 200 小时。

3. 要求

(1) 编制甲企业 2016 年 1 月 20 日购入 A 设备的会计分录。

(2) 计算甲企业 2016 年 2 月 A 设备的折旧额并编制会计分录。

(3) 编制甲企业 2016 年 7 月 15 日购入 B 设备的会计分录。

(4) 编制甲企业 2016 年 8 月安装 B 设备及其投入使用的会计分录。

(5) 计算甲企业 2016 年 9 月 B 设备的折旧额并编制会计分录。

(答案中的金额单位用万元表示)

[实务操作 3-7]

1. 目的

练习企业出售固定资产业务的核算。

2. 资料

甲公司出售一座建筑物，原价为 2 000 000 元，已计提折旧 1 000 000 元，未计提减值准备，实际出售价格为 1 200 000 元，已通过银行收回价款。

3. 要求

编制相关的会计分录。

[实务操作 3-8]

1. 目的

练习企业固定资产报废业务的核算。

2. 资料

乙公司现有一台设备由于性能等原因决定提前报废，原价为 500 000 元，已计提折旧 450 000 元，未计提减值准备。报废时的残值变价收入为 20 000 元，报废清理过程中发生清理费用 3500 元。有关收入、支出均通过银行办理结算。

3. 要求

编制全部清理业务的会计分录。

[实务操作 3-9]

1. 目的

练习无形资产业务的核算。

2. 资料

某企业自行研究开发一项专利技术，与该项专利技术有关的资料如下：

(1) 2016 年 1 月，该项研发活动进入开发阶段，以银行存款支付开发费用 280 万元，其中满足资本化条件的为 150 万元。2016 年 7 月 1 日，开发活动结束，并按法律程序申请取得专利权，供企业行政管理部门使用。

(2) 该项专利权法律规定有效期为 5 年，采用直线法摊销。

(3) 2016 年 12 月 1 日，将该项专利权转让，实际取得价款 160 万元，应交营业税 8

万元，款项已存入银行。

3. 要求

(1) 编制企业发生开发支出的会计分录。

(2) 编制企业转销费用化开发支出的会计分录。

(3) 编制企业形成专利权的会计分录。

(4) 计算企业 2016 年 7 月专利权摊销金额并编制会计分录。

(5) 编制企业转让专利权的会计分录。

(会计分录涉及的科目要求写出明细科目，答案中的金额单位用万元表示)

学习情境四 《

存货采购、付款业务的核算

[职业能力目标]

【知识目标】

- 了解存货的概念和分类
- 掌握存货成本的构成及确认
- 掌握原材料采购的实际成本法、计划成本法核算
- 掌握周转材料采购的核算
- 掌握存货采购付款中的常见结算方式的核算

【能力目标】

- 能够识别和填制存货采购与付款业务中的原始凭证
- 能够正确计算存货的初始入账价值
- 能够运用实际成本法和计划成本法进行存货采购业务的账务处理
- 能够对不同结算方式下的存货采购付款业务进行账务处理

情境导入

孚日集团股份有限公司始建于 1984 年，公司股票于 2006 年在深交所上市，是一家以家用纺织品为主，兼营农药化工、热电等多元化产业的大型企业集团，是中国规模最大、出口金额最多的专业从事中高档巾被系列产品、床上用品、装饰布系列产品生产和销售的现代化家用纺织品生产厂商。

公司原材料主要为棉花和棉纱，棉花价格受到市场需求、气候、产业政策等因素的影响，价格波动较大。2013 年及以前，棉花主要依靠进口，进口棉占比在 97%左右，2014年国内采购大幅上升，进口棉花采购下滑至 59%。为降低棉花供应及价格波动带来的影响，公司成立专业的棉花采购小组，准确把握棉花价格趋势，适时合理增加或减少棉花储备，以满足生产经营的需要。目前，国内的供应商包括中国储备棉管理总公司等，国内的主要结算方式为电汇、银承等，结算周期为 90 天；国外供应商包括瑞士保罗赖因哈特、百德瑞思贸易公司等，结算方式主要是信用证，结算周期为 180 天。

材料的采购成本，直接决定着产成品价格的高低，从而影响到企业的市场竞争能力。作为财务人员，我们要在材料的采购中准确核算成本，并根据采购结算凭证和企业资金情况选择不同的银行结算方式支付采购款。本情境将主要围绕这两个问题展开学习和探讨。

知识导图

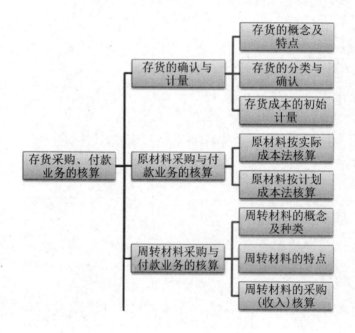

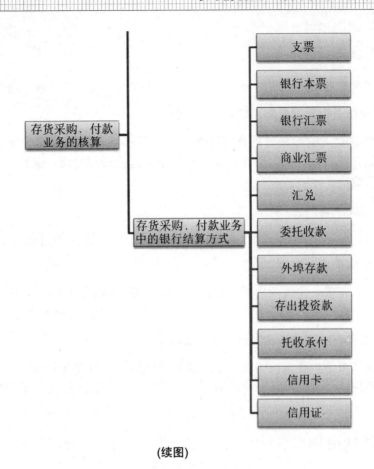

(续图)

任务一　存货的确认与计量

任务引例

时达实业有限公司为增值税一般纳税人(下同)，购入甲材料 600 千克，每千克不含增值税的单价为 50 元(假设进项税额可以抵扣)，发生运杂费 2000 元(不考虑增值税抵扣)，运输途中发生合理损耗 10 千克，入库前发生挑选整理费用 200 元，支付包装物押金 2000 元。该批甲材料的入账价值为多少？

知识链接

一、存货的概念及特点

(一)存货的概念

存货是指企业在日常活动中持有以备出售的产成品或商品、处在生产过程中的在产品、在生产过程或提供劳务过程中耗用的材料和物料等。

(二)存货的特点

存货属于企业的主要流动资产，它与其他资产相比较，具有以下四个特点。

1. 企业持有存货的最终目的是为了出售

企业持有存货的最终目的在于准备在正常经营活动中直接出售或进一步加工后出售，如商品、产成品、材料、在产品等，而不是自己最终使用。这是存货区别于其他资产的最本质特征。

2. 存货属于有形资产

商标权、专利权等无形资产虽然也为企业所持有或耗用，但不属于存货。

3. 存货属于流动资产

它将在一年或一个营业周期内被出售、耗用或转换成新的资产。因此，存货经常处于不断销售、耗用或重置之中，具有较强的变现能力，流动性也比较强。

4. 存货具有时效性和发生潜在损失的可能性

在正常情况下，存货被销售、生产或耗用而转换为现金和其他资产。但因各种原因长期不能销售、使用的商品、材料等，常常需要折价销售，或变成无用物资而给企业造成损失。

二、存货的分类

存货的种类繁多，它们在企业生产经营过程中的用途各异，所起的作用也不相同。为了正确组织存货的核算，加强存货的管理，应对存货进行科学的分类。

(一)存货按经济内容分类

1. 原材料

原材料是指企业在生产过程中经加工后改变其形态或性质并构成产品主要实体的各种原料及主要材料、辅助材料、外购半成品、修理用备件、包装材料、燃料等。

2. 在产品

在产品指企业正在制造尚未完工的产品，包括正在各个生产工序加工的产品和已加工完毕但尚未检验或已检验但尚未办理入库手续的产品。

3. 半成品

半成品指经过一定生产过程并已检验合格交付半成品仓库保管，但尚未制造完工成为产成品，仍需进一步加工的中间产品。

4. 产成品

产成品指工业企业已经完成全部生产过程并验收入库，可以按照合同的条件送交订货单位，或者可以作为商品对外销售的产品。

5. 周转材料

周转材料指企业能够多次使用、逐渐转移其价值但仍保持原有形态的，不能确认为固定资产的材料，如包装物和低值易耗品。其中，包装物是指为了包装本企业商品而储备的各种包装容器，如桶、箱、坛、袋等。低值易耗品是指不符合固定资产确认条件的各种用具物品，如工具、管理用具、玻璃器皿、劳动保护用品以及在经营过程中周转使用的容器等。

6. 外购商品

外购商品是指企业购入的不需任何加工即可对外销售的商品。

7. 委托代销商品

委托代销商品是指企业委托其他单位代销的商品。

(二)存货按存放地点分类

1. 库存存货

库存存货是指法定所有权属于企业且存放在本企业仓库的全部存货。

2. 在途存货

在途存货是指尚未到达目的地，正处于运输状态或等待运输而储备在运输工具中的存货。

3. 加工中存货

加工中存货是指企业自行生产加工以及委托其他单位加工的各种存货。

4. 委托代销存货

委托代销存货是指存放在其他单位，并委托其代为销售的存货。

5. 出租出借存货

出租出借存货是指企业在销售过程中出租或出借给购买单位的包装容器，或企业附带经营某些租赁业务而出租的存货。

三、存货的确认

存货必须在符合定义的前提下，同时满足下列两个条件，才能予以确认。
(1) 存货包含的经济利益很可能流入企业；
(2) 存货的成本能够可靠地计量。

四、存货成本的初始计量

《企业会计准则》规定，企业取得存货应当按照成本进行初始计量。这表明存货入账价值的基础是历史成本或者说是实际成本。不同类别的存货，其成本构成不同。在实际中，存货成本包括采购成本、加工成本和其他成本三个组成部分。

(一)采购成本

存货的采购成本，包括购买价款、相关税费、运输费、装卸费、保险费以及其他可归属于存货采购成本的费用。其中：

(1) 存货的购买价款是指企业购入的材料或商品的发票账单上列明的价款，但不包括按规定可以抵扣的增值税税额。

小规模纳税人销售货物或者应税劳务，一般只能开具普通发票，实行按照销售额和征收率计算应纳税额的简易办法，并不得抵扣进项税额。所以，小规模纳税企业购进货物或接受应税劳务支付的增值税直接计入有关货物或劳务的成本。

(2) 存货的相关税费是指企业购买存货发生的进口关税、消费税、资源税和不能抵扣的增值税进项税额以及相应的教育费附加等应计入存货采购成本的税费。

(3) 其他可归属于存货采购成本的费用是指采购成本中除上述各项以外的可归属于存货采购的费用，如在存货采购过程中发生的仓储费、包装费、运输途中的合理损耗、入库前的挑选整理费用等。

(二)加工成本

存货的加工成本是指在存货的加工过程中发生的追加费用，包括直接人工以及按照一定方法分配的制造费用。

直接人工是指企业在生产产品和提供劳务过程中发生的直接从事产品生产和劳务提供人员的职工薪酬。

制造费用是指企业为生产产品和提供劳务而发生的各项间接费用。

(三)其他成本

存货的其他成本是指除采购成本、加工成本以外的，使存货达到目前场所和状态所发生的其他支出。企业设计产品发生的设计费用通常应计入当期损益，但是为特定客户设计产品所发生的、可直接确定的设计费用应计入存货的成本。

存货成本的构成如图4-1所示。

但是，下列费用不应计入存货成本，而应在其发生时计入当期损益。

(1) 非正常消耗的直接材料、直接人工和制造费用，应在发生时计入当期损益，不应计入存货成本。如由于自然灾害而发生的直接材料、直接人工和制造费用，由于这些费用的发生无助于使该存货达到目前场所和状态，不应计入存货成本，而应确认为当期损益。

面向十二五高职高专会计专业规划教材

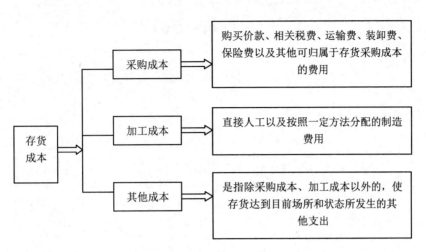

图 4-1 存货成本的构成

(2) 仓储费用,指企业在存货采购入库后发生的储存费用,应在发生时计入当期损益。但是,在生产过程中为达到下一个生产阶段所必需的仓储费用应计入存货成本。

(3) 不能归属于使存货达到目前场所和状态的其他支出,应在发生时计入当期损益,不得计入存货成本。

任务实施

针对本任务引例处理如下。

1. 业务解析

判断本例中采购的甲材料发生的支出,哪些应该计入材料成本。

应计入成本的项目有:①不含税单价;②运杂费;③合理损耗;④入库前发生的挑选整理费。

2. 会计处理

甲材料入账价值=50×600+2000+200=32200(元)

任务二 原材料采购与付款业务的核算

任务引例

时达实业有限公司于 2016 年 4 月 16 日购入南台实业有限公司竹柄一批,取得增值税专用发票上注明的原材料价款 30 000 元,增值税税额 5 100 元,全部款项已通过银行付讫,材料已验收入库,原始凭证如表 4-1～表 4-3 所示。

表 4-1　增值税专用发票

表 4-2　支票存根

表 4-3　入库单

编号	名称及规格	单位	数量		实际价格		计划价格		价格差异
			交库	实收	单价	金额	单价	金额	
03	竹柄Q-WEE33	把	30	30	1000.00	30000.00			
	合　计		30	30	1000.00	30000.00			

入　库　单

2016 年　04 月　16 日　　　　　　单号 00645796

| 交来单位及部门 | 南台实业有限公司 | 发票号码或生产单号码 | 60972952 | 验收仓库 | 第二仓库 | 入库日期 | 2016. 04. 16 |

部门经理：赵欣　　　　会计：陈巧　　　　仓库：张文　　　　经办人：王晋

知识链接

一、原材料按实际成本法核算

原材料按实际成本核算的特点是从原材料收发凭证到明细分类账和总分类账全部按实际采购成本计价。这种核算方法一般适用于规模较小、原材料品种简单、采购业务不多的企业。

(一)采购情况分析

根据货款确认时间(采购相关的结算凭证到达时间)和材料验收入库时间可能不一致，具体分为以下 4 种情况。

1. 付款与材料验收入库同时

货款已经支付，材料同时验收入库的外购原材料，企业应根据结算凭证、发票账单和收料单等确定原材料成本，同时支付款项或确认负债。

2. 先付款，后收料

在这种情况下，企业支付货款或开出、承兑商业汇票时，材料尚未到达或尚未验收入库，隔一段时间后材料才验收入库。发生此类业务在款项支付或负债确认后，应反映运输途中的材料成本；待原材料运到验收入库后，再根据收料单，确认入库材料成本。

3. 后付款，先收料

发生此类业务时，因企业尚未收到有关结算凭证，无法准确计算入库材料的实际成本，因此为简化核算手续，在月份内收到的材料验收入库时，暂不进行总分类核算，只将收到的材料数量登记明细分类账，待有关发票账单到达支付货款后，再按正常程序进行账务处理。如果月末发票账单仍未到达，为了反映企业资产及负债情况，应按材料的暂估价入账，下月初再用红字分录冲回，待收到发票账单付款时，按正常程序进行账务处理。

4. 先付款(未收发票)，后收料

企业在采购材料时，在未收到相关结算凭证之前，可按合同规定预付一部分货款。这种做法主要是销货方对购货方不大信任，或是买卖的商品在市场上是抢手货，所以要预收货款作为担保。在购买方支付预付款并收到货物后，再将剩余款项支付给销货方或收到退回多余款。

(二)开设账户

1. "在途物资"账户

本科目核算企业购入尚未到达或尚未验收入库的各种物资的实际成本。

该账户是资产类账户，借方登记已付款或已开出、承兑汇票但尚未到达或尚未验收

入库物资的增加数；贷方登记已验收入库物资的减少数；期末余额在借方反映企业已付款或已开出、承兑商业汇票但尚未到达或尚未验收入库的在途物资的实际成本，如表4-4所示。该账户可按供货单位设置明细账户。

表4-4　在途物资

借方	贷方
已付款或已开出、承兑汇票但尚未到达或尚未验收入库物资的增加数	已验收入库物资的减少数
尚未到达或尚未验收入库的在途物资的实际成本	

2. "原材料"账户

本科目核算企业库存原材料的增减变化情况。

该账户是资产类账户，借方登记入库材料的增加数；贷方登记发出材料的减少数；期末借方余额反映企业库存材料的结存数，如表4-5所示。该账户应按原材料的类别、品种和规格设置材料明细账。

表4-5　原材料

借方	贷方
入库材料的增加数	发出材料的减少数
库存材料的结存数	

3. "应交税费——应交增值税(进项税额)"账户

企业应交的增值税，在"应交税费"科目下设置"应交增值税"明细科目进行核算。"进项税额"专栏记录企业购入货物或接受应税劳务而支付的、准予从销项税额中抵扣的增值税额。企业购入货物或接受应税劳务支付的进项税额，用蓝字登记在借方；退回所购货物应冲销的进项税额，用红字登记在借方，如表4-6所示。

表4-6　应交税费——应交增值税(进项税额)

借方	贷方
购入货物或接受应税劳务而支付的、准予从销项税额中抵扣的增值税额	退回所购货物应冲销的进项税额
准予抵扣销项税的进项税额	

4. "预付账款"账户

本科目核算企业因购买材料、商品或接受劳务按购货合同规定预付给供应单位的款项。它是资产类科目，借方登记预付或补付给供应单位的款项，贷方登记所购材料、商品或接受劳务实际支付的金额及退回多付的款项；余额在借方，表示实际预付的款项，如果出现贷方余额，表示尚未补付的款项，如表4-7所示。该账户可按供应单位设置明细账。

表 4-7 预付账款

借方	贷方
预付或补付给供应单位的款项	所购材料、商品或接受劳务实际支付的金额及退回多付的款项
实际预付的款项	尚未补付的款项

5. "应付账款"账户

本科目核算企业因购买材料、商品或接受劳务供应等经营活动应支付的款项。它是负债类科目，贷方登记因所购材料、商品或接受劳务实际应该支付的款项。借方登记企业实际付款或者开出承兑汇票等偿还债务而减少的金额。本科目期末贷方余额，反映企业尚未支付的应付账款余额，如表 4-8 所示。本科目可按债权人进行明细核算。

表 4-8 应付账款

借方	贷方
实际支付的金额或开出承兑汇票偿还的金额	所购材料、商品或接受劳务实际应该支付的金额
	尚未支付的款项

6. "应付票据"账户

本科目核算企业对外发生债务时所开出的承兑的商业汇票，包括银行承兑汇票和商业承兑汇票。它是负债类科目，贷方登记企业开出、承兑的商业汇票，借方登记支付到期汇票的金额。期末金额在贷方，为已开出、承兑但尚未到期支付的金额，如表 4-9 所示。企业应设"应付票据备查表"，详细登记每一应付票据的种类、号数、签发日期、到期日、票据金额、合同交易号、收款人姓名或单位名称，以及付款日期和金额等。应付票据到期付清时，应在应付票据备查表中逐笔注销。

表 4-9 应付票据

借方	贷方
支付到期汇票的金额	所购材料、商品或接受劳务开出、承兑的商业汇票
	尚未到期支付的金额

(三)实际成本法业务核算

1. 付款与收料同时

借：原材料
　　应交税费——应交增值税(进项税额)
　　贷：银行存款/应付票据

2. 先付款，后收料

(1) 先付款

借：在途物资

应交税费——应交增值税(进项税额)

贷：银行存款/应付票据

(2) 材料运达并验收合格入库

借：原材料

贷：在途物资

3. 后付款，先收料

先将材料入库，暂不作账务处理；

若月底之前收到结算凭证的，账务处理同第一种情况；

若月底仍未收到结算凭证的

(1) 应按材料合同或计划价格暂估入账

借：原材料

贷：应付账款——暂估应付账款

(2) 下月初，红字做相同会计处理予以冲销

借：原材料

贷：应付账款——暂估应付账款

(3) 结算凭证到达，办理付款手续后

借：原材料

应交税费——应交增值税(进项税额)

贷：银行存款/应付票据

4. 先付款(未收发票)，后收料

(1) 按合同规定预付货款

借：预付账款

贷：银行存款

(2) 待发票等结算凭证到达、材料入库时

借：在途物资/原材料

应交税费——应交增值税(进项税额)

贷：预付账款

(3) 需补付购货款时

借：预付账款

贷：银行存款

或者：收退回余款时

借：银行存款

贷：预付账款

二、原材料按计划成本法核算

原材料按计划成本计价时，原材料的收入、发出和结存均按预先确定的计划成本计价。材料计划成本的构成内容应当与实际成本的构成内容相同。这种方法的优点是既可以简化存货的日常核算手续，又有利于考核采购部门的工作业绩。对于原材料计划成本的核算，这里我们重点讲述外购材料的核算。

(一)采购情况分析

根据采购相关的结算凭证(即付款时间)和材料入库时间可能不一致，也分为四种情况，此内容已在实际成本法中讲述，不再赘述。

(二)开设账户

1. "材料采购"账户

本科目核算原材料采购资金的使用情况，计算企业外购原材料的实际采购成本及考核原材料采购业务的成果。

该账户属于资产类账户。借方登记已付款原材料的实际采购成本和原材料实际采购成本小于计划成本的差异；贷方登记已验收入库原材料的计划成本和原材料实际采购成本大于计划成本的差异；期末借方余额反映已收到发票账单并付款，但原材料尚未到达或尚未验收入库的在途物资的实际成本，如表4-10所示。

表4-10 材料采购

借方	贷方
已付款或已开出承兑汇票但尚未到达或尚未验收入库材料的增加数； 实际成本小于计划成本的差异	已验收入库原材料计划成本； 实际成本大于计划成本的差异
尚未到达或尚未验收入库的在途物资的实际成本	

2. "原材料"账户

本科目核算企业各种原材料计划成本的变动情况。该账户是资产类账户，借方登记入库材料计划成本的增加数；贷方登记发出材料计划成本的减少数；期末余额在借方反映企业结存材料的计划成本，如表4-11所示。该账户应按原材料的类别、品种和规格设置材料明细账分类核算。

表4-11 原材料

借方	贷方
入库材料计划成本的增加数	发出材料计划成本的减少数
库存材料计划成本结存数	

3. "材料成本差异"账户

该账户用来核算企业各种材料实际成本与计划成本之间的差异。

该账户属于资产类账户。借方登记入库材料实际成本大于计划成本的超支差异和发出材料应负担的节约差异；贷方登记入库材料实际成本小于计划成本的节约差异和发出材料应负担的超支差异，若期末余额在借方，反映结存材料的超支差异；若期末余额在贷方，反映结存材料的节约差异，如表 4-12 所示。该账户应按存货类别或品种设置明细账进行核算。

表 4-12　材料成本差异

借方	贷方
入库材料实际成本大于计划成本的超支差异 发出材料应负担的节约差异	入库材料实际成本小于计划成本的节约差异 发出材料应负担的超支差异
超支差异	节约差异

(三)计划成本法业务核算

1. 付款与收料同时

借：材料采购
　　应交税费——应交增值税(进项税额)
　　　贷：银行存款/应付票据
借：原材料
　　材料成本差异(或贷)
　　　贷：材料采购

2. 先付款，后收料

(1) 先付款
借：材料采购
　　应交税费——应交增值税(进项税额)
　　　贷：银行存款/应付票据
(2) 材料运达并验收合格入库
借：原材料
　　材料成本差异(或贷)
　　　贷：材料采购

3. 后付款，先收料

先将材料入库，暂不作账务处理；
若月底之前收到结算凭证的，账务处理同第一种情况；
若月底仍未收到结算凭证的

(1) 应按材料合同或计划价格暂估入账

借：原材料

　　贷：应付账款——暂估应付账款

(2) 下月初，红字作相同会计处理予以冲销

借：原材料

　　贷：应付账款——暂估应付账款

(3) 结算凭证到达，办理付款手续后

与"1.付款与收料同时"类同

4. 先付款(未收发票)，后收料

账务处理同实际成本法相同，在此不再赘述。

任务实施

针对本任务引例处理如下。

1. 业务解析

(1) 验收货物，编制一式多联入库单，送交财务部门；

(2) 财务人员审核增值税专用发票、入库单，填写支票支付货款；

(3) 财务人员根据增值税专用发票、入库单、支票存根联编制记账凭证；

(4) 财务人员根据审核无误的记账凭证登记有关账簿。

2. 会计处理

借：原材料——竹柄　　　　　　　　　　　　　30 000

　　应交税费——应交增值税(进项税额)　　　　5100

　　　贷：银行存款　　　　　　　　　　　　　　　35 100

实务中，会计填制记账凭证，并交财务主管审核。

做 中 学

一、材料采购按实际成本法核算

(一)付款收料同时

此类情况参见任务引例和任务实施的处理。

(二)先付款，后收料

[做中学 4-1]

1. 业务背景及原始凭证

2016 年 4 月 18 日，时达实业有限公司向东星化工有限公司购入油漆，发票等结算凭

证已到，取得增值税专用发票上注明的价款 20 000 元，增值税税额 3400 元，运费发票列明的运费为 4440 元，于当日签发转账支票支付货款；4 月 25 日，材料到达，并验收合格入库，原始凭证如表 4-13～表 4-15 所示(支票存根略)。

表 4-13　增值税专用发票

表 4-14　运费发票

1100124730	货物运输业增值税专用发票			NO. 69853621		
1100124730 69853621	此联不做报销、扣税凭证使用			开票日期：2016-04-18		
承运人及纳税人识别号	白鹤运输有限公司 35020670154x186		密码区	5687@4656*+156644/54+253*454*456/47/233.545+8585564*425/65345/*56215265658/56*6-56+574*5+54*568*58/6+32-58*47/596 *6+25-59*86/8452*652+98-4546+456546-5465*4*/**85		
实际受票方及纳税人识别号	东星化工有限公司 350001264874					
收货人及纳税人识别号	时达实业有限公司 350426810001		发货人及纳税人识别号	东星化工有限公司 350001264874		
起运地、经由、到达地						
费用项目及金额	费用项目　金额　费用项目　金额 货物运输　4000.00		运输货物信息			
合计金额	￥4,000.00	税率	11%	税额	440.00	机器编号 600135789502
价税合计(大写)	肆仟肆佰肆拾元整			(小写)		￥4,440.00
车种车号	E6520D	车船吨位	8	备注		
主管税务机关及代码	北京东城区国家税务局 111010100					

收款人：　　　　　复核人：　　　　　开票人：徐天　　　　　承运人：(章)

表4-15 入库单

入 库 单
2016 年 04 月 25 日

单号 00645797

交来单位及部门	东星化工有限公司		发票号码或生产单号码	60972952		验收仓库	第二仓库		入库日期	2016.04.25
编号	名称及规格	单位	数量		实际价格		计划价格		价格差异	会计联
			交库	实收	单价	金额	单价	金额		
04	油漆	千克	2000	2000	10.00	20000.00				
	合 计		2000	2000	10.00	20000.00				

部门经理：赵欣　　　　会计：陈巧　　　　仓库：张文　　　　经办人：王哲

2. 业务解析

(1) 财务人员审核增值税专用发票、入库单，填写支票支付货款；

(2) 仓库验收货物，编制一式多联入库单，送交财务部门；

(3) 财务人员根据入库单，确认入库原材料，编制记账凭证；

(4) 财务人员根据审核无误的记账凭证登记有关账簿。

3. 会计处理

(1) 4月18日，据增值税专用发票和运费发票支付材料货款

① 油漆入账价值=增值税专用发票价款+运费发票金额=20 000+4000=24 000(元)

② 增值税进项税额=增值税专用发票金额+运费发票金额=3400+4000×11%=3400+440=3840(元)

借：在途物资——油漆　　　　　　　　　　24 000

　　应交税费——应交增值税(进项税额)　　3840

　　　贷：银行存款　　　　　　　　　　　　　27 840

(2) 4月25日，材料运达后，据入库单对材料验收入库进行账务处理

借：原材料——油漆　　　　　　　　　　　24 000

　　　贷：在途物资——油漆　　　　　　　　　24 000

(三)后付款，先收料

[做中学 4-2]

1. 业务背景及原始凭证

时达实业有限公司 2016 年 4 月 26 日，收到健祥集团有限公司发来的开关 3 000 个，并已验收入库，但月底仍未收到结算凭证。该批开关的合同价格为 30 000 元；5 月 12 日收到销售发票账单，开出一张 3 个月到期的商业承兑汇票支付价款，原始凭证如表 4-16～表 4-18 所示。

表4-16　入库单

入 库 单

2016 年 04 月 26 日

单号 *00645798*

文来单位及部门	健祥集团有限公司		发票号码或生产单号码	60972952		验收仓库	第二仓库			入库日期	2016.04.26	
编号	名称及规格		单位	数　　量		实际价格		计划价格		价格差异		会计联
				交库	实收	单价	金额	单价	金额			
05	开关		个	3000	3000	10.00	30000.00					
	合　　计			3000	3000	10.00	30000.00					

部门经理：赵欣　　　　会计：陈巧　　　　仓库：张文　　　　经办人：王哲

表4-17　增值税专用发票

2. 业务解析

(1) 仓库验收货物，编制一式多联入库单，送交财务部门；

(2) 4月底，财务人员编制记账凭证，对入库材料暂估入账；

(3) 5月初，财务人员编制红字记账凭证将4月份材料暂估价值冲销；

(4) 待收到销售发票，出纳签发转账支票，支付货款；

(5) 财务人员编写记账凭证，审核无误后登记有关账簿。

表 4-18 商业承兑汇票

商业承兑汇票 （卡 片）　1

39008591

出票日期 （大写）		贰零壹陆年		零伍月壹拾贰日													

付款人	全称	时达实业有限公司	收款人	全称	健翔集团有限公司
	账号	350426810001		账号	334987594359
	开户银行	中国银行中山分行		开户银行	中国农业银行中山分行

出票金额	人民币（大写）叁万伍仟壹佰元整	亿	千	百	十	万	千	百	十	元	角	分
					￥	3	5	1	0	0	0	0

汇票到期日（大写）	贰零壹陆年零捌月零壹拾贰日	付款人 开户行	行号	0232071609011983123
交易合同号码	销字5006		地址	中山路119号

备注：

出票人签章

此联承兑人留存

3. 会计处理

(1) 4 月 26 日收到开关时，先将开关入库，暂不作账务处理。

(2) 4 月 30 日，按合同价格暂估开关价值

借：原材料——开关　　　　　　　　　　　30 000

　　贷：应付账款——暂估应付账款　　　　　　　30 000

(3) 5 月 1 日，用红字作相同会计分录予以冲销

借：原材料——开关　　　　　　　　　　　-30 000

　　贷：应付账款——暂估应付账款　　　　　　　-30 000

(4) 5 月 12 号，收到销售发票，支付货款

借：原材料——开关　　　　　　　　　　　30 000

　　应交税费——应交增值税(进项税额)　　5100

　　贷：应付票据　　　　　　　　　　　　　35 100

(四)先付款(未收发票)，后收料

[做中学 4-3]

1. 业务背景及原始凭证

时达实业有限公司 2016 年 4 月 16 日开出转账支票预付给华盛实业股份有限公司材料采购款 10 000 元。4 月 20 日收到增值税专用发票，发票注明价款 20 000 元，增值税税收 3400 元，材料已验收入库。4 月 22 日开出转账支票补付余款。原始凭证如表 4-19(入库单、转账支票略)所示。

表4-19　增值税专用发票

2. 业务解析

(1) 出纳填写支票支付预付款，并编制付款凭证；

(2) 仓库验收货物，编制一式多联入库单，送交财务部门；

(3) 财务人员根据入库单，确认入库原材料，编制记账凭证；

(4) 出纳填写支票补付余款并编制付款凭证；

(5) 财务人员根据审核无误的记账凭证登记有关账簿。

3. 会计处理

(1) 4月16日预付材料款

借：预付账款	10 000
贷：银行存款	10 000

(2) 4月20日，材料验收入库

借：原材料	20 000
应交税费——应交增值税(进项税额)	3400
贷：预付账款	23 400

(3) 4月22日补付余款

借：预付账款	13 400
贷：银行存款	13 400

二、材料采购按计划成本法核算

(一)付款与收料同时

[做中学 4-4]

1. 业务背景及原始单据

2016 年 3 月 25 日，时达实业有限公司购入钢板一批，取得增值税专用发票金额 5050

元，增值税税额 858.50 元，全部款项已通过银行结算，钢板已验收入库。钢板的计划价格是 50 元/千克，则计划成本 5000 元，原始凭证如表 4-20～表 4-22 所示。

表 4-20　入库单

表 4-21　增值税专用发票

2. 业务解析

(1) 仓库验收货物，编制一式多联入库单，送交财务部；

(2) 财务人员审核增值税专用发票、入库单，填写支票，支付货款；

(3) 财务人员根据增值税专用发票、入库单、支票存根联编制记账凭证；

(4) 财务人员根据审核无误的记账凭证登记有关账簿。

表 4-22　支票存根

3. 会计处理

(1) 按实际金额支付材料货款

借：材料采购——5mm 钢板	5 050
应交税费——应交增值税(进项税额)	858.50
贷：银行存款	5 908.50

(2) 原材料按计划价格验收入库

借：原材料	5 000
贷：材料采购——5mm 钢板	5 000

(3) 结转材料成本差异

借：材料成本差异	50
贷：材料采购——5mm 钢板	50

(二)先付款，后收料

[做中学 4-5]

1. 业务背景及原始凭证

2016 年 6 月 16 日，时达实业有限公司购入水泵钮一批，取得增值税专用发票金额 9800 元，增值税税额 1666 元，开出 5 个月商业承兑汇票支付价款，原材料尚未到达。该批材料计划单价为 100 元/包，共 10 000 元；6 月 18 日，原材料运达，验收入库(原始凭证略)。

2. 业务解析

(1) 财务人员审核增值税专用发票无误后，开出商业承兑汇票支付价款并编制付款凭证；

(2) 材料到达后，验收货物，编制一式多联入库单，送交财务部门；

(3) 财务人员根据入库单，确认入库原材料计划成本，结转材料成本差异；

(4) 财务人员根据审核无误的记账凭证登记有关账簿。

3. 会计处理

(1) 6 月 16 日，据增值税专用发票结算实际采购成本

借：材料采购——水泵钮　　　　　　　　　 9 800

　　应交税费——应交增值税(进项税额)　　 1 666

　　　贷：应付票据　　　　　　　　　　　　　 11 466

(2) 6 月 18 日，材料运达并验收入库

借：原材料——水泵钮　　　　　　　　　　 10 000

　　　贷：材料采购——水泵钮　　　　　　　　　 9 800

　　　　　材料成本差异　　　　　　　　　　　　 200

(三)后付款，先收料

[做中学 4-6]

1. 业务背景及原始凭证

2016 年 5 月 27 日，时达实业有限公司购入作为原料的润滑油一批，发票及结算凭证未收到，货款尚未支付，商品已经验收入库。该批润滑油计划单价为 500/桶；6 月 3 日，收到对方开来的增值税专用发票，并以银行存款支付实际价款，原始凭证如表 4-23、表 4-24所示(支票存根略)。

表 4-23　入库单

	入 库 单
	2016 年 05 月 27 日　　单号 00645801

交来单位及部门	鸿渠机械有限公司	发票号码或生产单号码	60972952	验收仓库	第二仓库	入库日期	2016.05.27
编号	名称及规格	单位	数量 交库	数量 实收	实际价格 单价	实际价格 金额	计划价格 单价	计划价格 金额	价格差异

编号	名称及规格	单位	交库	实收	单价	金额	单价	金额	价格差异
07	润滑油	桶	100	100			500.00	50000.00	
	合　计		100	100			500.00	50000.00	

部门经理：赵欣　　　　会计：陈巧　　　　仓库：张文　　　　经办人：王哲

2. 业务解析

(1) 验收货物，编制一式多联入库单，送交财务部门；

(2) 5 月 31 日，财务人员对入库材料以计划价格暂估入账，编制记账凭证并登账；

(3) 6 月初，财务人员编制红字记账凭证将 5 月份材料暂估价值冲销并登账；

(4) 据收到的销售发票等，签发转账支票支付货款，编写记账凭证并登账。

表 4-24 增值税专用发票

3. 会计处理

(1) 5 月 27 日将润滑油入库，暂不作账务处理

(2) 5 月 31 日，按计划价格暂估入库

借：原材料——润滑油   50 000

     贷：应付账款——暂估应付账款   50 000

(3) 6 月 1 日，用红字作相同会计分录予以冲销

借：原材料——润滑油   -50 000

     贷：应付账款——暂估应付账款   -50 000

(4) 6 月 3 号，收到销售发票，支付实际采购货款

借：材料采购——润滑油   49 000

     应交税费——应交增值税(进项税额)   8 330

     贷：银行存款   57 330

借：原材料——润滑油   50 000

     贷：材料采购——润滑油   49 000

         材料成本差异   1 000

(四)后付款(发票未到)，先收料

[做中学 4-7]

1. 业务背景及原始凭证

时达有限公司 2016 年 3 月 18 日预付中科机械有限公司钢铁料款 20 000 元，原始凭证略(后续采购付款处理此处不再赘述)。

2．业务解析

出纳填写支票，编制付款凭证，登记账簿。

3．会计处理

借：预付账款   20 000

  贷：银行存款   20 000

任务三 周转材料采购与付款业务的核算

任务引例

2016 年 4 月 2 日，顺发型材有限公司(小规模纳税人)向北京明朗经贸发展有限公司购买包装物 100 件，采用实际成本法核算，已根据发票等结算单据付款，包装物已经验收入库，原始凭证如表 4-25 所示(入库单、支票存根略)。

表 4-25 增值税专用发票

1100082142	北京增值税专用发票		№ 60972925

开票日期：2016年04月02日

购货单位	名 称：顺发型材有限公司 纳税人识别号：370321604927001 地 址、电 话：上海市延平路78号 0212560863 开户行及账号：交通银行上海支行 21020001001920015847	密码区	3-65745<19458<3840481 75/37503848*7>+>-2//5 >*8574567-7<8*873/+<4 13-3001152-/>7142>8-	加密版本：01 1100082142 60972925

货物或应税劳务名称	规格型号	单位	数 量	单 价	金 额	税率	税 额
包装物		件	100	40.00	40000.00	17%	680.00
合 计							

价税合计(大写)	⊗肆仟陆佰捌拾元整	(小写) ￥4680.00

销货单位	名 称：北京明朗经贸发展有限公司 纳税人识别号：110106802215046 地 址、电 话：北京海诺区翠微路5号 01085108257 开户行及账号：交通银行北京分行 14417501040004107342	备注

收款人：	复核：	开票人：李立	销货单位：(章)

知识链接

一、周转材料的概念及种类

周转材料是指企业能够多次使用、逐渐转移其价值但仍保持原有形态不确认为固定资产的材料，包括低值易耗品和包装物。

(一)低值易耗品

低值易耗品具有固定资产的特点，能多次参与生产经营过程而不改变其实物形态，其价值随着实物的磨损程度逐渐地部分地转移到成本、费用中去；在使用过程中需要维修，报废时有一定的残值。但与固定资产相比，低值易耗品又具有品种多、容易损坏、收发频繁等特点，这又类似于原材料。在实际工作中，为了简化管理和核算，将低值易耗品列入流动资产中的存货类进行管理和核算。

低值易耗品按其用途不同可分为以下几大类。

1. 一般工具

这是指车间生产产品用的工具，如刀具、量具和各种辅助工具以及供生产周转使用的容器等。

2. 专用工具

这是指为了生产某种产品所专用的工具，如专用模具、专用工具等。

3. 管理工具

这是指在管理工作中使用的各种物品，如办公用具、办公家具等。

4. 劳动保护用品

这是指为了能使职工安全而发给职工的防护用品，如工作服、工作鞋等。

5. 替换设备

这是指容易损坏或磨损，为制造不同产品需要替换的各种设备，如钢锭模、轧辊等。

6. 其他低值易耗品

这是指不属于以上各类的低值易耗品。

(二)包装物

包装物是指在生产流通过程中，为包装本企业的产品或商品并随同一起出售，或者出租、出借给供货单位的各种包装容器，如桶、箱、罐、瓶、坛、袋等。包装物按其具体用途可以分为以下几类。

(1) 生产流通过程中用于包装产品或商品并作为其组成部分的包装物，如酒瓶、油桶等。

(2) 随同产品出售而不单独计价的包装物。

(3) 随同产品出售而单独计价的包装物。

(4) 出租或出借给购买单位使用的包装物。

作为会计上单列的包装物存货，有其自身特点，企业各种一次性使用的包装材料，如纸、绳、铁皮、铁丝等不属于包装物之列，应在"原材料"科目核算；企业用于储存、保管产品或商品等存货而不对外销售、出租或出借的包装物，应按其价值大小和使用期限，或在"固定资产"科目核算，或在"周转材料——低值易耗品"科目核算；单独列为企业产品或商品存货的自制包装物应在"库存商品"科目核算。

二、周转材料的特点

周转材料按其在生产经营过程中的作用来看，由于它多次参与生产经营活动而不改变原有实物形态，其价值随着磨损程度逐渐转移到企业成本费用之中，因而与固定资产相似，显然属于劳动资料。但由于周转材料又存在价值低、易损耗、品种多、数量大、进出频繁，在使用中经常需要更换和补充的特点，为方便起见，其价值通过短期内予以补偿，并用流动资金添置与储备，这些又与材料相同，因此，由于周转材料上述特点，决定其会计核算既有别于原材料核算，又与固定资产核算不尽相同。

三、账户设置

"周转材料"账户核算企业周转材料的增减变化情况。

该账户是资产类账户，用于核算周转材料的收、发、存的实际成本或计划成本，借方登记入库材料实际成本或计划成本的增加数；贷方登记发出材料实际成本或计划成本的减少数；期末余额在借方，反映企业库存材料实际成本或计划成本的结存数，如表4-26所示。该账户按周转材料的类别、品种、规格设明细账，进行明细分类核算。

表4-26 周转材料

借方	贷方
入库材料实际成本(计划成本)的增加数	发出材料实际成本(计划成本)的减少数
库存材料实际成本(计划成本)的结存数	

四、周转材料的采购(收入)核算

周转核算其实际成本的组成内容与原材料相同。其采购、入库的核算，不论是按实际成本计价还是按计划成本计价，均与原材料的账务处理相同，这里不再赘述。

任务实施

针对本任务引例处理如下。

1. 业务解析

(1) 验收包装物并入库，编制一式多联入库单，送交财务部门；

(2) 财务人员审核增值税专用发票、入库单无误后，填写支票支付货款；

(3) 财务人员编制记账凭证，并根据审核无误的记账凭证登记入账。

2. 会计处理

小规模纳税企业购进货物或接受应税劳务支付的增值税直接计入有关货物或劳务的成本，则包装物的入账价值=4000+6800=4680(元)。

借：周转材料——包装物   4 680

    贷：银行存款   4 680

做 中 学

一、"周转材料"按实际成本核算

[做中学 4-8]

1. 业务背景及原始凭证

2016年3月12日顺发型材有限公司(小规模纳税人)向恒通商贸有限公司(小规模纳税企业)购买包装物100件，取得普通发票金额4000元，增值税税额120元，款未付，材料已到并入库，原始凭证如表4-27所示(入库单略)。

表4-27　增值税普通发票

2. 业务解析

(1) 验收包装物并入库，编制一式多联入库单，送交财务部门；

(2) 财务人员审核增值税专用发票、入库单无误后，填写支票支付货款；

(3) 财务人员编制记账凭证，并根据审核无误的记账凭证登记入账。

3. 会计处理

包装物入账价值=4000+120=4120(元)

借：周转材料——包装物   4 120

    贷：应付账款   4 120

二、"周转材料"按计划成本核算

[做中学 4-9]

1. 业务背景及原始凭证

承上例,若采用计划成本法对包装物进行采购核算。假设该批包装物计划成本为4200元(原始单据同上)。

2. 业务解析(同上例)

3. 会计处理

(1) 按实际金额支付周转材料货款

借:材料采购——包装物　　　　　　　　　　　　4 120
　　贷:应付账款　　　　　　　　　　　　　　　　　　4 120

(2) 周转材料按计划价格验收入库,结转差异

借:周转材料——包装物　　　　　　　　　　　　4 200
　　贷:材料采购——包装物　　　　　　　　　　　　4 120
　　　　材料成本差异　　　　　　　　　　　　　　　　80

任务四　存货采购付款业务中的银行结算方式

任务引例

2016年5月12日,时达实业有限公司向长虹发展有限公司购买材料,以银行本票方式结算,申请签发银行本票70 200元。5月19日企业持票采购材料,实际支付材料价款60 000元,增值税税额10 200元,发票账单已到,材料已入库,原始凭证如表4-28~表4-30所示(其他凭证略)。

表4-28　银行本票申请书

中国银行		本票申请书(存根)			第 20195356				号							
	申请日期2016　年　05　月　12　日															
申请人	时达实业有限公司		收款人	长虹发展有限公司												此联申请人留存
账 号或地址	0232071609011983123		账 号或地址	410072000400057												
用途	货款		代 理付款行	中国农业银行北京朝阳支行												
申请金额	人民币(大写)	柒万零贰佰元整			千	百	十	万	千	百	十	元	角	分		
							¥ 7	0	2	0	0	0	0		
备注:															

表 4-29　银行本票

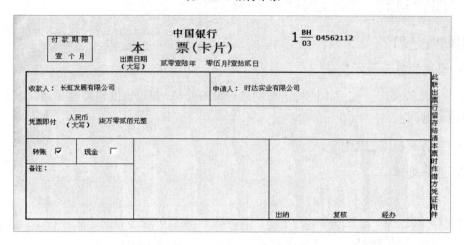

表 4-30　增值税专用发票

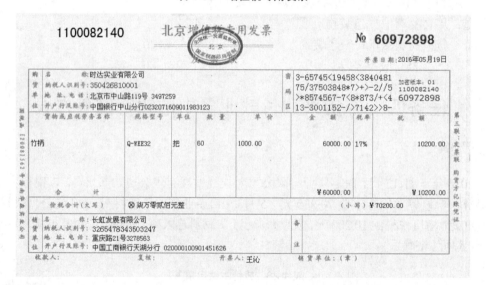

知识链接

结算是指企业与国家、其他单位或个人之间由经济往来而引起的货币收付行为。结算按其支付方式的不同分为现金结算和转账结算。现金结算是指收付款双方直接用现金进行货币收付的结算业务；转账结算是收付款双方通知银行，以转账划拨方式进行货币收付的结算业务，也称非现金结算。

根据中国人民银行《支付结算办法》的规定，目前企业发生货币资金收付业务可以采用的主要转账结算方式有以下几种。

一、支票

支票是单位或个人签发的，委托办理支票存款业务的银行在见票时无条件支付确定的金额给收款人或者持票人的票据。

单位和个人在同一票据交换区域的各种款项结算，均可以使用支票。支票由银行统一印制，支票上印有"现金"字样的为现金支票。支票上印有"转账"字样的为转账支票，转账支票只能用于转账。未印有"现金"或"转账"字样的为普通支票，普通支票可以用于支取现金，也可以用于转账。在普通支票左上角画两条平行线的，为画线支票，画线支票只能用于转账，不得支取现金。

支票的提示付款期限为自出票日起 10 日内，中国人民银行另有规定的除外。转账支票可以根据需要在票据交换区域内背书转让。

二、银行本票

银行本票是银行签发的，承诺自己在见票时无条件支付确定的金额给收款人或者持票人的票据。

银行本票由银行签发并保证兑付，而且见票即付，具有信誉高、支付功能强等特点。用银行本票购买材料物资，销货方可以见票付货，购货方可以凭票提货；债权债务双方可以凭票清偿；收款人将本票交存银行，银行即可为其入账。无论单位还是个人，在同一票据交换区域支付各种款项，都可以使用银行本票。

银行本票分定额本票和不定额本票。定额本票面值分别为 1000 元、5000 元、10 000 元和 50 000 元。银行本票的提示付款期自出票日起最长不超过 2 个月。

三、银行汇票

银行汇票是汇款人将款项交存当地出票银行，由出票银行签发的，由其在见票时，按照实际结算金额无条件支付给收款人或持票人的票据。

银行汇票具有使用灵活、票随人到、兑现性强等特点，适用于先收款后发货或钱货两清的交易。单位和个人在同城或异地均可使用银行汇票办理各种款项结算。银行汇票可以用于转账，填明"现金"字样的银行汇票也可以用于支取现金。银行汇票的提示付款期限为自出票日起 1 个月内。

四、商业汇票

商业汇票是出票人签发的，委托付款人在指定日期无条件支付确定的金额给收款人或者持票人的票据。

在银行开立存款账户的法人以及其他组织之间须具有真实的交易关系或债权债务关系，才能使用商业汇票。商业汇票的付款期限由双方商定，但最长不得超过 6 个月。商业汇票的提示付款期限自汇票到期日起 10 日内，也可以背书转让。

商业汇票按承兑人不同分为商业承兑汇票和银行承兑汇票两种。

1. 商业承兑汇票

商业承兑汇票是指由银行以外的付款人承兑。商业承兑汇票按交易双方约定，由销货企业或购货企业签发，但由购货企业承兑。

2. 银行承兑汇票

银行承兑汇票是由银行承兑，由在承兑银行开立存款账户的存款人(承兑申请人)签发。

签发银行承兑汇票，银行要承担一定的经济风险。如承兑申请人在银行汇票到期日，未能足额交存票款时，银行负有向收款人无条件支付票款的责任。但银行应向购货单位执行扣款，作逾期贷款处理，按期计收贷款利息。

五、汇兑

汇兑是汇款人委托银行将其款项支付给收款人的结算方式。单位和个人的各种款项的结算，均可使用汇兑结算方式。按款项划转方式不同汇兑可分为信汇和电汇两种。适用于异地之间的各种款项结算。

六、委托收款

委托收款是收款人委托银行向付款人收取款项的结算方式。委托收款按结算款项的划回方式不同，分为邮寄和电报两种，由收款人选用。

委托收款便于收款人主动收款，在同城或异地均可以办理，且不受金额限制，无论单位还是个人都可凭已承兑商业汇票、债券、存单等付款人债务证明，采用该结算方式办理款项的结算。委托收款还适用于收取水电费、电话费等付款人众多、分散的公用事业等有关款项。

七、外埠存款

外埠存款，是指企业到外地进行临时或零星采购时，汇往采购地银行开立采购专户的款项。汇出款项时，需填列汇款委托书，加盖"采购资金"字样。除采购员差旅费可以支取少量现金外，一律转账，该采购专户只付不收。

外埠存款是企业到外地进行业务活动时，汇往外地银行开立账户的款项。由于空间和时间的限制，企业对外埠存款的管理受到了影响，因此必须做好控制工作。

八、存出投资款

存出投资款是指企业已存入证券公司但尚未进行短期投资的现金，属资产类明细科目。

九、托收承付

托收承付是根据购销合同由收款人发货后委托银行向异地付款人收取款项，并由付款人向银行承认付款的结算方式。

根据《支付结算办法》的规定，托收承付的适用范围如下。

(1) 使用该结算方式的收款单位和付款单位必须是国有企业、供销合作社以及经营管理较好，并经开户银行审查同意的城乡集体所有制工业企业。

(2) 办理结算的款项必须是商品交易以及因商品交易而产生的劳务供应的款项。

符合上述适用范围和适用条件的企业间的款项结算可采用托收承付结算方式。托收承付结算每笔的金额起点为 10 000 元，新华书店系统每笔的金额起点为 1000 元。

购货企业的承付期应在双方签订合同时约定验单还是验货付款，验单付款的承付期为 3 日，验货付款的承付期为 10 日。

十、信用卡

信用卡是指商业银行向个人和单位发行的，凭以向特约单位购物、消费和向银行存取现金，且具有消费信用的特制载体卡片。

信用卡按使用对象分为单位卡和个人卡，单位卡的使用对象为单位，个人卡的使用对象为个人。信用卡还可按信誉等级不同分为金卡和普通卡。

凡在中国境内金融机构开立基本存款账户的单位可申请单位卡。单位卡账户的资金一律从其基本存款账户转账存入，不得用于 10 万元以上的商品交易、劳务供应款项的结算，不得支取现金。信用卡在规定限额和期限内允许善意透支，透支期限最长为 60 天。

十一、信用证

信用证结算方式是国际结算的一种主要方式，如表 4-31 所示。经中国人民银行批准经营结算业务的商业银行总行以及经商业银行总行批准开办信用证结算业务的分支机构，也可以办理国内企业之间商品交易的信用证结算业务。

表 4-31　银行结算方式对比表

	内　容	分　类	适用范围与条件	结算期限	金额起点	背书转让	付款方账户设置
票据结算	支票	现金支票；转账支票；画线支票	单位与个人均可；一般同城结算	提示付款期自出票日起 10 日	无	允许	银行存款
	银行本票	不定额本票；定额本票	单位与个人均可；同城结算	提示付款期自出票日起最长不超过 2 个月	不定额本票无限制；定额本票有 1000 元、5000 元、10 000 元、50 000 元面额	允许	其他货币资金

续表

内 容		分 类	适用范围与条件	结算期限	金额起点	背书转让	付款方账户设置
票据结算	银行汇票	—	单位与个人均可；同城、异地均可	提示付款期自出票日起1个月	无	允许	其他货币资金
	商业汇票	商业承兑汇票；银行承兑汇票	在银行开立存款账户的法人及其他组织之间，具有真实交易关系或债权债务关系	付款期限最长不超过6个月；提示付款期限是自汇票到期日起10日	无	允许	应付票据
非票据结算	汇兑	信汇、电汇	单位或个人可；异地结算	—	—	—	银行存款
	委托收款	邮寄、电报	同城、异地结算均可	—	—	—	应付账款、银行存款
	外埠存款	—	异地结算	—	—	—	其他货币资金
	存出投资款	—	存入证券公司用于购买短期投资资金；同城结算	—	—	—	其他货币资金
	托收承付	邮寄、电报	必须是国有企业、供销合作社以及经审查同意的城乡集体所有制工业企业；必须是商品交易以及因商品交易而产生的劳务供应的款项；异地结算	验单付款3日；验货付款10日	10 000元(新华书店系统为1000元)	—	应付账款、银行存款
	信用卡	金卡、普通卡	单位与个人；同城、异地均可	透支期限最长为60日	—	—	其他货币资金
	信用证		国际结算	最长不得超过6个月	—	允许	其他货币资金

任务实施

针对本任务引例处理如下。

1. 业务解析

(1) 填写银行本票申请书，申请签发银行本票；

(2) 银行受理申请银行本票业务，并向企业出票；

(3) 企业持票采购材料并付款；

(4) 验收材料并编制相应凭证登账。

2. 会计处理

(1) 申请银行本票

借：其他货币资金——银行本票　　　　　70 200

　　贷：银行存款　　　　　　　　　　　　　　70 200

(2) 持票采购材料

借：原材料——竹柄　　　　　　　　　　60 000

　　应交税费——应交增值税(进项税额)　10 200

　　贷：其他货币资金——银行本票　　　　　　70 200

做 中 学

一、以货币资金支付方式进行的原材料采购、付款业务

(一)以银行汇票结算的采购付款业务

[做中学 4-10]

1. 业务背景及原始凭证

2016 年 4 月 5 日，时达实业有限公司向银行提交"银行汇票申请书"并将款项 30 000 元交存开户银行，委托银行办理银行汇票并已取得汇票；4 月 8 日企业持汇票前往异地采购乙材料，实际使用汇票支付材料价款 20 000 元，增值税税额 3400 元，发票账单已到，材料已验收入库；采购活动结束后收到退回的多余款项，原始凭证略。

2. 业务解析

(1) 将"银行汇票申请书"及款项交存银行，取得银行汇票；

(2) 据发票账单及开户银行转来的银行汇票有关副联等凭证支付材料货款；

(3) 材料验收入库；

(4) 收回银行汇票余款。

3. 会计处理

(1) 取得汇票，据银行盖章退回的银行汇票申请书存根联

借：其他货币资金——银行汇票　　　　　30 000

　　贷：银行存款　　　　　　　　　　　　　　30 000

(2) 支付材料货款

借：原材料　　　　　　　　　　　　　　20 000

　　应交税费——应交增值税(进项税额)　3400

　　贷：其他货币资金——银行汇票　　　　　　23 400

(3) 银行汇票多余款退回企业开户银行

借：银行存款　　　　　　　　　　　　　6600

　　贷：其他货币资金——银行汇票　　　　　　6600

(二)以外埠存款结算的采购付款业务

[做中学 4-11]

1. 业务背景及原始凭证

2016 年 5 月 6 日，时达实业有限公司委托当地开户银行汇款 40 000 元到外地开立采购专户；5 月 8 日企业采购员异地采购材料，实际支付材料价款 30 000 元，增值税税额 3400 元，发票账单已到，材料已验收入库，原始凭证略。

2. 业务解析

(1) 填写汇款委托书并将款项交存银行；

(2) 据发票账单等凭证支付材料货款；

(3) 材料验收入库；

(4) 收回多余款项。

3. 会计处理

(1) 填写汇款委托书，汇出款项

借：其他货币资金——外埠存款   40 000

    贷：银行存款   40 000

(2) 支付材料货款

借：原材料   30 000

    应交税费——应交增值税(进项税额)   5100

    贷：其他货币资金——外埠存款   35 100

(3) 收回多余款项

借：银行存款   4900

    贷：其他货币资金——外埠存款   4900

二、以商业汇票结算方式进行的原材料采购、付款业务

[做中学 4-12]

1. 业务背景及原始凭证

时达实业有限公司 2016 年 4 月 9 日向南台实业有限公司购入 20 吨钢板，取得增值税专用发票金额 20 000 元，增值税税额 3400 元，材料已验收入库，采用商业汇票结算方式进行结算。该企业签付一张商业承兑汇票，付款期限为 3 个月(材料按实际成本法核算)。原始凭证如表 4-32～表 4-34 所示。

表 4-32　商业承兑汇票

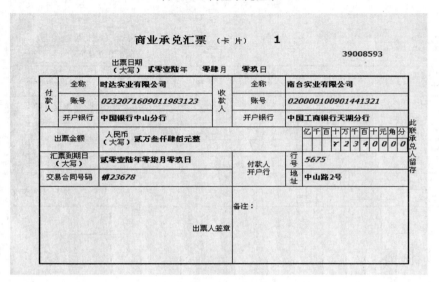

表 4-33　增值税专用发票

2. 业务解析

(1) 验收货物，编制一式多联入库单，送交财务部门；

(2) 财务人员审核增值税专用发票、入库单，签发商业承兑汇票付款；

(3) 财务人员根据增值税专用发票、入库单、汇票存根联编制记账凭证；

(4) 记账人员根据审核无误的记账凭证登记有关账簿。

表4-34　入库单

物资类别	钢板		入　库　单						N.o 0028501			
			2016　年04　月09　日						连续号00200933			
交来单位及部门		收发部门		发票号码或生产单号码		60972952		验收仓库	第一仓库		入库日期	2016.04.09
编号	名称及规格		单位	数　　量		实际价格		计划价格		价格差异		
				交库	实收	单价	金额	单价	金额			
01	钢板		吨	20	20	1000	20000					
	合　　　计			20	20		20000					

财务部门主管　　记账 李超　　保管部门主管 方建　　验收 李立　　单位部门主管 顾航　　缴库 张明

(二)记账联

3. 会计处理

借：原材料——钢板　　　　　　　　　　　　　　　　20 000

　　应交税费——应交增值税(进项税额)　　　　　　　3400

　　贷：应付票据——南台实业有限公司　　　　　　　　　23 400

能 力 训 练

一、单项选择题

1. 下列各项与存货相关的费用中，不应计入存货成本的是(　　)。

　　A. 材料采购过程中发生的运输途中的合理损耗

　　B. 材料入库前发生的挑选整理费用

　　C. 在生产过程中为达到下一个生产阶段所必需的仓储费用

　　D. 非正常消耗的直接材料

2. 企业下列项目中，不应计入材料采购成本的是(　　)。

　　A. 入库后的仓储费用

　　B. 进口关税

　　C. 运输途中的合理损耗

　　D. 一般纳税人购入材料不能抵扣的增值税

3. 计入存货成本的相关税费不应该包括(　　)。

　　A. 可以抵扣的增值税税额　　　　　　B. 消费税

　　C. 资源税　　　　　　　　　　　　　D. 不能抵扣的进项税额

4. 某工业企业为增值税一般纳税人企业，2004 年 4 月购入 A 材料 1000 千克，增值税专用发票上注明的买价为 30 000 元，增值税额为 5100 元，该批 A 材料在运输途中发生 1%的合理损耗，实际验收入库 990 千克，在入库前发生挑选整理费用 300 元。该批入库 A 材料的实际总成本为(　　)元。

  A. 29 700   B. 29 997   C. 30 300   D. 35 400

  5.　乙工业企业为增值税一般纳税企业。本月购进原材料 200 千克, 货款为 6000 元, 增值税税额为 1020 元; 发生的保险费为 350 元, 入库前的挑选整理费用为 130 元; 验收入库时发现数量短缺 10%, 经查属于运输途中合理损耗。乙工业企业该批原材料实际单位成本为每千克(　　)元。

  A. 32.4   B. 33.33   C. 35.28   D. 36

  6.　甲工业企业为增值税一般纳税人, 购入丙材料 100 吨, 收到的增值税专用发票上注明的价款为 500 万元, 增值税税额为 85 万元; 从外地购入发生运输费用 4 万元(假定不考虑增值税抵扣), 装卸费 1 万元, 途中保险费用 8 万元。原材料运抵企业后, 验收入库原材料为 99 吨, 运输途中发生合理损耗 1 吨。则丙材料的入账价值为(　　)万元。

  A. 500   B. 585   C. 513   D. 508

  7.　乙工业企业为增值税小规模纳税人, 本期外购材料一批, 购买价格为 100 万元, 增值税税额为 17 万元, 入库前发生的挑选整理费用为 3 万元, 该批原材料的入账价值为(　　)万元。

  A. 100   B. 117   C. 120   D. 125

  8.　某企业为增值税小规模纳税人, 原材料采用计划成本核算。甲材料计划成本每千克为 20 元。本月购进甲材料 9000 千克, 收到的增值税专用发票上注明的价款为 153 000 元, 增值税税额为 26 010 元。另发生运输费 1000 元, 包装费 500 元, 仓储费 600 元, 途中保险费用 538.5 元。原材料运抵企业后验收入库 8992.50 千克, 运输途中合理损耗 7.5 千克。则购进甲材料发生的成本超支差异为(　　)元。

  A. 5398.50   B. 24361.50   C. 27961.50   D. 1798.50

  9.　某小规模纳税企业本期购入原材料, 取得增值税专用发票, 原材料价款为 4500 万元, 增值税税额为 765 万元, 商品到达后验收发现短缺, 其中 5% 短缺属于途中合理损耗, 15% 的短缺原因待查, 则该材料入库的实际成本是(　　)万元。

  A. 4212   B. 5001.75   C. 4475.25   D. 3825

  10.　材料按实际成本计价核算时, "原材料"账户的借方和贷方登记的均为(　　)。

  A. 材料的实际成本   B. 材料的计划成本

  C. 材料的估计成本   D. 材料的重置成本

  11.　某公司收到上月份购买的一批在途商品 53 000 元, 并办理了验收入库手续, 编制会计分录为(　　)。

  A. 借: 原材料   53 000

     贷: 在途物资   53 000

  B. 借: 库存商品   53 000

     贷: 在途物资   53 000

  C. 借: 原材料   53 000

     贷: 银行存款   53 000

D. 借：库存商品   53 000
   贷：原材料   53 000

12. 某公司以汇兑方式支付材料价款 50 000 元，材料已验收入库，应编制会计分录为( )。

  A. 借：原材料   50 000
    贷：应付票据   50 000

  B. 借：原材料   50 000
    贷：银行存款   50 000

  C. 借：原材料   50 000
    贷：应收票据   50 000

  D. 借：银行存款   50 000
    贷：原材料   50 000

13. 某企业月初结存材料的计划成本为 30000 元，成本差异为超支 200 元，本月入库材料的计划成本为 70 000 元，成本差异为节约 700 元。则月末材料成本差异期末余额为( )元。

  A. 200   B. 900   C. -500   D. 500

14. 企业月初甲材料的计划成本为 10 000 元，"材料成本差异"账户借方余额为 500 元，本月入库材料实际成本为 16 180 元，计划成本为 19 000 元，则月末材料成本差异期末余额为( )元。

  A. 9500   B. 500   C. 2320   D. 2820

15. 某企业按实际成本法核算材料采购，有一批原材料已验收入库，至月底发票账单仍未到，则月末暂估入库时正确的会计处理是( )。

  A. 借：原材料
    应交税费——应交增值税(进项税额)
     贷：应付账款

  B. 借：原材料
     贷：应付账款

  C. 借：材料采购
     贷：应付账款

  D. 借：原材料
     贷：应付票据

16. 下列选项中，属于低值易耗品核算范围的有( )。

  A. 桶   B. 工作服   C. 袋   D. 瓶

17. 下列不属于周转材料特点的有( )。

  A. 价值低、易损耗

  B. 数量大、进出频繁

  C. 价值一次转移到成本费用中

  D. 多次参与生产经营活动而不改变实物形态

18. 下列银行结算方式，不通过"其他货币资金"科目核算的是(   )。

A. 外埠存款 B. 存出投资款

C. 银行承兑汇票 D. 信用证

19. 下列银行结算方式，通过"银行存款"科目核算的是(   )。

A. 银行汇票 B. 银行本票 C. 汇兑 D. 信用卡

20. 企业期末编制资产负债表时，下列各项应包括在"存货"项目的是(   )。

A. 已做销售但购货方尚未运走的商品

B. 委托代销商品

C. 合同约定购入的商品

D. 为在建工程购入的工程物资

二、多项选择题

1. 下列各种物资中，应当作为企业存货核算的有(   )。

A. 生产成本 B. 在产品 C. 原材料 D. 工程物资

2. 企业的存货包括(   )。

A. 库存存货 B. 在途存货 C. 加工中存货 D. 出借存货

3. 下列项目中，应该计入工业企业存货采购成本的是(   )。

A. 运输费 B. 入库前的挑选整理费

C. 途中合理损耗 D. 小规模纳税企业支付的增值税

4. 下列费用中，不应计入存货成本的有(   )。

A. 采购环节中发生的合理损耗

B. 进口关税

C. 非正常消耗的直接材料、直接人工及制造费用

D. 不是为达到下一个生产阶段所必需的仓储费用

5. "材料成本差异"账户贷方可以用来登记(   )。

A. 购进材料实际成本小于计划成本的差额

B. 发出材料应负担的超支差异

C. 发出材料应负担的节约差异

D. 购进材料实际成本大于计划成本的差额

6. 原材料按计划成本法核算，使用的会计科目有(   )。

A. "原材料" B. "在途物资"

C. "材料采购" D. "材料成本差异"

7. 下列关于"材料采购"账户的说法中，正确的有(   )。

A. 属于资产类账户

B. 借方登记已经付款的原材料的实际成本

C. 贷方登记入库原材料的计划成本

D. 期末余额反映尚未验收入库的在途物资的计划成本

8. 下列各项中，属于企业包装物核算范围的有(　　)。

    A. 用于包装产品，作为产品组成部分的包装物

    B. 随同产品出售而不单独计价的包装物

    C. 随同产品出售单独计价的包装物

    D. 借入的包装物

9. 下列属于低值易耗品核算范围的有(　　)。

    A. 专用模具　　　　　　　　　　B. 劳动保护用品

    C. 包装桶　　　　　　　　　　　D. 替换设备

10. 企业期末编制资产负债表时，下列各项包括在"存货"项目的有(　　)。

    A. 委托加工物资　　　　　　　　B. 在途物资

    C. 为在建工程购入的工程物资　　D. 生产过程中的在产品

11. 下列银行结算业务中，通过"其他货币资金"科目核算的有(　　)。

    A. 支票　　　　　　　　　　　　B. 商业承兑汇票

    C. 银行汇票　　　　　　　　　　D. 银行本票

12. 下列关于银行结算方式的说法中，正确的有(　　)。

    A. 银行汇票的提示付款期为自出票日起 1 个月内

    B. 银行本票的提示付款期为自出票日起最长不超过 1 个月

    C. 商业汇票的付款期限最长不超过 6 个月

    D. 商业汇票的提示付款期限是自汇票到期日起 10 日

三、实务操作题

[实务操作 4-1]

1. 目的

练习材料按实际成本计价的核算。

2. 资料

A 公司为增值税一般纳税人，2016 年 4 月 6 日购进甲原材料 1000 千克，取得的增值税专用发票注明售价为每千克 40 元，进项税 6800 元，另发生运输费 1000 元(不考虑增值税)、装卸费 250 元、保险费 450 元，款项已付。实际验收入库 990 千克，运输途中合理损耗 10 千克。

3. 要求

(1) 计算 A 公司该批甲材料的入账价值。

(2) 根据上述业务编制相应的会计分录。

[实务操作 4-2]

1. 目的

练习一般纳税人材料采购按实际成本法核算。

2. 资料

甲工业企业为增值税一般纳税企业，采用实际成本进行材料日常核算，2016 年 6 月

1 日有关账户的期初余额如下：在途物资 20 万元；预付账款——D 企业 2 万元；包装物 3 万元；原材料 100 万元(注："原材料"账户期初余额中包括上月末材料已到但发票账单未到而暂估入账的 5 万元)，假设运费不考虑增值税。

2016 年 6 月份发生如下经济业务事项：

(1) 1 日，对上月末暂估入账的原材料进行冲回。

(2) 3 日，在途物资全部收到，验收入库。

(3) 8 日，从 A 企业购入材料一批，增值税专用发票上注明的货款为 100 万元，增值税税额为 17 万元，另外 A 企业还代垫运费 1 万元(假定运费不考虑增值税，本题下同)。全部货款已用转账支票付清，材料验收入库。

(4) 13 日，持银行汇票 30 万元从 C 企业购入材料一批，增值税专用发票上注明的货款为 20 万元，增值税税额为 3.4 万元，另支付运费 0.8 万元，材料已验收入库，甲企业收回剩余票款并存入银行。

(5) 18 日，收到上月末估价入账的材料发票账单，增值税专用发票上注明的货款为 5 万元，增值税税额为 0.85 万元，开出银行承兑汇票承付。

(6) 22 日，收到 D 企业发运来的材料并验收入库。增值税专用发票上注明的货款为 4 万元，增值税税额为 0.68 万元，对方代垫运费 0.4 万元。为购买该批材料上月预付货款 2 万元，收到材料后用银行存款补付余额。

3. 要求

编制甲工业企业上述经济业务事项的会计分录("应交税费"科目要求写出明细科目，单位：万元)。

[实务操作 4-3]

1. 目的

练习一般纳税人材料采购按实际成本法核算。

2. 资料

甲企业为增值税一般纳税人。运输费不考虑增值税。2016 年 4 月，与 A 材料相关的资料如下：

(1) 1 日，"原材料——A 材料"账户余额 20 000 元(共 2000 千克，其中含 3 月末验收入库但因发票账单未到而以 2000 元暂估入账的 A 材料 200 千克)。

(2) 5 日，收到 3 月末以暂估价入库 A 材料的发票账单，货款 1800 元，增值税税额 306 元，对方代垫运输费 400 元，全部款项已用转账支票付讫。

(3) 8 日，以汇兑结算方式购入 A 材料 3000 千克，发票账单已收到，货款 36 000 元，增值税税额 6120 元，运输费用 1000 元。材料尚未到达，款项已由银行存款支付。

(4) 11 日，收到 8 日采购的 A 材料，验收时发现只有 2950 千克。经查，短缺的 50 千克确定为运输途中合理损耗，A 材料验收入库。

(5) 18 日，持银行汇票 80 000 元购入 A 材料 5000 千克，增值税专用发票上注明的货款为 49 500 元，增值税税额为 8415 元，另支付运输费用 2000 元，材料已验收入库，剩余票款退回并存入银行。

(6) 21 日，基本生产车间自制 A 材料 50 千克验收入库，总成本为 600 元。

3. 要求

根据上述资料，编制甲企业 4 月份与 A 材料有关的会计分录。

[实务操作 4-4]

1. 目的

练习一般纳税人材料采购按计划成本法核算。

2. 资料

某企业为增值税一般纳税人，该企业采用计划成本进行原材料的核算，2016 年 8 月发生的有关经济业务如下(运费考虑增值税)：

(1) 8 月初，原材料账面计划成本为 300 000 元，材料成本差异的借方余额为 15 000 元。

(2) 8 月 7 日，购入原材料一批，取得的增值税专业发票上注明的原材料价款为 130 000 元，增值税税额 22 100 元。外地运费为 9 990 元(含税)。有关款项已通过银行存款支付。

(3) 上述材料的计划成本为 138 000 元，材料已验收入库。

(4) 8 月 20 日，购入材料一批，取得的增值税专业发票上注明的原材料价款为 100 000 元，增值税税额 17000 元，运费 1110 元(含税)。材料尚未到达，货款尚未支付。

(5) 8 月 29 日，购入材料一批，材料已验收入库，相关结算凭证下个月月初到达。该批材料计划成本 56 000 元。

3. 要求

(1) 编制月末企业上述业务的会计分录。

(2) 计算月末材料成本差异额。

[实务操作 4-5]

1. 目的

练习一般纳税人材料采购按计划成本法核算。

2. 资料

M 企业为一般纳税人，运输费不考虑增值税。2016 年 3 月初，"原材料"账户期初余额为 160 万元，"材料成本差异"账户贷方余额 10 万元。与 M 材料相关的资料如下：

(1) 3 月 1 日预付一笔款项 40 万元给甲公司。

(2) 3 月 5 日向 A 公司购买一批材料，增值税专用发票上注明价款为 800 万元，增值税税额为 136 万元，款项尚未支付。

(3) 上述向 A 公司购买的材料验收入库，计划成本为 850 万元。

(4) 3 月 8 日向 B 公司购买材料，价款 10 万元，增值税税率 17%，款项已支付，材料已验收入库，计划成本 8 万元。

(5) 3 月 10 日向甲公司购买材料 30 万元，增值税税率 17%，材料已经验收入库，计划成本 32 万元。款项 1 日已经预付。

(6) 3 月 13 日向 A 公司支付材料价款。

(7) 3 月 15 日向 C 公司购买材料 20 万元，增值税税额 3.4 万元，材料尚未到达企业，

面向十二五高职高专会计专业规划教材

企业开出期限为 3 个月的商业汇票一张。

(8) 3 月 16 日购买一批材料价款 100 万元，增值税税额 17 万元，款项尚未支付，同时以银行存款支付该批材料运杂费 1 万元。

(9) 3 月 19 日前期开出的商业汇票到期，支付票款 35 万元。

(10) 3 月 24 日收回多预付给甲公司的款项 4.9 万元。

(11) 3 月 28 日，向 D 公司购买的材料到达企业，但发票未到达，该材料计划成本 18 万元，3 月 31 日发票仍未到。

3. 要求

编制企业上述业务的会计分录(单位：万元)。

[实务操作 4-6]

1. 目的

练习小规模纳税企业材料采购按实际成本法核算。

2. 资料

M 企业为小规模纳税企业，材料核算按实际成本法计价。该企业 2016 年 6 月、7 月发生以下经济业务：

(1) 6 月 10 日，从本地购入原材料一批，增值税专用发票注明价款 4 万元，增值税税额 0.68 万元，材料已验收入库，发票账单等结算凭证已收到，货款已通过银行支付。

(2) 6 月 16 日，从外地采购进原材料，增值税专用发票注明价款 2 万元，增值税税额 0.34 万元，开出商业承兑汇票支付货款，材料尚未到达。

(3) 6 月 20 日，上述材料已运达并验收入库。

(4) 6 月 29 日，从本地购入材料一批，已验收入库，但结算凭证未到，货款尚未支付，暂估价值 2.5 万元。

(5) 7 月 3 日，收到上述结算凭证并支付货款 2.6 万元及增值税税额 0.442 万元。

3. 要求

根据上述业务编制相关会计分录(单位：万元)。

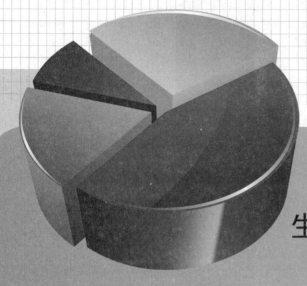

学习情境五 《《

生产活动业务的核算

[职业能力目标]

【知识目标】

- 理解生产业务活动涉及的主要内容
- 掌握原材料按实际成本计价和计划成本计价发出的会计核算
- 掌握周转材料的摊销方法及会计核算
- 了解职工薪酬的内容，掌握应付职工薪酬的会计核算
- 掌握委托加工物资的会计核算

【能力目标】

- 能够根据原始凭证对产品生产耗费业务进行账务处理
- 能够根据相关业务资料对产品生产费用进行归集与分配，并进行会计处理
- 能够根据原始凭证对产品生产完工入库业务进行会计处理
- 能够计算委托加工物资的实际成本，并对委托加工物资业务进行会计处理

情境导入

7 天连锁酒店集团，自 2005 年成立以来，经过快速发展，分店总数已经超过 2000 家，覆盖全国 300 座城市，成为中国经济型酒店行业的一个优秀品牌。

2012 年，7 天连锁酒店集团推出"77 元住一晚"的会员特惠活动，这一前所未有的超低价格定位引起快捷酒店业界的震惊，77 元是赔钱还是赚钱，是什么原因能够让 7 天连锁酒店集团做出如此大胆的价格定位？被业界冠以"成本杀手"名号的郑雁南董事长给出了答案：成本精细化核算。7 天连锁酒店集团从日常经营所需的材料成本、耗材成本、人力成本、一般损耗、空房损失、设备折旧、预期收益等多个方面对成本进行了精细化的核算，并通过科学化的预期收益分析，得出 77 元的定价是属于成本控制范围的。

近 3 年间，由于此项优惠，7 天连锁酒店集团吸引了旅客的目光，注册会员量跃居同行榜首，净利润率每年增长 20%以上，超低定价不但没有打垮企业，反而让企业顺势而上，收获了丰厚的利润。

在市场经济中，成本核算发挥着越来越重要的作用。作为财务人员，成本核算程序是怎样的？如何进行产品生产耗费的核算、产品生产费用的归集与分配的核算以及委托加工物资业务的核算？本情境将围绕上述问题进行学习和探讨。

知识导图

任务一　认知生产活动业务

时达实业有限公司设有一个基本生产车间，主要生产 A、B 两种产品，为保障生产的顺利进行，并设有一个修理辅助生产车间。本期生产产品过程中发生了相应的材料费用、人工费用支出，并为生产产品支付了一定数额的水电费等其他费用。期初，A 产品与 B 产品均无在产品。期末，A 产品与 B 产品均全部完工，完工产品均已验收入库。

以时达实业有限公司为例，期末需要核算其期末完工入库产品的成本，如何合理确定其成本核算程序？

生产阶段是工人借助于劳动资料对劳动对象进行加工，制成劳动产品，是工业企业生产经营活动的中心环节，是从投入材料到产品完工验收入库的全过程。

一、认知产品生产成本

产品生产成本是指企业为生产产品而发生的各种经济资源的耗费。例如，为生产产品需要耗费材料、向产品生产工人支付工资等职工薪酬、生产设备等固定资产的价值损耗等。产品的生产过程，也就是这些资产的耗费过程。为了正确地核算产品的生产成本，需要正确划分各种成本耗费的界限。

(一)正确划分产品生产成本与期间费用的界限

产品生产成本是企业为生产产品而发生的各项支出，如为生产产品而消耗的材料费用、生产工人的工资费用、车间为组织产品生产而发生的制造费用等。

期间费用是指在一定会计期间为生产经营的正常进行而发生的各项费用，必须从当期收入中得到补偿，因此不应计入产品成本，而是直接计入当期损益。期间费用包括销售费用、管理费用和财务费用。

(二)正确划分各种产品的成本界限

企业发生的各种生产成本，还必须划清由哪种产品负担。划分的依据是谁受益谁负担的原则。凡是能直接确定应由某种产品负担的直接耗费，就应直接计入该种产品成本。凡是由几种产品共同负担的耗费，则应采用合理的分配标准分别计入各相关产品的生产成本。

(三)正确划分完工产品和期末在产品的成本界限

在确定了各种产品本月应负担的生产成本后，月末，如果某种产品已全部完工，则

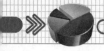

本月发生的生产成本全部计入该完工产品；如果某种产品尚未全部完工，则本月发生的生产成本全部计入未完工产品。如果某种产品月末既有完工产品又有在产品，那就需要采用适当的分配办法，将该产品应负担的生产成本在完工产品和在产品之间进行分配，分别计算出本月完工产品成本和月末在产品成本。

二、认知产品成本核算程序

(一)账户设置

1. "生产成本"账户

本账户核算企业进行工业性生产发生的各项生产耗费，可以按基本生产成本和辅助生产成本进行明细分类核算。

(1) "生产成本——基本生产成本"账户

"生产成本——基本生产成本"账户用于归集基本生产车间发生的各项成本，包括直接成本和间接成本。直接成本是指无须分配、直接计入的成本，主要包括：直接材料费用、直接人工费用、外购的直接归于产品生产的动力费用等；间接成本是指分配而得的生产成本，主要包括辅助生产成本分配而来的成本、制造费用分配而来的成本等。可以按产品品种开设三级明细科目。

期末，对于验收入库的产成品，"生产成本——基本生产成本"账户将结转至"库存商品"账户，从而反映企业本期完工的产品成本。若"生产成本——基本生产成本"账户期末借方有余额，则反映的是企业期末尚未完工的产品即在产品的成本。账户的结构如表 5-1 所示。

表 5-1　生产成本——基本生产成本

借方	贷方
本期发生的各项基本生产成本增加(包括直接生产成本和间接生产成本的增加)	基本生产成本的减少(主要指，产品完工入库时，基本生产成本的结转)
月末在产品的成本	

(2) "生产成本——辅助生产成本"账户

工业企业的辅助生产，是指主要为基本生产车间、行政管理部门等单位提供服务而进行的产品生产或劳务供应。"生产成本——辅助生产成本"账户用于归集辅助生产车间发生的各项成本。可以按辅助生产车间开设三级明细科目。

期末，企业发生的辅助生产费用在按照辅助生产车间进行归集后，将采用一定的方法在各受益单位之间进行分配，"生产成本——辅助生产成本"账户金额将结转至"生产成本——基本生产成本"、"制造费用"、"管理费用"等账户。本账户期末一般无余额。账户的结构如表 5-2 所示。

表 5-2　生产成本——辅助生产成本

借方	贷方
辅助生产成本的增加(本期发生的各项辅助生产费用)	辅助生产成本的减少(主要指，辅助生产成本的期末分配结转)

2. "制造费用"账户

制造费用是指企业为生产产品和提供劳务而发生的各项间接支出。制造费用一般是间接计入成本，当制造费用发生时，一般无法直接判定它所归属的成本计算对象，因而不能直接计入所生成的产品的基本生产成本中，而需要按照费用发生的地点先行归集，月终时再采用一定的方法在各成本计算对象之间进行分配，计入各成本计算对象的成本中。可以按照不同的生产部门开设明细科目。

"制造费用"账户金额由直接归集的间接成本和辅助生产成本分配结转两部分组成，归集完毕后，期末采用一定的方法在不同的产品之间进行分配。该账户期末一般无余额。账户的结构如表 5-3 所示。

表 5-3　制造费用

借方	贷方
制造费用的增加(包括：直接归集的间接成本、辅助生产成本分配结转而得)	制造费用的减少(分配结转)

3. "应付职工薪酬"账户

本账户核算企业根据有关规定应付给职工的各种薪酬，按照"工资，奖金，津贴，补贴"、"职工福利"、"社会保险费"、"住房公积金"、"工会经费"、"职工教育经费"、"解除职工劳动关系补偿"、"非货币性福利"等应付职工薪酬项目进行明细核算。账户的结构如表 5-4 所示。

表 5-4　应付职工薪酬

借方	贷方
企业所发生的各项薪酬费用的减少数	企业所发生的各项薪酬费用的增加数
	期末企业应付职工薪酬的账面价值

4. "库存商品"账户

本账户核算企业已完成全部生产过程并已验收入库，合乎标准规格和技术条件，可以按照合同规定的条件送交订货单位，或可以作为商品对外销售的产品以及外购或委托

加工完成验收入库用于销售的各种商品。账户的结构如表 5-5 所示。

表 5-5　库存商品

借方	贷方
企业库存商品价值的增加数	企业库存商品价值的减少数
库存商品的结存价值	

(二)生产活动业务成本核算的一般程序

制造企业的生产成本核算是由材料库、产成品仓库、生产车间、人力资源部门、财务部门等协作完成。其核算的一般程序如下。

(1) 根据成本开支范围，审核生产费用支出。

(2) 根据本期发生的材料费用支出(含原材料、周转材料)、人工费用支出、外购动力费用支出等，编制要素费用分配表，将能够计入成本计算对象的费用，分别记入"生产成本——基本生产成本"、"生产成本——辅助生产成本"、"制造费用"账户及其有关明细账户。

(3) 辅助生产费用的归集与分配。归集"生产成本——辅助生产成本"账户及其明细账户费用，按受益对象和所耗用的劳务数量，编制"辅助生产费用分配表"，据以登记"生产成本——基本生产成本"、"制造费用"账户及其有关的明细账户。

(4) 制造费用的归集与分配。归集"制造费用"账户，期末按照一定的分配方法在不同的产品中进行分配，编制"制造费用分配表"，据以登记"生产成本——基本生产成本"账户。

(5) 完工产品成本的确定和结转。期末，归集"生产成本——基本生产成本"账户，将其在完工产品与在产品之间分配。

任务实施

针对本任务引例，时达实业有限公司的本期成本核算程序处理如下。

1. 账户设置

根据时达实业有限公司实际情形，设置如下账户：

"生产成本——基本生产成本——A 产品"、"生产成本——基本生产成本——B 产品"、"生产成本——辅助生产成本——修理车间"、"制造费用"、"库存商品——A 产品"、"库存商品——B 产品"账户。

2. 要素费用归集与分配

根据本期领料单、人工费用分配表、外购动力费用分配表等单据，将相关要素费用进行归集与分配，分别记入"生产成本——基本生产成本——A 产品"、"生产成本——基本生产成本——B 产品"、"生产成本——辅助生产成本——修理车间"、"制造费用"

账户。

3. 辅助生产成本的归集与分配

辅助生产成本归集完毕后，按照受益对象的不同，采用一定的分配方法，分配至"生产成本——基本生产成本——A 产品"、"生产成本——基本生产成本——B 产品"、"制造费用"账户。

4. 制造费用的归集与分配

本期制造费用归集完毕后，采用一定的分配方法，分配至"生产成本——基本生产成本——A 产品"、"生产成本——基本生产成本——B 产品"账户。

5. 基本生产成本的归集与分配

本期基本生产成本归集完毕后，针对 A 产品，基本生产成本在完工 A 产品与在产 A 产品之间分配，将完工产品成本结转至"库存商品——A 产品"账户；针对 B 产品，由于期末 B 产品全部完工并验收入库，则 B 产品的基本生产成本全部转入"库存商品——B 产品"账户。

任务二　产品生产业务耗费的核算

任务引例

2016 年 1 月，时达实业有限公司车间本月生产 A、B 两种产品，领用材料的有关原始凭证如表 5-6～表 5-10 所示。

表 5-6　领料单

材料			单位	数量		成本		
编号	名称	规格		请领	实发	单价	总价	
101	甲材料		千克	2000	2000	20.00	4 0 0 0 0 0 0	会
012	乙材料		件	562	562	10.00	5 6 2 0 0 0	计 联
合计								

领料部门：基本生产车间
用　途：生产A产品　　2016 年 1 月 5 日　　第 1960 号

部门经理：刘元　　会计：马东　　仓库：李红　　经办人：王民

表5-7　领料单

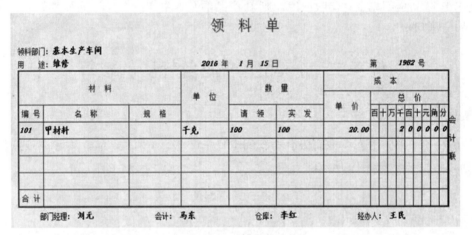

领 料 单

领料部门：基本生产车间
用　途：生产B产品　　　　2016 年 1 月 7 日　　　　第　1981 号

材料			单位	数量		成本									
编号	名 称	规格		请领	实发	单价	总价								
							百	十	万	千	百	十	元	角	分
101	甲材料		千克	3000	3000	20.00		6	0	0	0	0	0	0	
012	乙材料		件	420	420	10.00			4	2	0	0	0	0	
合 计															

部门经理：刘无　　　会计：马东　　　仓库：李红　　　经办人：王民

表5-8　领料单

领 料 单

领料部门：基本生产车间
用　途：维修　　　　2016 年 1 月 15 日　　　　第　1982 号

材料			单位	数量		成本									
编号	名 称	规格		请领	实发	单价	总价								
							百	十	万	千	百	十	元	角	分
101	甲材料		千克	100	100	20.00				2	0	0	0	0	
合 计															

部门经理：刘无　　　会计：马东　　　仓库：李红　　　经办人：王民

表5-9　领料单

领 料 单

领料部门：辅助生产车间
用　途：耗用　　　　2016 年 1 月 18 日　　　　第　1983 号

材料			单位	数量		成本									
编号	名 称	规格		请领	实发	单价	总价								
							百	十	万	千	百	十	元	角	分
101	甲材料		千克	220	220	20.00			4	4	0	0	0	0	
102	乙材料		件	1080	1080	10.00		1	0	8	0	0	0	0	
合 计															

部门经理：刘无　　　会计：马东　　　仓库：李红　　　经办人：王民

表 5-10　领料单

知识链接

企业在产品生产业务活动中会发生各种耗费，主要包括各种材料的耗费，人工的耗费，厂房、机器设备等的折旧费，以及为管理和组织生产而发生的各种费用。

企业应设置"生产成本"、"制造费用"、"管理费用"等账户，核算企业生产过程中发生的各项耗费，并根据需要开设相应的明细科目，各账户的核算原则见任务一中的表述。

一、原材料耗费业务的核算

(一)原材料按实际成本计价

1. 原材料发出计价方法(实际成本法)

在实际成本核算方式下，企业可以采用先进先出法、月末一次加权平均法、移动加权平均法和个别计价法等。

(1) 先进先出法。它是以"先购入的先发出"这一实物流转假设为前提，对发出存货进行计价的一种方法。采用这种方法，先购入的存货成本在后购入的存货成本之前转出，据以确定发出存货和期末存货的成本。

采用先进先出法，存货结存成本是按最近购货确定的，期末存货结存成本比较接近现行的市场价值，而当期发出存货成本相对较为背离期末现行的市场价值。采用先进先出法工作量比较烦琐，特别是对于存货进出量频繁的企业更是如此。而且当物价上涨时，该计价方法会高估企业当期利润和期末结存存货的价值，反之，会低估企业当期利润和期末结存存货的价值。

如表 5-11 所示，采用先进先出法计价，登记某材料明细分类账。

表 5-11　某材料明细分类账(先进先出法)

2016年		摘　要	收　入			发　出			结　存		
月	日		数　量	单　价	金　额	数　量	单　价	金　额	数　量	单　价	金　额
7	1	期初结存							150	60	9 000
	8	领用				70	60	4 200	80	60	4 800
	15	购进	100	62	6 200				80 100	60 62	11 000
	20	领用				50	60	3 000	30 100	60 62	8 000
	24	领用				90	60 62	1 800 3 720	40	62	2 480
	28	购进	200	68	13 600				40 200	62 68	16 080
	30	领用				60	62 68	2 480 1 360	180	68	12 240
7	31	本月发生额及余额	300		19 800	270		16 560	180	68	1 240

(2) 加权平均法。亦称全月一次加权平均法，是指以当月全部进货数量加上月末结存存货数量作为权数，去除当月全部进货成本加上月初结存存货成本，计算出存货的加权平均单位成本，以此为基础计算确定当月发出存货的成本和期末结存存货的成本的一种方法。

$$加权平均单位成本=\frac{月初结存存货成本+本月收入存货成本}{月初结存存货数量+本月收入存货数量}$$

本月发出存货成本=本月发出存货数量×加权平均单位成本

月末库存存货成本=月末库存存货数量×加权平均单位成本

采用加权平均法，只在月末一次计算加权平均单价，比较简单，日常工作量较小，但核算的及时性差，日常发出存货的成本不能及时提供。在物价变动幅度较大的情况下，按此方法计算的期末结存存货成本与现行成本有较大的差异。因此该方法适合于物价变动不大的情形。

如表 5-12 所示，采用全月一次加权平均法计价，登记某材料明细分类账。

表5-12　某材料明细分类账(加权平均法)

2016年		摘　要	收　入			发　出			结　存		
月	日		数　量	单　价	金　额	数　量	单　价	金　额	数　量	单　价	金　额
7	1	期初结存							150	60	9 000
	8	领用				70			80		
	15	购进	100	62	6 200				180		
	20	领用				50			130		
	24	领用				90			40		
	28	购进	200	68	13 600				240		
	30	领用				60			180		11 520
7	31	本月发生额及余额	300		19 800	270	64	17 280	180	64	11 520

具体计算过程如下：

某材料加权平均单位成本=(9 000+6 200+13 600)/(150+100+120)

$$=64(元)$$

月末库存材料成本=180×64=11 520(元)

本期发出某材料成本=270×64=17 280(元)

(3) 移动加权平均法。它是指以每次进货的成本加上原有库存存货的成本，除以每次进货数量与原有库存存货的数量之和，据以计算加权平均单位成本，以此为基础计算当月发出存货的成本和期末存货的成本的一种方法。

$$移动加权平均单位成本=\frac{本次收入前结存存货成本+本次收入存货成本}{本次收入前结存存货数量+本月收入存货数量}$$

本次发出存货成本=本次发出存货数量×移动加权平均单位成本

月末库存存货成本=月末库存存货数量×移动加权平均单位成本

移动加权平均法计算出来的存货成本比较均衡和准确，但计算起来的工作量大，一般适用于经营品种不多，或者前后购进商品的单价相差幅度较大的商品流通类企业。

如表5-13所示，采用移动加权平均法计价，登记某材料明细分类账。

表5-13　某材料明细分类账(加权平均法)

2016年		摘　要	收　入			发　出			结　存		
月	日		数　量	单　价	金　额	数　量	单　价	金　额	数　量	单　价	金　额
7	1	期初结存							150	60	9 000
	8	领用				70	60	4 200	80	60	4 800
	15	购进	100	62	6 200				180	61.11	11 000
	20	领用				50	61.11	3 055.50	130	61.11	7 944.50
	24	领用				90	61.11	5 499.90	40	61.11	2 444.60

续表

2016年		摘　要	收　入			发　出			结　存		
月	日		数　量	单　价	金　额	数　量	单　价	金　额	数　量	单　价	金额
	28	购进	200	68	13 600				240	66.85	16 044.60
	30	领用				60	66.85	4011	180	66.85	12 033.60
7	31	本月发生额及余额	300		19 800	270	64	16 766.40	180	66.85	12 033.60

注：最终数据四舍五入。

具体计算过程如下：

第一批发出，8 日发出的实际成本= 60×70 =4200 (元)

第一批收入，15 日收入后的移动加权平均单位成本
　=(4800+6200)/(80+100) =61.11(元/件)

第二批发出，20 日发出的实际成本=61.11×50 = 3055.50(元)
　　　　　　20 日结存的实际成本=11 000−3055.50=7944.50(元)

第三批发出，24 日发出的实际成本=61.11×90=5499.90(元)
　　　　　　24 日结存的实际成本=7944.50−5499.90=2444.60(元)

第二批收入，28 日收入后的移动加权平均单位成本
=(2444.60+13 600)/(40+200) =66.85(元/件)

第四批发出，30 日发出的实际成本=66.85×60=4011(元)
　　　　　　30 日结存的实际成本=16 044.60−4011=12 033.60(元)

月末结存的实际成本=12 033.60(元)

(4) 个别计价法。又称个别认定法、分批认定法，这种方法是假设原材料的成本流转与实物流转相一致，逐一辨认各批发出的存货和期末结存存货所属的购进批别或生产批别，分别按其购入或生产时所确定的单位成本作为计算各批发出存货和期末结存存货成本的方法。

采用这种方法计算存货的发出成本和期末结存存货成本比较合理、准确，但这种方法的前提是需要对发出和结存存货的批次进行具体认定，以辨别其所属的购进或生产批次，所以实务操作的工作量繁重，困难较大。个别计价法一般适用于容易识别、存货品种数量不多、购入或生产的批次少以及单位成本较高的存货计价。

2. 原材料按实际成本法发出的核算

原材料主要用于企业产品的生产，这种耗费自然属于产品生产成本的一部分。但在生产过程中也会发生非生产性的原材料耗费或发出，如自建工程项目耗用原材料或将原材料对外出售等。企业对于原材料的不同耗用，应分情况进行不同的会计处理。

(1) 生产领用

生产经营领用原材料，一般应根据相应所耗用原材料的实际成本，进行如下会计处理：

借：生产成本——基本生产成本　(生产车间生产产品耗用)

　　生产成本——辅助生产成本　(辅助生产车间的耗用)

　　制造费用　　　　　　　　　(生产车间一般耗用)

　　管理费用　　　　　　　　　(企业管理部门的耗用)

　　销售费用　　　　　　　　　(销售过程的耗用)

　　贷：原材料

(2) 在建工程领用

在建工程项目部门因建造动产领用原材料，一般应根据所耗用原材料的实际成本，进行如下会计处理：

借：在建工程

　　贷：原材料

若工程项目为自建的不动产，如房屋建筑物等，则领用材料对应的增值税税额不得抵扣，需要做进项税额转出，进行如下会计处理：

借：在建工程

　　贷：原材料

　　　　应交税费——应交增值税(进项税额转出)

(3) 原材料的对外销售

将原材料对外销售，一般应按售价和应收取的增值税税额，进行如下会计处理：

借：银行存款

　　贷：其他业务收入

　　　　应交税费——应交增值税(销项税额)

同时，结转出所销售的原材料的实际成本，进行如下会计处理：

借：其他业务成本

　　贷：原材料

(二)原材料按计划成本计价

1. 材料成本差异率

"原材料"按计划成本进行计价核算，需要将发出材料的计划成本调整为实际成本，即应计算并结转发出材料所应负担的成本差异。

为此，应计算本月材料成本差异(分配)率，其计算公式如下：

$$本月材料成本差异率 = \frac{月初结存材料的成本差异+本月收入材料的成本差异}{月初结存材料的计划成本+本月收入材料的计划成本} \times 100\%$$

其中，超支额应用正号（"+"）表示，节约额应用负号（"－"）表示。

本月发出材料应负担的成本差异=本月发出材料的计划成本×材料成本差异率

本月发出材料的实际成本=本月发出材料的计划成本+本月发出材料应负担的成本差异

以此也可确定月末结存材料的实际成本：

月末结存材料的实际成本=月末结存材料的计划成本+月末结存材料应负担的成本差异

月末结存材料应负担的成本差异=月末结存材料的计划成本×材料成本差异率

2．原材料按计划成本法发出的核算

以生产领用原材料为例，说明计划成本法下原材料发出的核算。参照实际成本法核算，当生产经营领用时，发出的原材料首先以计划成本进行核算：

借：生产成本——基本生产成本　　(生产车间生产产品耗用)

生产成本——辅助生产成本　　(辅助生产车间的耗用)

制造费用　　　　　　　　　　(生产车间一般耗用)

管理费用　　　　　　　　　　(企业管理部门的耗用)

销售费用　　　　　　　　　　(销售过程的耗用)

贷：原材料　　　　　　　　　　(原材料的计划成本)

月末，再结转本月发出材料应负担的成本差异。首先，计算出本月材料成本差异率，然后，根据各部门领用材料的计划成本与本月材料成本差异率的乘积，计算得出各应承担的材料成本差异，再进行相应的会计处理。

结转发出材料应负担的超支差异时：

借：生产成本——基本生产成本

生产成本——辅助生产成本

制造费用

管理费用

销售费用

贷：材料成本差异

结转发出材料应负担的节约差异，则应进行相反的会计处理。

二、周转材料耗费业务的核算

根据《企业会计准则第 1 号——存货》的相关规定，周转材料发生耗费业务活动时，企业应当采用一次转销法或者五五摊销法对低值易耗品和包装物进行摊销，计入相关资产的成本或者当期损益。

(一)一次转销法

一次转销法，是指在领用低值易耗品和包装物时就将其账面价值一次全部计入有关资产成本或者当期损益的一种方法。一次转销法主要适用于领用价值较低或极易损坏的低值易耗品和包装物。

当周转材料采用实际成本法计价时，企业领用按一次转销法核算的低值易耗品和包装物，其会计处理为：

借：生产成本——基本生产成本　　(生产车间生产产品耗用)

生产成本——辅助生产成本　　(辅助生产车间的耗用)

制造费用　　　　　　　　　　(生产车间一般耗用)

管理费用	(企业管理部门的耗用)
销售费用	(销售过程的耗用)

贷：周转材料

(二)五五摊销法

五五摊销法，是指在低值易耗品和包装物领用时先摊销其账面价值的一半，在报废时再摊销其账面价值的另一半。即低值易耗品和包装物分两次各按 50%进行摊销。五五摊销法通常既适用于价值较低、使用期限较短的低值易耗品和包装物，也适用于每期领用数量和报废数量大致相等的低值易耗品和包装物。

以低值易耗品为例，以实际成本法计价，说明采用五五摊销法核算会计处理过程。

1．领用低值易耗品时，应按其账面价值，做如下会计处理

借：周转材料——低值易耗品(在用)

　　贷：周转材料——低值易耗品(在库)

同时，应按账面价值的 50%作为摊销额：

借：生产成本——基本生产成本　　(生产车间生产产品耗用)

　　生产成本——辅助生产成本　　(辅助生产车间的耗用)

　　制造费用　　　　　　　　　　(生产车间一般耗用)

　　管理费用　　　　　　　　　　(企业管理部门的耗用)

　　销售费用　　　　　　　　　　(销售过程的耗用)

　　　贷：周转材料——低值易耗品(摊销)

2．低值易耗品报废时，应再摊销其账面价值的另 50%

借：生产成本——基本生产成本　　(生产车间生产产品耗用)

　　生产成本——辅助生产成本　　(辅助生产车间的耗用)

　　制造费用　　　　　　　　　　(生产车间一般耗用)

　　管理费用　　　　　　　　　　(企业管理部门的耗用)

　　销售费用　　　　　　　　　　(销售过程的耗用)

　　　贷：周转材料——低值易耗品(摊销)

同时，应按报废低值易耗品的残料价值，冲减摊销的成本费用：

借：原材料等科目

　　贷：生产成本——基本生产成本　　(生产车间生产产品耗用)

　　　　生产成本——辅助生产成本　　(辅助生产车间的耗用)

　　　　制造费用　　　　　　　　　　(生产车间一般耗用)

　　　　管理费用　　　　　　　　　　(企业管理部门的耗用)

　　　　销售费用　　　　　　　　　　(销售过程的耗用)

并于报废结束时，转销全部已摊销额(或低值易耗品在用价值)：

借：周转材料——低值易耗品(摊销)

　　贷：周转材料——低值易耗品(在用)

三、人力资源耗费业务的核算

职工薪酬，是指企业为获得职工提供的服务而给予各种形式的报酬以及其他相关支出。职工薪酬包括：职工工资、奖金、津贴和补贴；职工福利费；医疗保险费、养老保险费、失业保险费、工伤保险费和生育保险费等社会保险费；住房公积金；工会经费和职工教育经费；非货币性福利；因解除与职工的劳动关系给予的补偿；其他与获得职工提供的服务相关的支出。

企业按月编制应付职工薪酬汇总表，根据人员类别进行"应付职工薪酬"账户的分配，不同人员类别的职工薪酬费用记入"生产成本——基本生产成本"、"生产成本——辅助生产成本"、"制造费用"、"销售费用"、"管理费用"等账户。

企业的职工薪酬一般分为货币性职工薪酬和非货币性福利。

(一)货币性职工薪酬

企业在职工为其提供服务的会计期间，将应付的职工薪酬确认为负债，并根据受益对象进行分配，其会计处理过程如下。

借：生产成本——基本生产成本　　　(应付生产车间生产工人的职工薪酬)
　　生产成本——辅助生产成本　　　(应付辅助车间人员的职工薪酬)
　　制造费用　　　　　　　　　　　(应付生产车间管理人员的职工薪酬)
　　管理费用　　　　　　　　　　　(应付管理部门人员的职工薪酬)
　　销售费用　　　　　　　　　　　(应付销售人员的职工薪酬)
　　在建工程　　　　　　　　　　　(应付在建工程人员的职工薪酬)
　　研发支出　　　　　　　　　　　(应付研发人员的职工薪酬)等
　　　贷：应付职工薪酬——职工工资
　　　　　　　　　　　——职工福利
　　　　　　　　　　　——社会保险费
　　　　　　　　　　　——住房公积金
　　　　　　　　　　　——工会经费
　　　　　　　　　　　——职工教育经费等

企业支付货币性职工薪酬时，其会计处理如下。

借：应付职工薪酬
　　　贷：银行存款
　　　　　库存现金

企业从应付职工薪酬中扣还(付)的各种款项(如代垫的职工家属医药费、代扣的职工个人所得税等)时，其会计处理如下

借：应付职工薪酬——职工工资
　　　贷：其他应收款　　　　　　　　　　(扣已代付的款项)
　　　　　其他应付款　　　　　　　　　　(代扣、尚未付的款项)

应交税费——应交个人所得税　　　(扣缴的个人所得税)

(二)非货币性福利

　　企业以其自产产品作为非货币性福利发放给职工，应当根据受益对象，按照该产品的公允价值，计入相关资产成本或当期损益，并确认应付职工薪酬。其相关会计处理一般为：

(1) 借：生产成本
　　　　　制造费用
　　　　　管理费用等
　　　　　贷：应付职工薪酬——非货币性福利

(2) 借：应付职工薪酬——非货币性福利
　　　　　贷：主营业务收入
　　　　　　　应交税费——应交增值税(销项税额)

(3) 借：主营业务成本
　　　　　贷：库存商品

　　企业将拥有的房屋等资产无偿提供给职工使用的，应当根据受益对象，将该住房每期应计提的折旧计入相关资产成本或当期损益，并确认应付职工薪酬。其相关会计处理一般为：

(1) 借：生产成本
　　　　　制造费用
　　　　　管理费用等
　　　　　贷：应付职工薪酬——非货币性福利

(2) 借：应付职工薪酬——非货币性福利
　　　　　贷：累计折旧

　　企业租赁住房等资产供职工无偿使用的，应当根据受益对象，将每期应付的租金计入相关资产成本或当期损益，并确认应付职工薪酬。其相关会计处理一般为：

(1) 借：生产成本
　　　　　制造费用
　　　　　管理费用等
　　　　　贷：应付职工薪酬——非货币性福利

(2) 借：应付职工薪酬——非货币性福利
　　　　　贷：其他应付款

(3) 借：其他应付款
　　　　　贷：银行存款、库存现金等

任务实施

　　针对本任务引例，处理如下。

1．业务解析

(1) 开设相关账户明细账，见任务一的"任务实施"所述。

(2) 根据领料单，编制材料费用耗费汇总表。

(3) 会计人员根据材料费用耗费汇总表，编制记账凭证。

(4) 记账人员根据审核无误的记账凭证登记有关账簿。

2．会计处理

"材料费用耗费"会计处理如下。

首先，根据领料单表 5-6～表 5-10，编制材料费用耗费汇总表如表 5-14 所示。

表 5-14　材料费用耗费汇总表

材料的经济用途		甲 材 料	乙 材 料	合 计
基本生产车间	A 产品	40 000	5 620	45 620
	B 产品	60 000	4 200	64 200
	车间一般耗用	2 000	—	2 000
	小计	102 000	9 820	111 820
辅助生产车间	修理车间耗用	4 400	10 800	15 200
厂部		5 000	4 500	9 500
合计		111 400	25 120	136 520

会计处理如下：

借：生产成本——基本生产成本——A 产品　　45 620

　　　　　　　　　　　　　　——B 产品　　64 200

　　生产成本——辅助生产成本——修理车间　15 200

　　制造费用　　　　　　　　　　　　　　 2 000

　　管理费用　　　　　　　　　　　　　　 9 500

　　　贷：原材料——甲材料　　　　　　　　　　　111 400

　　　　　　　　——乙材料　　　　　　　　　　　 25 120

做 中 学

一、原材料耗费业务的核算

(一)原材料按实际成本计价的发出核算

此类情况参见任务引例和任务实施的处理。

(二)原材料按计划成本计价的发出核算

[做中学 5-1]

1. 业务背景及原始凭证

时达实业有限公司采用计划成本法进行丙材料的日常核算。2016 年 2 月，月初结存丙材料的计划成本为 200 万元，成本差异为超支 4 万元；本月入库丙材料计划成本为 800 万元，成本差异为节约 12 万元；本月发出丙材料的计划成本为 600 万元，月末的"发料凭证汇总表"如表 5-15 所示。

表 5-15　发料凭证汇总表

2016 年 2 月 29 日　　　　　　　　　　　　　　　　　附单据 5 张

部　门	用　途	材料名称	领用数量(千克)	计划单价(万元)	计划总额(万元)
基本生产车间	生产 C 产品	丙材料	4 000	0.1	400
	一般耗用	丙材料	500	0.1	50
辅助生产车间		丙材料	1 000	0.1	100
厂部管理部门		丙材料	300	0.1	30
销售部门		丙材料	200	0.1	20
合　计			6 000	0.1	600

部门经理：刘元　　　　　会计：马东　　　　　仓库：李红　　　　　经办人：王民

2. 业务解析

(1) 会计人员根据发料凭证汇总表，编写材料发出的记账凭证；

(2) 计算出本月材料的成本差异率；

(3) 根据材料成本差异率，计算出各部门领用材料应负担的材料成本差异；

(4) 结转本月发出材料应负担的材料成本差异，并编写相关的记账凭证。

3. 会计处理

(1) 根据本月的"发料凭证汇总表"结转本月发出材料计划成本时的会计处理为：

借：生产成本——基本生产成本——C 产品　　　4 000 000

　　生产成本——辅助生产成本　　　　　　　　1 000 000

　　制造费用　　　　　　　　　　　　　　　　500 000

　　管理费用　　　　　　　　　　　　　　　　300 000

　　销售费用　　　　　　　　　　　　　　　　200 000

　　贷：原材料——丙材料　　　　　　　　　　　　6 000 000

(2) 计算本月材料成本差异率：

$$本月材料成本差异率 = \frac{4-12}{200+800} \times 100\% = -0.8\%$$

(3) 计算本月各部门领用材料应负担的材料成本差异：

基本生产车间生产C产品领用材料应负担的材料成本差异=400×(-0.8%)=-3.2(万元)

辅助生产车间领用材料应负担的材料成本差异=100×(-0.8%)=-0.8(万元)

基本生产车间一般耗用材料应负担的材料成本差异=50×(-0.8%)=-0.4(万元)

厂部管理部门领用材料应负担的材料成本差异=30×(-0.8%)=-0.24(万元)

销售部门领用材料应负担的材料成本差异=20×(-0.8%)=-0.16(万元)

(4) 结转本月发出材料应负担的材料成本差异的会计处理为：

借：材料成本差异　　　　　　　　　　　　48 000

　　生产成本——基本生产成本——C产品　　32 000

　　生产成本——辅助生产成本　　　　　　8 000

　　制造费用　　　　　　　　　　　　　　4 000

　　销售费用　　　　　　　　　　　　　　1 600

二、周转材料耗费业务的核算

(一)周转材料耗费的一次转销法核算

[做中学 5-2]

1. 业务背景及原始凭证

2016年3月24日，时达实业有限公司基本生产车间领用一批低值易耗品，实际成本为5800元。2016年4月28日，该批低值易耗品报废，收回残料价值180元，入库作为原材料(丁材料)备用。假设该公司的该批低值易耗品按实际成本计价，并采用一次转销法进行核算。相关的原始凭证略。

2. 业务解析

(1) 会计人员根据领料单，编写领用周转材料的记账凭证；

(2) 会计人员根据入库单，编写残料入库的记账凭证。

3. 会计处理

(1) 基本生产车间领用该批低值易耗品时的会计处理为：

借：制造费用　　　　　　　　　5 800

　　贷：周转材料——低值易耗品　　5 800

(2) 低值易耗品报废残料入库时的会计处理为：

借：原材料——丁材料　　　　　　180

　　贷：制造费用　　　　　　　　　　180

(二)周转材料耗费的五五摊销法核算

[做中学 5-3]

1. 业务背景及原始凭证

业务背景同做中学 5-2，假定该批低值易耗品采用五五摊销法核算。

2. 业务解析

(1) 会计人员根据领料单，编写领用周转材料、摊销其账面价值 50%的记账凭证；

(2) 会计人员根据入库单，编写残料入库的记账凭证；

(3) 会计人员在周转材料报废时，编写摊销其账面价值另 50%、转销全部已提摊销额的记账凭证。

3. 会计处理

(1) 基本生产车间领用低值易耗品时的会计处理为：

借：周转材料——低值易耗品(在用)　　　　5 800
　　贷：周转材料——低值易耗品(在库)　　　　　　5 800

同时，摊销其账面价值的 50%的会计处理为：

借：制造费用　　　　　　　　　　　　　　2 900
　　贷：周转材料——低值易耗品(摊销)　　　　　　2 900

(2) 报废残料入库时的会计处理为：

借：原材料——丁材料　　　　　　　　　　180
　　贷：制造费用　　　　　　　　　　　　　　　180

同时，在报废时再摊销其账面价值的另 50%，相应的会计处理为：

借：制造费用　　　　　　　　　　　　　　2 900
　　贷：周转材料——低值易耗品(摊销)　　　　　　2 900

同时，转销全部已提摊销额：

借：周转材料——低值易耗品(摊销)　　　　5 800
　　贷：周转材料——低值易耗品(在用)　　　　　　5 800

三、人力资源耗费业务的核算

(一)货币性职工薪酬的核算

[做中学 5-4]

1. 业务背景及原始凭证

(1) 2016 年 2 月，金丰工厂工资费用分配表如表 5-16 所示。

表5-16　工资费用分配表

工资费用及用途		工资费用(元)	计提福利费用(元)	合计(元)
基本生产车间	A产品生产工人	12 800	1 792	14 592
	B产品生产工人	19 200	2 688	21 888
	车间管理人员	3 500	490	3 990
辅助生产车间	所有人员	10 400	1 456	11 856
厂部管理人员		26 050	3 647	29 697
合计		71 950	10 073	82 023

(2) 金丰工厂本月的"工资结算汇总表"中列示，2月份应付职工薪酬总额为71 950元，扣发企业已为职工代付的房租3000元，代扣职工个人所得税2950元，实发工资66 000元，当日银行转账发放。原始凭证略。

2. 业务解析

(1) 会计人员根据工资费用分配表、工资结算汇总表、支票存根联等编制记账凭证；

(2) 会计人员对代扣的款项，编写相关的记账凭证。

3. 会计处理

(1) 根据"工资费用分配表"，该公司本月的人力资源耗费的会计处理为：

借：生产成本——基本生产成本——A产品　　　14 592
　　　　　　　　　　　　　——B产品　　　21 888
　　生产成本——辅助生产成本——修理车间　　11 856
　　制造费用　　　　　　　　　　　　　　　3 990
　　管理费用　　　　　　　　　　　　　　　29 697
　　　贷：应付职工薪酬——工资　　　　　　　　　71 950
　　　　　　　　　　　——福利费　　　　　　　10 073

(2) 从应付职工工资中代扣款项时的会计处理为：

借：应付职工薪酬——工资　　　　　　　　　5 950
　　　贷：其他应收款——职工房租　　　　　　　　3 000
　　　　　应交税费——应交个人所得税　　　　　　2 950

(3) 发放工资时的会计处理为：

借：应付职工薪酬——工资　　　　　　　　　66 000
　　　贷：银行存款　　　　　　　　　　　　　　　66 000

(二)非货币性福利的核算

[做中学5-5]

1. 业务背景及原始凭证

时达实业有限公司为增值税一般纳税人，生产小家电的基本生产车间共有职工200

名，其中 100 名为直接参加生产 A 产品的职工，90 名为直接参加生产 B 产品的职工，10 名为车间管理人员。2016 年 4 月，该公司以其生产的每台成本为 900 元的 A 产品作为春节福利发放给公司每位职工。该型号的 A 产品市场销售价格为每件 1000 元，该公司适用的增值税税率为 17%。相关的原始凭证略。

2. 业务解析

(1) 根据非货币性福利的不同受益对象，按照自产产品的公允价值进行分配，编写相关的记账凭证；

(2) 按照产品的公允价值，确定当期损益，编写相关的记账凭证。

3. 会计处理

(1) 非货币性福利费用的分配：

应确认的非货币性应付职工薪酬：200×1 000×(1+17%)=234 000(元)

应分配计入 A 产品生产成本的金额：100×1 000×(1+17%)=117 000(元)

应分配计入 B 产品生产成本的金额：90×1 000×(1+17%)=105 300(元)

应分配计入制造费用的金额：10×1 000×(1+17%)=11 700(元)

相应的会计处理为：

借：生产成本——基本生产成本——A 产品　　　　117 000

　　　　　　　　　　　　　　——B 产品　　　　105 300

　　制造费用　　　　　　　　　　　　　　　　 11 700

　　　贷：应付职工薪酬——非货币性福利　　　　　　 234 000

(2) 确定当期损益，相应的会计处理为：

借：应付职工薪酬——非货币性福利　　　　　　234 000

　　　贷：主营业务收入　　　　　　　　　　　　　　 200 000

　　　　　应交税费——应交增值税(销项税额)　　　　　34 000

借：主营业务成本　　　　　　　　　　　　　　180 000

　　　贷：库存商品——A 产品　　　　　　　　　　　 180 000

任务三　生产费用归集与分配的核算

任务引例

金丰工厂为增值税一般纳税人，第一车间生产白板纸和灰板纸两种产品，2016 年 5 月份制造费用为 41 096 元，该公司采用生产工时比例法分配制造费用，当月生产工时统计为：白板纸 4800 小时；灰板纸 3200 小时。请按生产工时比例法编制制造费用分配表，并做出会计分录。

知识链接

一、基本生产成本归集的核算

基本生产成本，是基本生产车间发生的成本，包括直接人工、直接材料和制造费用。基本生产车间发生直接用于产品生产的直接费用时，其账务处理一般为：

借：生产成本——基本生产成本——×产品

　　贷：原材料

　　　　应付职工薪酬

　　　　银行存款等

二、辅助生产成本归集与分配的核算

辅助生产费用是指企业所属辅助生产部门为生产提供工业性产品和劳务所发生的人力、物力等经济资源的耗费。企业发生的辅助生产费用按辅助生产车间进行归集后，月末需要采用一定的方法在各受益单位之间进行分配。

辅助生产车间为基本生产服务而发生相关辅助费用时，其账务处理一般为：

借：生产成本——辅助生产成本

　　贷：原材料

　　　　应付职工薪酬等

分配时的账务处理为：

借：制造费用

　　贷：生产成本——辅助生产成本

三、制造费用归集与分配的核算

制造费用包括产品基本生产过程中除直接材料和直接人工以外的其余一切成本，主要包括企业各个生产单位为组织和管理生产所发生的相关费用。制造费用归集汇总后，应于月末按照一定的标准分配计入有关的成本计算对象。

制造费用发生时，其账务处理一般为：

借：制造费用

　　贷：原材料

　　　　应付职工薪酬

　　　　累计折旧等

其分配时的账务处理为：

借：生产成本——基本生产成本——×产品

　　　　　　　　　　　　　——××产品

　　贷：制造费用

四、产成品完工验收入库的核算

产成品是指企业已经完成全部生产过程并已验收入库，合乎标准规格和技术条件，可以按照合同规定的条件送交订货单位，或者可以作为商品对外销售的产品。

企业产成品完工验收入库时的账务处理一般为：

借：库存商品——×产品
　　贷：生产成本——基本生产成本——×产品

任务实施

针对本任务引例,处理如下。

1. 业务解析

(1) 根据制造费用明细账以及产品生产工时比例，编制制造费用分配表；

(2) 根据制造费用分配表，对制造费用的额分配进行相关的账务处理。

2. 会计处理

(1) 根据相关资料编制制造费用分配表，如表 5-17 所示。

表 5-17　金丰工厂制造费用分配表(生产工时比例分配法)

生产单位：第一车间　　　　　　　2016 年 5 月　　　　　　　单位：元

产品名称	生产工时	分配率	分配金额
白板纸	4 800		24 657.6
灰板纸	3 200		16 438.4
合计	8 000	5.137	1 096

(2) 根据制造费用分配表进行相应的账务处理：

借：生产成本——白纸板　　　　　24 657.6
　　　　　　——灰纸板　　　　　16 438.4
　　贷：制造费用　　　　　　　　41 096

做 中 学

[做中学 5-6]

1. 业务背景及原始凭证

时达实业有限公司生产 C 产品，2016 年 4 月，生产资料为：月初在产品成本中直接材料费用为 3325 元，直接人工费用为 2650 元，制造费用为 1456 元；本月发生直接材料费用为 8675 元，直接人工费用为 5600 元，制造费用为 2744 元。本月完工产品 90 件，月末在产品 100 件，完工程度为 60%。假设原材料费用为陆续投入。相关的原始凭证略。

2．业务解析

(1) 计算在产品的约当产量；

(2) 计算各项生产费用的分配率，以及分配的相应成本；

(3) 计算月末完工产品分配的生产费用；

(4) 编制产品完工入库的记账凭证。

3．会计处理

(1) 在产品的约当产量

在产品约当产量=100×60%=60(件)

(2) 各项生产费用的分配率

$$材料费用分配率=\frac{3325+8675}{90+60}=80$$

完工产品分配的材料费用=90×80=7200(元)

在产品分配的材料费用=60×80=4800(元)；

$$人工费用分配率=\frac{2650+5600}{90+60}=55$$

完工产品分配的人工费用=90×55=4950(元)

在产品分配的人工费用=60×55=3300(元)；

$$制造费用分配率=\frac{1456+2744}{90+60}=28$$

完工产品分配的制造费用=90×28=2520(元)

在产品分配的人工费用=60×28=1680(元)

(3) 完工产品的成本

完工产品成本=7200+4950+2520=14 670(元)

月末在产品成本=8000+3300+1680=12 980(元)

(4) 产品完工入库的会计分录

借：库存商品——C 产品　　　　　　　　　　　　　　　14 670

　　贷：生产成本——基本生产成本——C 产品　　　　　　　　14 670

任务四　委托加工物资业务的核算

任务引例

　　时达实业有限公司为增值税一般纳税人，原材料按实际成本计价核算。因经营需要，该公司于 2016 年 9 月 30 日将一批原材料(丙材料)委托长虹发展有限公司代为加工成原材料(丁材料)，出库单如表 5-18 所示。2016 年 10 月 18 日，原材料(丁材料)加工完成验收入库(入库单略)，收到长虹发展有限公司开具的提供劳务增值税专用发票如表 5-19 所示，时达实业有限公司开出转账支票支付加工费，转账支票存根如表 5-20 所示，该物资将继续投入生产使用。

表 5-18　出库单

表 5-19　增值税专用发票

表 5-20　转账支票存根

知识链接

委托加工物资是指企业委托外单位加工的各种材料物资。委托企业提供原料及主要材料，通过支付加工费方式，委托加工单位按合同要求进一步将其加工为企业所需要的材料、商品等物资。委托加工物资的所有权仍属于委托企业。

一、委托加工物资实际成本的确定

委托加工物资应按实际成本计价核算，其实际成本包括：加工中耗用材料的实际成本、支付的加工费用、支付的加工材料、往返运杂费以及按规定计入成本的税金等。

如果委托加工的是应税消费品，对于受托方代收代缴的消费税，委托方应区分不同情况进行处理。

(1) 若委托加工的应税消费品收回后直接用于销售，委托方应将支付的消费税计入委托加工物资的成本；

(2) 若委托加工的应税消费品收回后用于连续生产应税消费品，则已纳消费税税款按规定准予抵扣，即将所纳消费税记入"应交税费——应交消费税"账户的借方。

二、委托加工物资业务的核算

(一)账户设置

企业应该设置"委托加工物资"账户，核算企业委托外单位加工的各种材料、商品等物资的实际成本。该账户可按加工合同、受托加工单位以及加工物资的品种设置明细账，进行明细分类核算。

该账户借方登记的是加工耗用物资的实际成本、支付的加工费及往返的运杂费和保险费等以及支付的税金(包括应负担的增值税)等；该账户贷方登记的是加工完成验收入库的物资的实际成本。斯末余额在借方，反映尚未完工的委托加工物资的实际成本和发出加工物等，如表 5-21 所示。

表 5-21　委托加工物资

借方	贷方
加工耗用物资的实际成本； 支付的加工费及往返的运杂费和保险费等； 支付的税金，包括委托加工物资应负担的增值税和消费税	加工完成验收入库的物资的实际成本
尚未完工的委托加工物资的实际成本等	

(二)会计处理

1. 企业发出材料委托对方单位进行加工时，应按材料的实际成本进行如下会计处理

借：委托加工物资
　　贷：原材料

2. 支付加工费和运杂费时

借：委托加工物资
　　应交税费——应交增值税(进项税额)
　　贷：银行存款

3. 支付消费税时

若委托加工物资是应税消费品，则应缴纳的消费税由委托方代扣代缴。

(1) 该物资收回后直接用于销售，应将受托方代扣代缴的消费税计入委托加工物资成本：

借：委托加工物资
　　贷：银行存款

(2) 该物资收回后用于连续生产应税消费品，按规定准予抵扣的，则应按受托方代扣代缴的消费税记入"应交税费——应交消费税"的借方：

借：应交税费——应交消费税
　　贷：银行存款

4. 退回未用原材料时

借：原材料
　　贷：委托加工物资

5. 委托加工的材料加工完成验收入库时

借：库存商品/原材料/周转材料
　　贷：委托加工物资

任务实施

针对本任务引例，处理如下。

1. 业务解析

(1) 根据出库单，确定委托加工物资的发出成本，编制记账凭证；
(2) 根据增值税专用发票、转账支票存根，编制支付加工费的记账凭证；
(3) 该物资加工完成，确定总成本，编制加工完成的记账凭证。

2. 会计处理

(1) 发出材料时：

借：委托加工物资　　　　　　　　　　　4800

        贷：原材料——丙材料   4 800

(2) 支付加工费时：

借：委托加工物资   500

    应交税费——应交增值税(进项税额)   85

    贷：银行存款   585

(3) 加工完成，验收入库时：

借：原材料——丁材料   5 300

    贷：委托加工物资   5 300

做 中 学

一、委托加工非应税消费品

此类情况参见任务引例和任务实施的处理。

二、委托加工应税消费品

[做中学 5-7]

1. 业务背景及原始凭证

时达实业有限公司为增值税一般纳税人，原材料按实际成本计价核算。2016 年 4 月 30 日，时达实业有限公司委托丁公司代为加工一批应交消费税的材料(非金银首饰)，时达实业有限公司发出材料的成本为 1 000 000 元。2016 年 6 月 2 日，材料加工完成并验收入库，加工费为 200 000 元，增值税税额为 34 000 元，由丁公司代收代缴的消费税为 80 000 元，款项尚未支付。如果时达实业有限公司收回的委托加工物资用于继续生产应税消费品或直接用于对外销售，请分别进行账务处理。

2. 业务解析

(1) 确定委托加工物资的发出成本，编制材料出库的记账凭证；

(2) 加工完成，核算加工费及相关的增值税，并编写相关的记账凭证；

(3) 对代收代缴的消费税分情形进行处理，并编写相关的记账凭证。

3. 会计处理

(1) 如果时达实业有限公司收回的委托加工物资用于继续生产应税消费品。

① 2016 年 4 月 30 日，时达公司发出材料时：

借：委托加工物资   1 000 000

    贷：原材料   1 000 000

② 2016 年 6 月 2 日，时达公司应支付加工费、增值税、消费税时：

借：委托加工物资   200 000

    应交税费——应交增值税(进项税额)   34 000

——消费税　　　　　　　　　　　　80 000
　　　贷：应付账款　　　　　　　　　　　　　314 000
③ 2016 年 6 月 2 日，时达公司收回委托加工物资，并验收入库时：
借：原材料　　　　　　　　　　　　　　　1 200 000
　　　贷：委托加工物资　　　　　　　　　　　1 200 000
(2) 如果时达实业有限公司收回的委托加工物资直接用于对外销售。
① 2016 年 4 月 30 日，时达公司发出材料时：
借：委托加工物资　　　　　　　　　　　　1 000 000
　　　贷：原材料　　　　　　　　　　　　　　1 000 000
② 2016 年 6 月 2 日，时达公司应支付加工费、增值税、消费税时：
借：委托加工物资　　　　　　　　　　　　　280 000
　　应交税费——应交增值税(进项税额)　　　　34 000
　　　贷：应付账款　　　　　　　　　　　　　314 000
③ 2016 年 6 月 2 日，时达公司收回委托加工物资，并验收入库时：
借：原材料/库存商品　　　　　　　　　　　1 280 000
　　　贷：委托加工物资　　　　　　　　　　　1 280 000

能 力 训 练

一、单项选择题

1. 可以计入"生产成本"成本项目的材料费用是(　　)。
   A. 为组织管理生产用的机物料
   B. 为组织管理生产用的低值易耗品
   C. 生产过程中间接耗用的原材料
   D. 直接用于生产过程中的机物料
2. 基本生产车间照明用电费应借记(　　)。
   A. "管理费用"科目　　　　　　　B. "基本生产成本"科目
   C. "制造费用"科目　　　　　　　D. "车间经费"科目
3. 下列各项中不应计入产品成本的是(　　)。
   A. 企业行政管理部门用固定资产的折旧费
   B. 车间厂房的折旧费
   C. 车间生产用设备的折旧费
   D. 车间辅助人员的工资
4. 工资应计入产品成本中直接人工项目的人员有(　　)。
   A. 产品生产工人　　　　　　　　B. 车间管理人员
   C. 厂部管理人员　　　　　　　　D. 专职销售人员
5. 下列不通过"制造费用"核算的是(　　)。
   A. 生产车间设备折旧费　　　　　B. 生产车间管理的办公费

C. 生产车间设备维修费   D. 生产车间管理人员福利费

6. 企业车间为生产产品、提供劳务而发生的各项间接费用,包括工资、福利费、折旧费等,属于( )成本项目。

     A. 管理费用   B. 制造费用   C. 直接人工   D. 直接材料

7. 下列不属于期间费用的是( )。

     A. 制造费用   B. 管理费用   C. 财务费用   D. 销售费用

8. 生产车间为修理设备领用的低值易耗品,应借记的账户是( )。

     A. 生产成本——基本生产成本   B. 生产成本——辅助生产成本

     C. 管理费用   D. 制造费用

9. 下列属于产品成本中直接计入费用的有( )。

     A. 基本生产车间设备的折旧费   B. 为生产工人发放的自产产品福利

     C. 辅助生产车间耗用的机物料   D. 基本生产车间发生的劳保费

10. 各种期间费用,期末应直接( )。

     A. 计入生产成本   B. 计入制造费用

     C. 结转损益   D. 计入长期待摊费用

11. 制造费用分配,应计入( )账户。

     A. 生产成本——基本生产成本   B. 生产成本——辅助生产成本

     C. 管理费用等期间费用   D. 本年利润

12. 在发出材料采用( )计价法时,可使发出材料的成本和期末存货的成本最接近实际。

     A. 先进先出法   B. 移动加权平均法

     C. 个别计价法   D. 平均单价法

13. 某企业材料采用计划成本核算,月初结存材料计划成本 200 万元,材料成本差异为节约 20 万元,当月购入材料一批,实际成本为 135 万元,计划成本为 150 万元,领用材料的计划成本为 180 万元,当月结存材料的实际成本为( )万元。

     A. 133   B. 143   C. 153   D. 163

14. 某企业有维修和供热两个辅助生产车间,采用直接分配法分配辅助生产费用。3月份,维修车间归集的待分配辅助生产费用为 162 000 元。当月维修车间分别向供热车间、基本生产车间和企业行政部门提供维修劳务 2700 小时、4600 小时和 800 小时。则当月维修车间应向基本生产车间分配维修费( )元。

     A. 9200   B. 138 000   C. 4600   D. 6900

15. 采用"先进先出法"核算发出存货的成本,期初库存硬盘为 50 件,单价为 1000 元,本月购入硬盘 100 件,单价 1050 元,本月领用硬盘 100 件,其领用的总成本为( )元。

     A. 102 500   B. 100 000   C. 105 000   D. 100 500

16. 某企业对发出存货采用月末一次加权平均法计价,本月期初不锈钢数量为 40 吨,单价为 3100 元/吨,本月一次性购入 60 吨,单价 3000 元/吨,则本月发出存货的单价为( )元。

     A. 3100   B. 3050   C. 3040   D. 3060

17. 某企业月初结存的材料的计划成本为 30 000 元，成本差异为超支 200 元，本月入库材料的计划成本为 70 000 元，成本差异为节约 700 元，当月生产车间领用材料的计划成本为 60 000 元，则当月领用材料应负担的成本差异为(　　)元。

  A. −300   B. 300   C. −540   D. 540

18. 某一般纳税企业委托外单位加工一批消费税应税消费品，材料成本为 50 万元，加工费 5 万元(不含税)，受托方增值税税率为 17%，受托方代扣代缴消费税 1 万元，该批材料加工后，委托方直接出售，则该材料加工完毕后入库的实际成本为(　　)万元。

  A. 55   B. 56   C. 58.5   D. 63.5

19. 按我国会计制度的相关规定，下列不可以列示在资产负债表中"存货"项目中的是(　　)。

  A. 生产成本 B. 工程物资 C. 原材料   D. 库存商品

20. 下列不属于存货发出先进先出法的特点是(　　)。

  A. 发出存货的成本比较接近于市价

  B. 物价上涨时，发出存货物价偏低，利润偏高

  C. 库存存货的成本接近于市价

  D. 存货收发业务较多、且存货单价不稳定时，其工作量较大

二、多项选择题

1. 计算材料成本差异率，需使用下列(　　)项目。

  A. 月末结存材料实际成本   B. 月初结存材料计划成本

  C. 月初结存材料成本差异   D. 本月收入材料成本差异

2. 下列项目中，可以归集于制造费用的有(　　)。

  A. 生产车间的保险费

  B. 车间管理人员的薪酬费用

  C. 生产车间一般耗用的低值易耗品摊销

  D. 车间设备的修理费

3. 根据"应付职工薪酬汇总表"进行分配结转薪酬费用的账务处理时，会计分录中对应的借方账户主要有(　　)。

  A. 生产成本 B. 制造费用 C. 管理费用 D. 财务费用

4. 下列各项，构成企业委托加工物资成本的有(　　)。

  A. 加工中实际耗用物资的成本

  B. 支付的加工费用

  C. 收回后继续加工物的代收代缴消费税

  D. 收回后直接销售物资的代收代缴消费税

5. 发出材料时，借方可以登记的账户包括(　　)。

  A. 生产成本 B. 在建工程 C. 制造费用 D. 管理费用

6. 低值易耗品的摊销方法有(　　)。

  A. 一次转销法 B. 平均摊销法 C. 五五摊销法 D. 分次摊销法

7. 一般情况下，下列账户期末没有余额的是(　　)。

    A. 制造费用　　　B. 生产成本　　　C. 周转材料　　　D. 管理费用

8. 工资费用分配过程中，可能借记(　　)科目。

    A. 生产成本——基本生产成本　　　B. 制造费用

    C. 生产成本——辅助生产成本　　　D. 管理费用

9. 关于"生产成本"科目结构，说法正确的是(　　)。

    A. 期末一定无余额

    B. 期末若有余额，则余额代表期末产成品成本

    C. 期末若有余额，则余额代表期末在成品成本

    D. 期末若有余额，则应作为资产负债表中"存货"项目列示的一部分

10. 企业基本生产所发生的各项费用，在记入"生产成本——基本生产成本"借方时，对应的贷方账户可能是(　　)。

    A. 管理费用　　　　　　　　　　　B. 制造费用

    C. 生产成本——辅助生产成本　　　D. 原材料

三、实务操作题

[实务操作 5-1]

1. 目的

掌握原材料计划成本法的核算。

2. 资料

某工业企业为增值税一般纳税企业，材料按计划成本计价核算。甲材料计划单位成本为每千克 10 元。该企业 2016 年 4 月有关资料如下：

(1) "原材料"账户月初余额 80 000 元，"材料成本差异"账户月初借方余额 1000 元，"材料采购"账户月初借方余额 21 000 元(上述账户核算的均为甲材料)。

(2) 4 月 5 日，企业上月已付款的甲材料 2000 千克如数收到，验收入库。

(3) 4 月 10 日，从外地 A 公司购入甲材料 6000 千克，增值税专用发票上注明的材料价款为 58 900 元，增值税税额 10 031 元，企业已用银行存款支付上述款项，材料尚未到达。

(4) 4 月 20 日，从 A 公司购入的甲材料到达，验收入库时发现短缺 100 千克，经查明为途中定额内自然消耗。按实际数量验收入库。

(5) 4 月 30 日，汇总本月发料凭证，本月共发出甲材料 6000 千克，全部用于产品基本生产。

3. 要求

根据上述业务编制相关的会计分录，并计算本月材料成本差异率、本月发出材料应负担的材料成本差异及月末库存材料的实际成本。

[实务操作 5-2]

1. 目的

掌握实际成本法下原材料发出业务的核算。

2. 资料

A 企业 2016 年 6 月的原材料"发料凭证汇总表"列示：基本生产车间甲产品领用原材料 390 000 元，基本生产车间生产乙产品领用原材料 280 000 元，辅助生产车间领用原材料 150 000 元，车间一般消耗原材料 16 000 元，管理部门领用原材料 12 000 元，销售部门领用原材料 7000 元；同时，企业自建的工程项目领用原材料 5000 元，购入该批材料时支付的增值税税额为 850 元。

3. 要求

根据 A 企业 6 月份的原材料"发料凭证汇总表"进行相应的会计处理。

[实务操作 5-3]

1. 目的

掌握计划成本法下原材料发出业务的核算。

2. 资料

B 企业为增值税一般纳税人，2016 年 3 月初有关账户余额如下："材料成本差异"账户借方余额为 450 元，"原材料"账户余额为 14 500 元。

3 月份发生如下的业务：

(1) 3 月 5 日，向东星厂购料，发票列明：借款 8000 元，增值税税额 1360 元，对方代垫装卸费 800 元，货款由银行汇出，该材料运抵企业并验收入库，计划成本 9000 元。

(2) 3 月 28 日，向中兴厂购料，普通发票金额 5000 元，材料尚未到厂，货款采用商业汇票方式结算，开出银行承兑汇票一张，已交中兴厂。

(3) 3 月 31 日，收到东风厂发来材料，已验收入库，计划成本 1000 元，发票账单尚未收到。

3 月 31 日，本月仓库发料汇总如下(计划成本法)：

生产丙产品领用	3000 元
生产丁产品领用	2000 元
车间一般耗用	200 元
厂部管理部门领用	1300 元

3. 要求

根据以上资料对 B 企业 2016 年 3 月发生的相关业务进行会计处理并计算本月材料成本差异率。

[实务操作 5-4]

1. 目的

掌握人力资源耗费业务活动的核算。

2. 资料

C 企业为增值税一般纳税人，2016 年 5 月发生的有关应付职工薪酬业务如下：

(1) 5 月 28 日，用企业自行生产的产品作为职工福利发放，共发放产品 200 件，其中车间生产工人 150 件，厂部管理人员 40 件，销售人员 10 件。产品市场售价为 150 元/

件(不含税)。

(2) 5月14日，根据"工资结算汇总表"，应付职工工资总额为500 000元，扣发企业已为职工代付的房租、水电费等28 000元，代扣职工个人所得税12 000元，实发工资460 000元，银行转账发放。

(3) 5月末，分配本月的工资费用，其中基本生产车间生产工人工资为36 000元，车间管理人员工资33 000元，辅助生产车间工人工资60 000元，企业行政管理人员工资35 000元，销售人员工资12 000元。

(4) 5月末，分别按照职工工资总额的12%、8%计提职工养老保险金和医疗保险金。

3. 要求

根据以上资料对C企业2016年5月发生的相关业务进行会计处理。

[实务操作5-5]

1. 目的

掌握周转材料耗费业务活动的核算。

2. 资料

2016年5月15日，D企业生产车间领用一批低值易耗品，实际成本为8000元。2016年8月30日，该批低值易耗品报废，收回残料价值200元，入原材料仓库备用。该企业按实际成本法核算原材料和周转材料。

3. 要求

根据以上资料，分别采用一次转销法、五五摊销法对D企业该批低值易耗品的领用、报废业务进行会计处理。

[实务操作5-6]

1. 目的

掌握委托加工物资业务的核算。

2. 资料

2016年10月份，H企业委托K企业加工应税消费品，有关资料如下：

(1) 10月3日，H企业发出材料一批，实际成本为38 000元，委托K企业加工。

(2) 10月10日，H企业以银行存款支付加工费、增值税和消费税，其中加工费8920元(不含税)。

(3) 10月12日，H企业委托K企业加工的材料完工收回并验收入库。

H企业的材料按实际成本核算，H、K企业均为增值税一般纳税人，适用的增值税税率为17%，适用的消费税税率为8%。

3. 要求

根据以上资料，分别就H企业2016年10月份发生的委托加工材料入库后，作为商品直接用于对外销售和入库后作为材料用于连续生产应税消费品的业务进行会计处理。

学习情境六 《《

销售与收款业务的核算

[职业能力目标]

【知识目标】

- 理解收入的确认条件和销售业务分类
- 掌握日常普通销售业务、收取手续费的委托代销销售业务的核算
- 理解提供劳务、让渡资产使用权收入的确认条件，掌握其核算
- 掌握销售费用和销售涉及相关税费的会计处理方法

【能力目标】

- 能通过相关原始凭证判断收入的种类
- 能够根据销售商品、提供劳务和让渡资产使用权等业务单据进行账务处理
- 能够进行销售费用和相关税费的账务处理

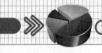

情境导入

时达实业有限公司 2016 年 10 月向客户销售商品并取得商业承兑汇票，票面值为 105 300 元，其中销货款为 90 000 元，销项税为 15 300 元，约定 6 个月后付款，该批产品的成本为 60 000 元。该公司因未取得货款，其会计处理为：

借：主营业务成本   60 000
 贷：库存商品   60 000

由于时达实业有限公司本期发货规格有误，不得不将发出的标价为 100 000 元的货物按 1% 给客户让利。该公司的会计处理为：

借：销售费用   1 000
 应交税费——应交增值税(销项税额) 170
 贷：应收账款   1 170

指出时达实业有限公司上述账务处理有无错误，并提出调账建议。

本学习情境将带领大家共同学习收入的确认、销售商品、提供劳务以及让渡资产使用权、销售费用和相关税金等经济业务的核算。

知识导图

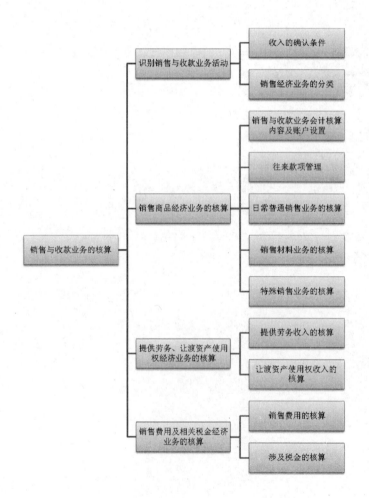

任务一　识别销售与收款业务活动

任务引例

时达实业有限公司于 2016 年 5 月 8 日以托收承付方式向乙企业销售一批商品，成本为 1000 万元，售价为 2000 万元，专用发票上标明的增值税税额为 340 万元，商品已经发出，手续已经办妥。此时，得知乙企业在另一项交易中发生了巨额损失，此笔货款收回的可能性不大。时达实业有限公司如何进行会计处理？

知识链接

一、收入的确认条件

(一)收入的特征及分类

收入是指企业在日常活动中形成的、会导致所有者权益增加的、与所有者投入资本无关的经济利益的总流入。日常活动是指企业为完成其经营目标而从事的所有活动以及与之相关的其他活动。

1．收入的特征

(1) 收入从企业的日常经营活动中产生，如工商企业销售商品、提供劳务的收入等。有些交易或事项也能为企业带来经济利益，但不属于企业的日常活动，其流入的经济利益是利得，而不是收入。例如，出售固定资产，因固定资产是为使用而不是为出售而购入的，将固定资产出售并不是企业的经营目标，也不属于企业的日常活动，出售固定资产取得的收益不作为收入核算。

(2) 收入既可能表现为企业资产的增加，如增加银行存款、应收账款等；也可能表现为企业负债的减少，如以商品销售收入或劳务收入抵偿债务；或者两者兼而有之，如商品销售的价款中部分抵偿债务(债务重组中的以商品抵债除外)，部分收取现金。

(3) 收入能导致企业所有者权益的增加。因收入能增加资产或减少负债，根据"资产－负债=所有者权益"的公式，企业取得收入一定能增加所有者权益。但收入扣除相关成本费用后的净额，则既可能增加所有者权益，也可能减少所有者权益。此处仅指收入本身导致的所有者权益的增加，而不是指收入扣除相关成本费用后的毛利对所有者权益的影响。

(4) 收入只包括本企业经济利益的流入，不包括为第三方或客户代收的款项，如代收增值税、代收利息等。代收的款项不属于本企业的经济利益，不能作为本企业的收入。

2．收入的分类

(1) 按照收入的性质，分为销售商品收入、提供劳务收入和让渡资产使用权收入等。销售商品收入主要是指取得货币资产方式的商品销售以及正常情况下的以商品抵偿

债务的交易等。商品主要包括企业为销售而生产或购进的商品，如工业企业生产的产品、商品流通企业购进的商品等。企业销售的其他存货如原材料、包装物等也视同商品。企业以商品进行投资、捐赠及自用等，会计上均不作商品销售处理。非货币交易、债务重组中的销售商品交易按相关规定处理。

提供劳务收入主要指提供旅游、运输、饮食、广告、理发、照相、洗染、咨询、代理、培训、产品安装等劳务所获取的收入。

让渡资产使用权收入是指企业通过让渡资产使用权实现的收入，如商业银行对外贷款、租赁公司出租资产等实现的收入。

(2) 按照企业经营业务的主次，收入可分为主营业务收入和其他业务收入。

主营业务收入是指企业进行经常性业务取得的收入，是利润形成的主要来源。不同行业主营业务收入的表现形式有所不同。工业企业的主营业务收入是指销售商品、自制半成品以及提供代制、代修等工业性劳务取得的收入；商品流通企业的主营业务收入是销售商品取得的收入；主营业务收入一般占企业营业收入的比重较大，从而也会对企业经济利益产生较大的影响。

其他业务收入是指企业在生产经营过程中取得的除主营业务收入以外的各项收入，主要包括转让技术取得的收入、销售材料取得的收入、包装物出租取得的收入等。营业收入中的其他业务收入，一般占的比重较小。

(二)收入的确认条件

1. 销售商品收入的确认原则

销售商品收入同时满足下列条件的，才能予以确认：

(1) 企业已将商品所有权上的主要风险和报酬转移给购货方；

(2) 企业既没有保留通常与所有权相联系的继续管理权，也没有对已售出的商品实施有效控制；

(3) 收入的金额能够可靠地计量；

(4) 相关的经济利益很可能流入企业；

(5) 相关的已发生或将发生的成本能够可靠地计量。

2. 提供劳务收入的确认原则

(1) 在同一会计年度内开始并完成的劳务，应在劳务完成时确认收入，确认的金额为合同或协议总金额。

(2) 如劳务的开始和完成分属不同的会计年度且在资产负债表日对劳务交易的结果能做出可靠估计的情况下，应按完工百分比法确认收入。

(3) 企业在资产负债表日，如不能可靠地估计所提供劳务的交易结果，则不能按完工百分比法确认收入。

3. 让渡资产使用权收入的确认原则

(1) 与交易有关的经济利益能够流入企业。

(2) 收入的金额能够可靠地计量。

二、销售经济业务的分类

(一)日常普通销售业务

交款提货、托收承付、预收货款、商业折扣和现金折扣销售、销售折让与退回等。

(二)特殊销售业务

视同买断方式的代销、收取手续费的代销、分期收款销售等。

(三)其他取得收入业务

提供劳务收入、让渡资产使用权收入等。

任务实施

针对本任务引例处理如下。

1. 业务解析

(1) 此笔货款收回的可能性不大，意味着与该交易相关的经济利益流入企业的可能性很小或不能流入企业。

(2) 时达实业有限公司不应确认收入。

2. 会计处理

(1) 借：发出商品　　　　　　　　　　　　　　　　1 000

　　　　贷：库存商品　　　　　　　　　　　　　　　　1 000

(2) 借：应收账款　　　　　　　　　　　　　　　　340

　　　　贷：应交税费——应交增值税(销项税额)　　　340

(如纳税义务尚未发生，则无须编制第二笔分录)

任务二　销售商品经济业务的核算

任务引例

时达实业有限公司(增值税一般纳税人)2016 年 10 月 20 日向厦门东百商场销售 10 台平板电视机，每台不含税售价 6000 元，商品单位成本 4000 元，时达实业有限公司给东百商场开出增值税专用发票，注明价款 60 000 元，税率 17%，增值税税额 10 200 元。东百商场签发支票以支付 70 200 元，时达实业有限公司将提货单、发票交给东百商场，原始凭证如表 6-1～表 6-4 所示。

表 6-1　发货通知单

销售发货通知单

编号：　FH124004

购货单位名称：	厦门东百商场股份有限公司		地址电话：	厦门湖滨路98号 2541201
税　　号：	350216564001342		开户行及账号：	工行湖滨分行 95588546464659
货物名称	数量	单价		金额
平板电视机	10	7020.00		70200.00
合计	大写：柒万零贰佰元整		小写：	70200.00
结算方式：	支票		合同号：	DFXS200601001
备注：				

总经理：李佳　　　　财务经理：王志　　　　业务经理：许飞　　　　业务员：李婷

表 6-2　出库单

物资类别	库存商品		出　库　单				N.o 0013152			
			2016年10月20日				连续号6555			
提货单位或领货部门	厦门东百商场股份有限公司		发票号码或生产单号码			发出仓库	第一仓库	出库日期	2016.10.20
编号	名称及规格	单位	数　量		单价	金额		备注	
			要数	实发					
	平板电视机	台	10	10	4000	40000.00			(一)留存联
	合　　计								

财会部门　　　　　　　保管部门　　　　　　　　　　单位部门
主　管　　　记账　　　主　管　　叶芹　发货　赵建国　主　管　　　　制单 李婷

表6-3 增值税专用发票

表6-4 进账单

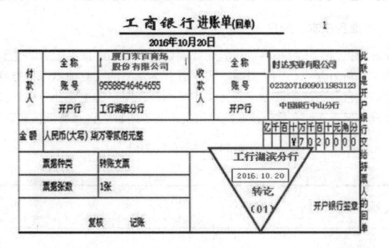

知识链接

一、销售与收款业务会计核算内容及账户设置

(一)销售收款业务核算内容

销售收款业务核算内容包括以下几个方面。

(1) 确认销售收入;

(2) 结算货款;

(3) 计算结转销售成本——已经售出库存商品的制造成本；

(4) 支付销售费用：如运输费、包装费、广告费、保险费、专设销售机构的日常经费等；

(5) 计算并结转缴纳税金。

(二)日常销售业务核算设置账户

1. "主营业务收入"账户

该账户属于损益类账户，用以核算企业确认销售商品、提供劳务等主营业务的收入。贷方登记实现的主营业务收入，借方登记销售退回应冲减本期的主营业务收入和期末转入"本年利润"账户的净收入，结转后该账户期末无余额，如表 6-5 所示。该账户可按主营业务的种类进行明细核算。

表 6-5　主营业务收入

借方	贷方
销售退回等； 期末转入"本年利润"账户的净收入	实现的主营业务收入

2. "主营业务成本"账户

该账户属于损益类账户，用以核算企业确认销售商品、提供劳务等主营业务收入时应结转的成本。借方登记已销售商品、提供劳务等发生的实际成本，贷方登记销售退回应冲减本期的主营业务成本和期末转入"本年利润"账户的主营业务成本，结转后该账户期末无余额，如表 6-6 所示。该账户可按主营业务的种类进行明细核算。

表 6-6　主营业务成本

借方	贷方
发生的主营业务成本	销售退回等； 期末转入"本年利润"账户的主营业务成本

3. "营业税金及附加"账户

该账户属于损益类账户，用以核算企业经营活动发生的营业税、消费税、城市维护建设税、教育费附加和资源税等相关税费的计算及结转情况。借方登记按照规定计算的各项税金及附加，贷方登记期末转入"本年利润"账户的营业税金及附加，结转后该账户期末无余额，如表 6-7 所示。

表 6-7　营业税金及附加

借方	贷方
计算出的营业税、消费税、城市维护建设税、资源税和教育费附加	期末转入"本年利润"账户的营业税金及附加

4．"销售费用"账户

该账户属于损益类账户，用以核算企业销售商品和材料、提供劳务的过程中发生的各种费用，包括运输费、装卸费、包装费、保险费、展览费和广告费、商品维修费、预计产品质量保证损失以及为销售本企业商品而专设的销售机构的职工薪酬、业务费、折旧费等经营费用。借方登记发生的各项销售费用，贷方登记期末转入"本年利润"账户的销售费用，结转后该账户期末无余额，如表 6-8 所示。该账户可按费用项目进行明细核算。

表 6-8　销售费用

借方	贷方
发生的销售费用	期末转入"本年利润"账户的销售费用

5．"其他业务收入"账户

该账户属于损益类账户，用以核算企业确认的除主营业务活动以外的其他经营活动实现的收入，包括出租固定资产、出租无形资产、出租包装物和商品、销售材料等实现的收入。贷方登记实现的其他业务收入，借方登记期末转入"本年利润"账户的其他业务收入，结转后该账户期末无余额，如表 6-9 所示。该账户可按其他业务收入的种类进行明细核算。

表 6-9　其他业务收入

借方	贷方
期末转入"本年利润"账户的其他业务收入	实现的其他业务收入

6．"其他业务成本"账户

该账户属于损益类账户，用以核算企业确认的除主营业务活动以外的其他经营活动所发生的支出，包括销售材料的成本、出租固定资产的折旧额、出租无形资产的摊销额、出租包装物的成本或摊销额等。借方登记发生的其他业务成本，贷方登记期末转入"本年利润"账户的其他业务成本，结转后该账户期末无余额，如表 6-10 所示。该账户可按其他业务成本的种类进行明细核算。

表6-10　其他业务成本

借方	贷方
发生的其他业务成本	期末转入"本年利润"账户的其他业务成本

二、往来款项管理

在销售业务中，涉及单位外部往来的会计账户主要包括：应收账款、应收票据、预收账款和其他应收款。

(一)应收账款

应收账款是指企业因销售商品、产品、提供劳务等，应向购货单位或接受劳务单位收取的款项。应收账款应当按照实际发生额记账，其入账价值包括：销售货物或提供劳务的价款、增值税，以及代购货单位垫付的包装费、运杂费等。企业日常应加强对应收款项的管理，包括催收、定期对账和坏账的确认等。

该账户属于资产类账户，主要用来核算和监督企业因销售产品向购买单位收取货款的结算情况。账户借方登记由于销售产品而发生的应收账款，贷方登记已收回的应收账款。期末余额在借方，表示尚未收回的应收账款，如表6-11所示。该账户按购买单位设置明细账户。

表6-11　应收账款

借方	贷方
企业发生的应收账款； 转入的未能按期收回的商业承兑汇票结算款	已收回的款项； 改用商业汇票结算的应收账款
企业尚未收回的应收账款	

(二)应收票据

应收票据是指企业因销售商品、材料、提供劳务等而收到的商业汇票。商业汇票按其承兑人不同可分为商业承兑汇票和银行承兑汇票；按是否带息分为不带息商业汇票和带息商业汇票。按现行制度规定,应收票据一般按面值计价。

该账户属于资产类账户，借方登记企业收到开出承兑的商业汇票的票面金额，贷方登记企业到期收回的商业汇票或未到期向银行申请贴现的商业汇票以及已背书转让给其他单位的商业汇票，期末余额在借方，反映企业持有的商业汇票的票面价值。该账户应按对方单位名称设置明细分类账进行核算，如表6-12所示。

表 6-12　应收票据

借方	贷方
收到开出承兑的商业汇票的票面金额；	到期收回商业汇票的票面金额； 到期承兑人拒付商业汇票的票面金额； 背书转让商业汇票的票面金额
企业持有的商业汇票的票面价值	

1. 应收票据贴现

票据贴现是指持票人为了解决临时的资金需要，将尚未到期的商业汇票在背书后送交银行，银行受理后从票据到期价值中扣除按银行的贴现率计算确定的贴现利息后,将余额付给贴现企业的业务活动。贴现计算公式为：

贴现期=贴现日至票据到期日实际天数-1(或者是票据期限-企业已持有票据期限)

贴现利息=票据到期值×贴现率×贴现期

贴现所得=票据到期值-贴现息

2. 应收票据管理

企业日常设置"应收票据备查簿"，逐笔登记每一商业汇票的种类、号数和出票日、票面金额、交易合同号和付款人、承兑人、背书人的姓名或单位名称、到期日、背书转让日、贴现日、贴现率和贴现净额以及收款日和收回金额、退票情况等资料，商业汇票到期结清票款或退票后，在应收票据备查簿中应予以注销。

(三)预收账款

预收账款是买卖双方协议商定，由购货方预先支付一部分货款向供应方而发生的一项负债，一般包括预收的货款、预收购货定金等。企业在收到这笔钱时，商品或劳务的销售合同尚未履行，因而不能作为收入入账，只能确认为一项负债，预收账款的期限一般不超过 1 年，通常应作为一项流动负债反映在各期末的资产负债表上，可设置"预收账款"账户单独核算。预收账款账户是负债类账户，用来核算企业按照合同规定或交易双方之约定，而向购买单位或接受劳务的单位在未发出商品或提供劳务时预收的款项，如表 6-13 所示。预收账款情况不多的企业，也可以将预收的款项直接记入"应收账款"科目的贷方，不设"预收账款"科目。

表 6-13　预收账款

借方	贷方
销售实现时的结算金额； 退回多收的款项	向购货单位预收的款项； 对方补付的款项
应向购货单位补付的款项	预收的款项及应退回的多余款项

(四)其他应收款

其他应收款的核算内容具体包括：应收的各种赔款、罚款，如同企业财产等遭受意外损失而应向有关保险公司收取的赔款等；应向职工收取的各种垫付款项，如为职工垫付的水电费。应由职工负担的医药费，房租费等；存出保证金，如租入包装物支付的押金；备用金，如向企业各有关部门拨出的备用金；应收的出租包装物租金；预付账款转入；其他各种应收、暂付款项。

"其他应收款"账户是资产类账户，借方登记企业发生的其他各种应收、暂付款项，贷方登记收回或转销各种款项。期末借方余额，反映企业尚未收回的其他应收款，如表6-14所示。按对方单位或个人进行明细核算。

表6-14　其他应收款

借方	贷方
发生的其他应收款项	收回的金额
尚未收回的其他应收款	

三、日常普通销售业务的核算

日常普通销售商品的核算，包括销售商品收入的核算、应交增值税(销项税额)的核算、商品销售成本的核算、因销售商品缴纳各种税金的核算、销售费用的核算等。

(一)采用交款提货方式销售(现销)

以货款已经收到或取得收取货款的权利，同时发票账单和提货单已交给购货方时确认收入实现。

借：银行存款
　　贷：主营业务收入
　　　　应交税费——应交增值税(销项税额)

(二)采用赊销方式销售

为使商品销售出去而采取的延期或分期收款的销货方式。

借：应收账款
　　贷：主营业务收入
　　　　应交税费——应交增值税(销项税额)

(三)采用预收账款方式销售

企业在销售商品前，根据购销合同的规定，向购货方预先收取部分或全部货款的销货方式。

借：银行存款

　　贷：预收账款

借：预收账款

　　贷：主营业务收入

　　　　应交税费——应交增值税(销项税额)

(四)采用商业汇票结算方式

销货方进行销货时,收到对方单位交来商业汇票(包括银行承兑汇票和商业承兑汇票)进行结算。

借：应收票据

　　贷：主营业务收入

　　　　应交税费——应交增值税(销项税额)

(五)销售商品涉及现金折扣、商业折扣、销售折让与销售退回等问题

应当区分不同情况进行处理。

1. 现金折扣

现金折扣是债权人为鼓励债务人在规定的期限内付款而向债务人提供的债务扣除。现金折扣通常发生在以赊销方式销售商品及提供劳务的交易中。企业为了鼓励客户提前偿付货款,通常与购货方达成协议,购货方在不同的期限内付款可享受不同比例的折扣。现金折扣一般用符号"折扣率/付款期限"来表示。现金折扣应在实际发生时计入当期财务费用。

借：应收账款

　　贷：主营业务收入

　　　　应交税费——应交增值税(销项税额)

借：银行存款

　　财务费用

　　贷：应收账款

2. 商业折扣

商业折扣是指企业为促进商品销售而在商品标价上给予的价格扣除。作为销货方的企业为鼓励购货方多购买商品,根据其购货数量的多少,在商品价目单价格的基础上按规定的百分比给予购货方一定的价格折扣。商品价目单价格扣除商业折扣后的余额为双方的实际交易价格,即发票价格。由于会计记录是以实际交易价格为基础的,而商业折扣是在交易成立之前予以扣除的折扣,它只是购销双方确定商品交易价格的一种方式,因此,并不影响销售的会计处理。

3. 销售折让

销售折让是指企业因售出商品的质量不合格等原因而在售价上给予的减让。企业将

商品销售给买方后，如买方发现商品在质量、品种、规格等方面不符合要求，可能要求卖方在价格上给予一定的减让。销售折让可能发生在企业确认收入之前，也可能发生在企业确认收入之后，发生在收入确认之前的销售折让，其处理相当于商业折扣。发生在确认收入之后的销售折让，应在其实际发生时冲减当期的销售收入。

借：主营业务收入

应交税费——应交增值税(销项税额)

贷：银行存款

4．销售退回

销售退回是指企业售出的商品，由于质量、品种不符合要求等原因而发生的退货。销售退回可能发生在企业确认收入之前，这时处理比较简单，只需将已记入"发出商品"等账户的商品成本转回"库存商品"；如企业确认收入后，又发生销售退回，不论是当年销售的，还是以前年度销售的，除特殊情况外，一般冲减退回当月的销售收入，同时冲减退回当月的销售成本；如该项销售已经发生现金折扣的，应在退回当月一并调整；企业发生销售退回时，按规定允许扣减当期销项税额的，应同时用红字冲减"应交税费——应交增值税"账户的"销项税额"专栏。

(1) 冲减退回当月的销售收入：

借：主营业务收入

应交税费——应交增值税(销项税额)

贷：银行存款

(2) 冲减退回当月的销售成本：

借：库存商品

贷：主营业务成本

四、特殊销售业务的核算

特殊销售业务的核算包括视同买断方式的委托代销、收取手续费的委托代销等销售业务。

(一)视同买断方式的委托代销

视同买断方式的委托代销即由委托方和受托方签订协议，委托方按协议价收取所代销的货款，实际售价可由受托方自定，实际售价与协议价之间的差额归受托方所有。由于这种销售本质上仍是代销，委托方将商品交付给受托方时，商品所有权上的风险和报酬并未转移给受托方，因此，委托方在交付商品给受托方时不能确认收入，受托方也不作为购进商品处理。受托方将商品销售后，应按实际售价确认为销售收入，并向委托方开具代销清单。委托方收到代销清单时，再确认收入。

(二)收取手续费的委托代销

收取手续费的委托代销即受托方根据所代销商品的数量向委托方收取手续费，这对受托方来说实际上是一种劳务收入。这种代销方式与视同买断方式相比,主要特点是:受托方通常应按照委托方规定的价格销售,不得自行改变售价。在这种代销方式下,委托方应在受托方将商品销售后,并收到受托方开来的代销清单时,确认收入;受托方在商品销售后,按应收取的手续费确认收入。

任务实施

针对本任务引例处理如下。

1. 业务解析

商品已经发出并开具增值税发票,货款收到,满足销售收入确认条件,应确认销售实现。

2. 会计处理

借:银行存款　　　　　　　　　　　　　70 200
　　贷:主营业务收入　　　　　　　　　　　60 000
　　　　应交税费——应交增值税(销项税额)　10 200
月末商品成本结转业务的会计处理:
借:主营业务成本　　　　　　　　　　　40 000
　　贷:库存商品——平板电视机　　　　　40 000
实务中,会计填制记账凭证,并交财务主管审核。

做 中 学

一、日常普通销售业务的核算

(一)交款提货方式销售业务的核算

参见任务引例和任务实施的处理。

(二)预收账款方式销售业务的核算

[做中学 6-1]

1. 业务背景

甲企业 9 月 20 日签发支票向时达实业有限公司预付订货款 60 000 元用于购买电器 10 台,每台不含税售价 6 000 元。10 月 20 日时达实业有限公司(增值税一般纳税人)给甲企业发货并开出增值税专用发票,注明价款 60 000 元,税率 17%,增值税税额 10 200 元。甲企业签发支票补齐余款。

2. 业务解析

(1) 9 月 20 日时达实业有限公司预先收到订货款时不满足收入确认条件,只能做预收款处理，确认为负债。

(2) 10 月 20 日时达实业有限公司发货并开出增值税专用发票，满足收入确认条件，确认销售收入实现。

3．会计处理

(1) 9 月 20 日

借：银行存款   60 000

    贷：预收账款   60 000

(2) 10 月 20 日

借：预收账款   70 200

    贷：主营业务收入   60 000

        应交税费——应交增值税(销项税额)   10 200

借：银行存款   10 200

    贷：预收账款   10 200

(三)赊销方式销售业务的核算

[做中学 6-2]

1．业务背景

时达实业有限公司(增值税一般纳税人)10 月 20 日向甲企业销售 10 台电器，每台不含税售价 6 000 元。经双方协商，时达实业有限公司同意给甲企业 2%的折让。时达实业有限公司将提货单、增值税专用发票交给甲企业，甲企业尚未付款。时达实业有限公司为了早日收回货款，在合同中规定现金折扣的条件为"2/10，1/20，n/30"(假定计算折扣时不考虑增值税)。

2．业务解析

(1) 时达实业有限公司将提货单、发票交给甲企业，满足收入确认条件，确认销售实现。

(2) 给甲企业 2%的折让，属于商业折扣，价款为 58 800(6000×10×98%)元，增值税税额 9 996 元。

(3) 合同中规定现金折扣的条件"2/10，1/20，n/30"，购货方在不同的期限内付款可享受不同比例的折扣，现金折扣应在实际发生时计入当期财务费用。

3．会计处理

(1) 10 月 20 日

借：应收账款   68 796   (=60000×1.17×98%)

    贷：主营业务收入   58 800

        应交税费——应交增值税(销项税额)   9 996

(2) 假设 10 月 27 日甲企业还款，即可享受价款 2%的折扣优惠。

借：银行存款   67 620

　　财务费用　　　　　　　　　　　　　　　　　　　1 176　　(=58800×2%)
　　　贷：应收账款　　　　　　　　　　　　　　　　　　68 796

(3) 假设 11 月 6 日甲企业还款，即可享受价款 1%的折扣优惠。
借：银行存款　　　　　　　　　　　　　　　　　　68 208
　　财务费用　　　　　　　　　　　　　　　　　　　588　　(=58800×1%)
　　　贷：应收账款　　　　　　　　　　　　　　　　　　68 796

(4) 假设 11 月 20 日以后甲企业还款，无法享受任何折扣优惠。
借：银行存款　　　　　　　　　　　　　　　　　　68 796
　　　贷：应收账款　　　　　　　　　　　　　　　　　　68 796

(四)商业汇票结算方式销售及票据贴现业务的核算

[做中学 6-3]

1．业务背景

时达实业有限公司(增值税一般纳税人)10 月 20 日向甲企业销售 10 台电器，每台不含税售价 6000 元，时达实业有限公司给甲企业开出增值税专用发票，注明价款 60 000元，税率17%，增值税税额 10 200 元。甲企业 10 月 20 日签发一张不带息的商业承兑汇票以支付货款，面值 70 200 元，到期日为 12 月 20 日。时达实业有限公司将提货单、发票交给甲企业。

2．业务解析

(1) 时达实业有限公司将提货单、发票交给甲企业，满足收入确认条件，销售实现。

(2) 甲企业签发一张不带息的商业承兑汇票以支付货款，时达实业有限公司作应收票据处理。待票据到期时，确认银行存款。

3．会计处理

(1) 10 月 20 日
借：应收票据　　　　　　　　　　　　　　　　　　70 200
　　　贷：主营业务收入　　　　　　　　　　　　　　　　60 000
　　　　　应交税费——应交增值税(销项税额)　　　　　　10 200

(2) 12 月 20 日，票据到期，时达实业有限公司会计处理如下：
借：银行存款　　　　　　　　　　　　　　　　　　70 200
　　　贷：应收票据　　　　　　　　　　　　　　　　　　70 200

4．票据贴现业务的核算

(1) 假设 11 月 20 日时达实业有限公司因流动资金短缺将汇票向银行贴现，银行年贴现率为 10%，会计处理如下：

贴现期=贴现日至票据到期日实际天数-1=11+20-1=30(天)

贴现利息=票据到期值×贴现率×贴现期=70 200×10%×30/360=585(元)

贴现所得＝票据到期值－贴现息＝70 200－585＝69 615(元)

借：银行存款 69 615

　　财务费用 585

　　贷：应收票据 70 200

(2) 假设 12 月 20 日票据到期，甲企业没有承兑票据，时达实业有限公司会计处理如下：

借：应收账款——甲企业 70 200

　　贷：短期借款/银行存款 70 200

(五)销售退回业务的核算

[做中学 6-4]

1．业务背景

时达实业有限公司 9 月初销售 A 商品 200 件，每件售价 150 元，A 商品成本每件 100 元，适用 17%的增值税税率。9 月 28 日，其中 20 件因规格不符被购货单位当即退回，并取得进货退出及索取折让证明，货款已退还购货单位，该项销售未发生现金折扣。

2．业务解析

(1) 商品销售时一般先确认销售收入，待月末汇总销售数量，统一结转商品销售成本。

(2) A 商品系本月销售并在本月当即退回，由于月末未到，没有结转销售成本，因此只冲减销售收入即可。

3．会计处理

借：主营业务收入 3 000

　　应交税费——应交增值税(销项税额) 510

　　贷：银行存款 3 510

4．假设以前月份或以前年度销售的商品本月退回

(1) 业务背景

时达实业有限公司上年销售的 50 件商品，因质量问题本年 1 月 6 日被退回，单位售价 200 元，单位成本 120 元，该项销售未发生现金折扣，该商品适用 17%的增值税税率，收到购货方的进货退出及索取折让证明和收款凭证。

(2) 业务解析

此商品非销售当月退回，商品销售月份既确认收入又结转了成本，因此冲减销售收入同时还应冲减销售成本。由于涉及金额对利润影响不大，冲减退回当月的销售收入及销售成本。

(3) 会计处理

① 冲减退回当月的销售收入：

借：主营业务收入 10 000

应交税费——应交增值税(销项税额)	1 700

　　　贷：银行存款　　　　　　　　　　　　　　11 700

② 冲减退回当月的销售成本：

借：库存商品　　　　　　　　　　　　　6 000

　　　贷：主营业务成本　　　　　　　　　　　　　6 000

二、特殊销售业务的核算

(一)视同买断方式委托代销业务的核算

[做中学6-5]

1. 业务背景

时达实业有限公司2016年7月1日委托甲商场销售A商品200件，协议价每件150元，A商品成本每件100元，适用17%的增值税税率。7月31日收到甲商场的代销商品清单，已销商品的协议价金额为15 000元，增值税税额2550元；8月2日收到货款，时达实业有限公司根据代销清单向甲商场开具增值税专用发票。甲商场实际销售时该批商品的销售收入为18 000 元。

2. 业务解析

(1) 此业务为视同买断方式委托代销，委托方将商品交付给受托方时，商品所有权上的风险和报酬并未转移给受托方，因此，委托方在交付商品给受托方时不能确认收入，受托方也不作为购进商品处理。

(2) 受托方将商品销售后，应按实际售价18 000 元确认为销售收入，并向委托方开具代销清单。委托方收到代销清单时，应按协议价15 000元确认收入。

3. 会计处理

(1) 受托方(甲商场)编制会计分录如下。

① 7月1日，甲商场收到代销商品：

借：受托代销商品——A商品　　　　　30 000

　　　贷：受托代销商品款　　　　　　　　　　30 000

② 实际销售商品：

借：银行存款　　　　　　　　　　　21 060

　　　贷：主营业务收入　　　　　　　　　　　18 000

　　　　　应交税费——应交增值税(销项税额)　3 060

③ 结转已售代销商品成本15 000(150×100)元：

借：主营业务成本　　　　　　　　　15 000

　　　贷：受托代销商品——A商品　　　　　　15 000

借：受托代销商品款　　　　　　　　15 000

　　　　贷：应付账款——时达实业有限公司　　　　15 000

④ 开具代销清单，收到委托方开具的增值税专用发票：

　　借：应交税费——应交增值税(进项税额)　　　　2 550

　　　　贷：应付账款——时达实业有限公司　　　　2550

⑤ 8月2日支付代销款：

　　借：应付账款——时达实业有限公司　　　　17 550

　　　　贷：银行存款　　　　17 550

(2) 委托方(时达实业有限公司)编制会计分录如下。

① 7月1日，发出代销商品给甲商场：

　　借：发出商品——A商品　　　　20 000

　　　　贷：库存商品——A商品　　　　20 000

② 7月31日，收到甲商场的代销商品清单：

　　借：应收账款——甲商场　　　　17 550

　　　　贷：主营业务收入　　　　15 000

　　　　　　应交税费——应交增值税(销项税额)　　　　2 550

③ 结转已售代销商品成本 10 000(15 000÷150×100)元：

　　借：主营业务成本　　　　10 000

　　　　贷：发出商品——A商品　　　　10 000

④ 8月2日收到货款：

　　借：银行存款　　　　17 550

　　　　贷：应收账款——甲商场　　　　17 550

(二)收取手续费委托代销业务的核算

[做中学 6-6]

1. 业务背景

资料同上例，假定甲商场按每件150元销售A商品200件，时达实业有限公司按售价的10%支付给甲商场手续费。甲商场7月31日向时达实业有限公司开具代销商品清单，已销商品的售价金额为30 000元，增值税税额5100元；时达实业有限公司收到甲商场代销商品清单后，向甲商场开具一张货款30 000元、增值税税额5100元的增值税专用发票。

2. 业务解析

(1) 此业务为收取手续费委托代销，委托方应在受托方将商品销售后，并收到委托方开来的代销清单时，按售价金额30 000元确认收入。

(2) 受托方应按委托方规定价格每件150元销售，销售后按售价的10%收取手续费，确认收入。

3. 会计处理

(1) 受托方(甲商场)编制会计分录如下。

① 7月1日，甲商场收到代销商品：

借：受托代销商品——A商品	30 000
贷：受托代销商品款	30 000

② 实际销售商品：

借：银行存款	35 100
贷：应付账款——时达实业有限公司	30 000
应交税费——应交增值税(销项税额)	5 100

③ 开具代销清单，收到增值税专用发票：

借：应交税费——应交增值税(进项税额)	5 100
贷：应付账款——时达实业有限公司	5 100
借：受托代销商品款	30 000
贷：受托代销商品——A商品	30 000

④ 支付代销款并计算代销手续费：

借：应付账款——时达实业有限公司	35 100
贷：银行存款	32 100
主营业务收入(其他业务收入)	3 000

(2) 委托方(时达实业有限公司)编制会计分录如下。

① 7月1日，发出代销商品给甲商场：

借：发出商品——A商品	20 000
贷：库存商品——A商品	20 000

② 7月31日，收到甲商场的代销商品清单：

借：应收账款——甲商场	35 100
贷：主营业务收入	30 000
应交税费——应交增值税(销项税额)	5 100

③ 结转已售代销商品成本20 000元：

借：主营业务成本	20 000
贷：发出商品——A商品	20 000

④ 计算代销手续费：

借：销售费用	3 000
贷：应收账款——甲商场	3 000

⑤ 收到代销商品款：

借：银行存款	32 100
贷：应收账款——甲商场	32 100

三、销售材料业务的核算

[做中学 6-7]

1. 业务背景

时达实业有限公司销售一批原材料，增值税专用发票上注明货款为 10 000 元，增值税税额为 1700 元，款项已存入银行。该批原材料的成本为 8850 元。

2. 业务解析

企业销售原材料、包装物等存货实现的收入作为其他业务收入处理，结转的相关成本作为其他业务成本处理。

3. 会计处理

(1) 确认原材料销售收入

借：银行存款　　　　　　　　　　　　　11 700

　　贷：其他业务收入　　　　　　　　　　10 000

　　　　应交税费——应交增值税(销项税额)　　1 700

(2) 结转已销原材料成本

借：其他业务成本　　　　　　　　　　　8 850

　　贷：原材料　　　　　　　　　　　　　8 850

任务三　提供劳务、让渡资产使用权经济业务的核算

任务引例

时达实业有限公司 2016 年 12 月 1 日接受一项设备安装任务，安装期为 3 个月，合同总收入 600 000 元，至年底已预收安装费 440 000 元，实际发生安装费用为 280 000 元(假定均为安装人员薪酬)，估计还会发生安装费用 120 000 元。假定时达实业有限公司按实际发生的成本占估计总成本的比例确定劳务的完工进度。

知识链接

一、提供劳务收入

劳务收入是指企业为客户提供劳务所取得的收入。劳务的种类主要有企业从事建筑安装、修理修配、交通运输、仓储租赁、金融保险、邮电通信、咨询经纪、文化体育、科学研究、技术服务、教育培训、餐饮住宿、中介代理、卫生保健、社区服务、旅游、娱乐、加工以及其他劳务服务活动取得的收入。

企业提供劳务收入的确认原则因劳务完成时间的不同而不同。

(一)同一会计年度内开始并完成的劳务

在收到价款或取得收取款项的证据时，确认劳务收入，确认原则参照销售商品收入的确认原则。

(二)劳务开始和完成分属不同会计年度

分为在资产负债表日提供劳务交易的结果能够可靠地估计和不能够可靠地估计两种情况。

1. 资产负债表日提供劳务交易的结果能够可靠地估计

资产负债表日提供劳务交易的结果能够可靠地估计，应按完工百分比法确认收入。

提供劳务交易的结果能够可靠估计，是指同时满足下列条件：

(1) 收入的金额能够可靠地计量；

(2) 相关的经济利益很可能流入企业；

(3) 交易的完工进度能够可靠地确定；

(4) 交易中已发生和将发生的成本能够可靠地计量。

劳务的完成程度可以采用以下方法确定：　①已完成工作的测量。这是一种比较专业的测量方法，由专业的测量师对已经完成的工作或工程进行测量，并按一定方法计算劳务的完成程度。②已经提供的劳务占应提供劳务总量的比例。这种方法主要是以劳务量为标准来确定劳务的完成程度。③已经发生的成本占估计总成本的比例。

在采用完工百分比法确认收入时，收入和相关的费用应按以下公式计算：

本期确认的收入=劳务总收入×本期末止劳务的完成程度−以前会计期间累计已确认的收入

本期确认的费用=劳务总成本×本期末止劳务的完成程度−以前会计期间累计已确认的费用

2. 资产负债日表提供劳务交易的结果不能够可靠地估计

企业在资产负债表日如不能可靠地估计所提供劳务的交易结果，则不能按完工百分比法确认收入，收入的确认按下列办法处理。

(1) 如果已经发生的劳务成本预计能够得到补偿，应按已经发生的劳务成本金额确认劳务收入，并按相同金额结转劳务成本，不确认利润。

(2) 如果已经发生的劳务成本预计不能全部得到补偿，应当将能够得到补偿的劳务成本确认劳务收入，并按已经发生的劳务成本结转成本。确认的收入金额小于已经发生的劳务成本的差额确认为损失。

(3) 如果已经发生的劳务成本预计不能得到补偿，应当将已经发生的劳务成本计入当期损益，不确认提供劳务收入。

二、让渡资产使用权收入

让渡资产使用权收入主要包括利息收入和使用费收入。

(一)利息收入

利息收入主要是指金融企业对外贷款形成的利息收入,以及同业之间发生往来形成的利息收入等。

(二)使用费收入

使用费收入主要是指企业转让无形资产(商标权、专利权、专营权、软件、版权)等资产使用权形成的使用费收入。

企业对外出租资产收取的租金、进行债权投资收取的利息、进行股权投资取得的现金股利也构成让渡资产使用权收入。

本任务主要介绍使用费收入的核算。企业让渡资产使用权的使用费收入,一般作为其他业务收入处理;让渡资产所计提的摊销额等,一般作为其他业务成本处理;涉及营业税的,应通过营业税金及附加处理。

任务实施

针对本任务引例处理如下。

1. 业务解析

(1) "劳务成本"账户核算企业对外提供劳务发生的成本。发生各项劳务成本,借记"劳务成本"账户,贷记"银行存款"、"应付职工薪酬"、"原材料"等账户。结转劳务成本,借记"主营业务成本"、"其他业务成本"等账户,贷记"劳务成本"账户,该账户期末借方余额,反映企业尚未完成或尚未结转的劳务成本。

(2) 企业在资产负债表日提供劳务交易的结果能够可靠地估计,应当采用完工百分比法确定提供劳务的收入。

(3) 按实际发生的成本占预计总成本的比例确定劳务的完成程度。

实际发生的成本占估计总成本的比例=280 000÷(280 000+120 000)=70%

2016 年 12 月 31 日确认的劳务收入=600 000×70%-0=420 000(元)

2016 年 12 月 31 日结转的劳务成本=(280 000+120 000)×70%-0=280 000(元)

2. 会计处理

(1) 实际发生劳务成本时

借:劳务成本	280 000	
贷:应付职工薪酬		280 000

(2) 预收劳务款时

借：银行存款   440 000

  贷：预收账款   440 000

(3) 2016 年 12 月 31 日确认劳务收入并结转劳务成本时

借：预收账款   420 000

  贷：主营业务收入   420 000

借：主营业务成本   280 000

  贷：劳务成本   280 000

做 中 学

一、提供劳务业务的核算

[做中学 6-8]

1. 业务背景

时达实业有限公司于 2015 年 12 月 25 日接受乙公司委托，为其培训一批学员，培训期为 6 个月，2016 年 1 月 1 日开学。协议约定，乙公司应向时达实业有限公司支付的培训费总额为 60 000 元，分三次等额支付，第一次在开学时预付，第二次在 2016 年 3 月 1 日支付，第三次在培训结束时支付。2016 年 1 月 1 日，乙公司预付第一次培训费。2016 年 2 月 29 日，时达实业有限公司发生培训成本 15 000 元(假定均为培训人员薪酬)。2016 年 3 月 1 日，时达实业有限公司得知乙公司经营发生困难，后两次培训费能否收回难以确定。

2. 业务解析

(1) 时达实业有限公司的劳务成本预计不能全部得到补偿，应当将能够得到补偿的劳务成本 15 000 元确认劳务收入。

(2) 按已经发生的劳务成本 15 000 元结转成本。

3. 会计处理

(1) 2016 年 1 月 1 日收到乙公司预付的培训费

借：银行存款   20 000

  贷：预收账款   20 000

(2) 实际发生培训支出

借：劳务成本   15 000

  贷：应付职工薪酬   15 000

(3) 2016 年 2 月 29 日确认劳务收入并结转劳务成本

借：预收账款   15 000

  贷：主营业务收入   15 000

借：主营业务成本   15 000
 贷：劳务成本   15 000

[做中学 6-9]

1. 业务背景

时达实业有限公司接受一项劳务，合同总收入 100 万元，预计总成本是 75 万元；目前时达公司已经发生成本 8 万元，因对方发生财务困难，造成合同无法履行，假设不考虑相关税费。以下三种情况应如何处理？

(1) 时达公司预计得到补偿的金额为 8 万元(已经预收对方 8 万元)。

(2) 时达公司预计得到补偿的金额为 6 万元(已经预收对方 6 万元)。

(3) 时达公司预计得到补偿的金额为 0。

2. 业务解析

(1) 已经发生的劳务成本预计能够得到补偿，按已经发生的预计能够得到补偿的劳务成本 8 万元确认提供劳务收入，按相同金额结转已经发生的劳务成本。

(2) 已经发生的劳务成本预计只能部分得到补偿，按能够得到补偿的劳务成本 6 万元确认收入，按已经发生的全部成本 8 万元结转劳务成本。

(3) 已经发生的劳务成本预计全部不能得到补偿，按已经发生的全部成本 8 万元确认劳务成本，不确认劳务收入。

3. 会计处理

(1) 借：银行存款   80 000
  贷：预收账款   80 000
 借：预收账款   80 000
  贷：主营业务收入   80 000
 借：主营业务成本   80 000
  贷：劳务成本   80 000
(2) 借：银行存款   60 000
  贷：预收账款   60 000
 借：预收账款   60 000
  贷：主营业务收入   60 000
 借：主营业务成本   80 000
  贷：劳务成本   80 000
(3) 借：主营业务成本   80 000
  贷：劳务成本   80 000

二、让渡资产使用权业务的核算

[做中学 6-10]

1．业务背景

时达实业有限公司转让给丙公司一项无形资产使用权，收取使用费 50 000 元，存入银行。在转让该项无形资产使用权的过程中，用银行存款支付公证费等 6 500 元，该业务应缴纳营业税 2 500 元，城市维护建设税 175 元，教育费附加 75 元。

2．业务解析

(1) 确认让渡资产使用权收入，作为其他业务收入核算；

(2) 用银行存款支付公证费等，作为其他业务支出核算；

(3) 计算应交的相关税费，记入"营业税金及附加"账户。

3．会计处理

```
借：银行存款                      50 000
    贷：其他业务收入                      50 000
借：其他业务成本                   6 500
    贷：银行存款                           6 500
借：营业税金及附加                 2 750
    贷：应交税费——应交营业税              2 500
              ——应交城市维护建设税        175
              ——应交教育费附加             75
```

[做中学 6-11]

1．业务背景

时达实业有限公司向乙公司转让某软件使用权，一次性收取使用费 60 000 元，不提供后续服务，款项已收到，不考虑相关税费。

2．业务解析

确认使用费收入时贷记"其他业务收入"账户。

3．会计处理

```
借：银行存款                      60 000
    贷：其他业务收入                      60 000
```

[做中学 6-12]

1．业务背景

时达实业有限公司 2016 年 1 月 1 日向甲公司转让某专利权的使用权，协议约定转让期 5 年，每年年末收取使用费 200 000 元。每月计提摊销额 10 000 元，不考虑其他因素和相关税费。

2．业务解析

(1) 确认使用费收入，计入其他业务收入账户；

(2) 每月计提专利权摊销额，计入其他业务成本账户。

3．会计处理

(1) 年末确认使用费收入

借：银行存款   200 000

    贷：其他业务收入   200 000

(2) 每月计提专利权摊销额

借：其他业务成本   10 000

    贷：累计摊销   10 000

任务四　销售费用及相关税金经济业务的核算

任务引例

2016 年 5 月 29 日，时达实业有限公司以银行存款支付展览费。原始凭证如表 6-15～表 6-17 所示。

表 6-15　进账单

表 6-16　服务业通用发票

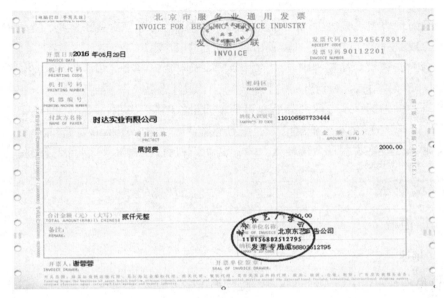

表 6-17　转账支票存根

知识链接

一、销售费用

(一)销售费用内容

销售费用是指企业在销售商品、自制半成品和提供劳务过程中发生的各种费用，以及专设销售机构的各项经费。包括保险费、包装费、展览费和广告费、商品维修费、预计产品质量保证损失、运输费、装卸费等以及为销售本企业商品而专设的销售机构(含销售网点、售后服务网点等)的职工薪酬、业务费、折旧费等经营费用，企业发生的与专设销售机构相关的固定资产修理费用等后续支出等。

(二)销售费用科目

(1) 企业应设置"销售费用"科目，本科目核算企业销售商品和材料、提供劳务的过程中发生的各种费用。本科目可按费用项目进行明细核算。

(2) 企业在销售商品过程中发生的包装费、保险费、展览费和广告费、运输费、装卸费等费用，借记本科目，贷记"库存现金"、"银行存款"等科目。

(3) 发生的为销售本企业商品而专设的销售机构的职工薪酬、业务费等经营费用，借记本科目，贷记"应付职工薪酬"、"银行存款"、"累计折旧"等科目。

(4) 期末，应将本科目余额转入"本年利润"科目，结转后本科目无余额。

二、涉及税金

(一)增值税

1. 增值税内容

增值税是对在我国境内销售货物或提供加工、修理修配劳务，以及进口货物的单位和个人，就其取得的货物或应税劳务的销售额，以及进口货物的金额计算税款，并实行税款抵扣制度的一种税。按经营规模大小及会计核算是否健全划分为一般纳税人和小规模纳税人两类。在中华人民共和国境内销售货物或提供加工、修理修配劳务以及进口货物都属于增值税的征税范围。增值税一般纳税人销售或进口货物，提供加工、修理修配劳务，税率为 17%，称为基本税率。在日常业务中，取得的有关凭证主要是增值税专用发票。增值税专用发票是为了配合增值税实行购进扣税法而实行的，其最大特点在于价税分离。其基本联次为四联，依次为存根联、发票联、抵扣联和记账联。一般纳税人计算增值税是实行抵扣的办法：

当期应纳增值税=当期销项税额-当期准予抵扣的进项税额

当期销项税额=当期不含税的销售额×税率

如果当期进项税额大于当期销项税额，不足抵扣时，超出部分留待下期继续抵扣。

2. "应交税费——应交增值税"账户

一般纳税人增值税的发生、抵扣、缴纳、退税及转出等会计处理应设置"应交税费——应交增值税"账户，借方反映企业购进货物或接受应税劳务支付的进项税额、实际已缴纳的增值税额和月终转出的应交未交的增值税额；贷方反映销售货物或提供应税劳务收取的销项税额、出口企业收到的出口退税以及进项税额转出数和转出多交增值税；期末借方余额反映企业尚未抵扣的增值税额，如表6-18所示。可设置"进项税额"、"销项税额"、"已交税金"、"减免税款"、"出口退税"、"进项税额转出"等专栏。

表 6-18　应交税费——应交增值税

借方	贷方
购进货物或接受应税劳务支付的进项税额； 实际已缴纳的增值税额； 减免税款	销售货物或提供应税劳务应收取的销项税额； 出口货物退税税额； 转出已支付的增值税数额
企业尚未抵扣的增值税额	

3. 营业税改征增值税试点企业相关规定

(1) "营改增"相关政策如下。

2011 年，财政部、国家税务总局联合下发营业税改征增值税试点方案。从 2012 年 1 月 1 日起，在上海交通运输业和部分现代服务业开展营业税改征增值税试点。自 2012 年 8 月 1 日起至年底，国务院扩大营改增试点至 10 省市，截至 2013 年 8 月 1 日，"营改增" 范围已推广到全国试行。国务院总理李克强 12 月 4 日主持召开国务院常务会议，决定从 2014 年 1 月 1 日起，将铁路运输和邮政服务业纳入营业税改征增值税试点，至此交通运输业已全部纳入"营改增"范围。自 2014 年 6 月 1 日起，将电信业纳入营业税改征增值税试点范围。

(2) "营改增"试点行业如下。

"营改增"中的交通运输业包括陆路、水路、航空、管道运输服务、铁路运输；部分现代服务业包括研发和技术服务、信息技术服务、文化创意服务(设计服务、广告服务、会议展览服务等)、物流辅助服务、有形动产租赁服务、鉴证咨询服务、广播影视服务；邮政服务业；电信业。

(3) "营改增"后税率："营改增"后税率如表 6-19 所示。

表 6-19　(2014) "营改增"后的增值税税目税率表

小规模纳税人	包括原增值税纳税人和营改增纳税人	征收率3%
	从事货物销售，提供增值税加工、修理修配劳务，以及营改增各项应税服务	
一般纳税人	原增值税纳税人	税率
	销售或者进口货物(另有列举的货物除外)；提供加工、修理修配劳务	17%
	1.粮食、食用植物油、鲜奶	13%
	2.自来水、暖气、冷气、热气、煤气、石油液化气、天然气、沼气，居民用煤炭制品	
	3.图书、报纸、杂志	
	4.饲料、化肥、农药、农机(整机)、农膜	
	5.国务院规定的其他货物	
	农产品(指各种动、植物初级产品)；音像制品；电子出版物；二甲醚	
	出口货物	0%

续表

营改增试点增值税纳税人		税率
交通运输业	陆路(含铁路)运输、水路运输、航空运输和管道运输服务	11%
邮政业	邮政普遍服务、邮政特殊服务、其他邮政服务	11%
现代服务业	研发和技术服务	6%
	信息技术服务	
	文化创意服务	
	物流辅助服务	
	签证咨询服务	
	广播影视服务	
	有形动产租赁服务	17%
	财政部和国家税务总局规定的应税服务	0%

注：表格左侧为"一般纳税人"。

(二)消费税

消费税是指对在我国境内从事生产、委托加工以及进口应税消费品的单位和个人，就其销售额或销售数量或者销售额与销售数量相结合征收的一种税。在中华人民共和国境内生产、委托加工和进口应税消费品的单位和个人为消费税的纳税人。应税消费品主要包括：烟，酒及酒精，鞭炮、焰火，化妆品，成品油，贵重首饰及珠宝玉石，高尔夫球及球具，高档手表，游艇，木制一次性筷子，实木地板，汽车轮胎，摩托车，小汽车等15个税目。消费税的计算方法主要有从价定率和从量定额两种。

从量定额的计算方法：

$$应纳消费税额 = 应税数量 \times 单位税额$$

从价定率的计算方法：

$$应纳消费税额 = 应税消费品销售额(或组成计税价格) \times 比例税率$$

会计核算应设置"应交税费——应交消费税"明细账户，借方登记实际缴纳的消费税或待抵扣的消费税额，贷方登记计算应缴纳的消费税额，期末贷方余额表示尚未缴纳的消费税额，期末借方余额表示多缴或待抵扣的消费税额。与其对应的账户主要是"营业税金及附加"、"在建工程"、"营业外支出"、"长期股权投资"等。

消费税税目包括：烟，酒及酒精，化妆品，贵重首饰及珠宝玉石，鞭炮及焰火，成品油，摩托车，小汽车，高尔夫球及球具，高档手表，游艇，木制一次性筷子，实木地板，铅蓄电池(2016年1月1日起实施)，涂料等15项。

(三)营业税

营业税是对纳税人提供应税劳务、转让无形资产或者销售不动产，就其营业额计算征收的一种流转税。在中华人民共和国境内提供应税劳务、转让无形资产或销售不动产的单位和个人为营业税的纳税义务人。营业税的征税范围包括提供应税劳务、转让无形资产和销售不动产，税率分为3%、5%、20%三档。纳税人的应税营业额是指纳税人提供应税劳务、转让无形资产或销售不动产向对方收取的全部价款和价外费用。

营业税的会计处理应设置"应交税费——应交营业税"账户，属负债类账户。计算

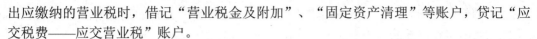

出应缴纳的营业税时，借记"营业税金及附加"、"固定资产清理"等账户，贷记"应交税费——应交营业税"账户。

2015 年 5 月，"营改增"的最后三个行业建筑安装房地产、金融保险、生活服务业的"营改增"方案将推出。其中，建筑安装房地产的增值税税率暂定为 11%，金融保险、生活服务业为 6%。这意味着，进入 2015 年下半年后，中国或将全面告别营业税。

(四)城市维护建设税和教育费附加

1. 城市维护建设税

城市维护建设税是以纳税人实际缴纳的增值税、消费税、营业税(以下简称"三税")的税额为计税依据而征收的一种附加税。城市维护建设税应纳税额的计算：

应纳税额=实际缴纳的(增值税税额+消费税税额+营业税税额)×适用税率

城市维护建设税实行分区域的差别比例税率。

(1) 纳税人所在地为市区的：税率为 7%；

(2) 纳税人所在地为县城、建制镇的：税率为 5%；

(3) 纳税人所在地不在市区、县城或者建制镇的：税率为 1%。

会计核算时，在"应交税费"账户下设置"应交城市维护建设税"明细账户，贷方反映企业按税法规定计算的应缴纳的城建税税额，借方反映实际缴纳的城建税，期末贷方余额反映企业应交而未交的城建税税额。与其对应的主要账户是"营业税金及附加"(经营活动)、"固定资产清理"、"营业外支出"(转让无形资产所有权)。

2. 教育费附加

教育费附加是按纳税人实际缴纳的增值税、消费税、营业税(以下简称"三税")税额的一定比例而征收的一项专用基金，具有附加费的性质。教育费附加的计算：

应缴纳的教育费附加=实际缴纳的(增值税税额+消费税税额+营业税税额)×征收率

教育费附加现行计征比例为 3%。

会计核算时，在"应交税费"账户下设置"应交教育费附加"明细账户。贷方反映企业按税法规定计算的应缴纳的教育费附加，借方反映实际缴纳的教育费附加，期末贷方余额反映企业应交而未交的教育费附加。与其对应的主要账户是"营业税金及附加"(经营活动)、"固定资产清理"、"营业外支出"(转让无形资产所有权)。

(五)资源税

资源税是为了调节资源开发过程中的级差收入，对在我国境内开发和利用自然资源和生产盐的单位和个人，就其销售数量征收的一种税。纳税人是指在中华人民共和国境内开采应税矿产品(包括原油、天然气、煤炭、金属矿产品和其他非金属矿产品等)或者生产盐的单位和个人。采用从量定额的方法征收：

应纳税额=课税数量×适用的单位税额

会计核算时，在"应交税费"账户下设置"应交资源税"明细账户。贷方反映按税法规定计算的应缴纳数，借方反映实际缴纳或允许抵扣数，期末贷方余额反映企业应交而未交数，期末借方余额反映多缴或未抵扣数。与其对应的主要账户是"营业税金及

附加"(销售应税产品)、"生产成本"和"应付职工薪酬"(自产自用应税产品)、"材料采购"(收购未税矿产品)。

任务实施

针对本任务引例处理如下。

1. 业务解析

支付的展览费属于销售费用的内容，费用发生时记入"销售费用"账户借方。

2. 会计处理

借：销售费用　　　　　　　　　　　2 000
　　贷：银行存款　　　　　　　　　　2 000
实务中，会计填制记账凭证，并交财务主管审核。

做 中 学

一、销售费用业务的核算

[做中学 6-13]

1. 业务背景

2016 年 5 月 6 日，时达实业有限公司以转账支票支付广告费。原始凭证如表 6-20、表 6-21 所示。

表 6-20　服务业通用发票

表 6-21　转账支票存根

2. 会计处理

借：销售费用　　　　　　　　　　　　　10 000
　　贷：银行存款　　　　　　　　　　　　10 000

[做中学 6-14]

1. 业务背景

时达实业有限公司销售部 9 月份共发生费用 200 000 元,其中:销售人员薪酬 100 000 元,销售部专用办公设备折旧费 30 000 元,业务费 70 000 元(用银行存款支付)。

2. 会计处理

借：销售费用　　　　　　　　　　　　　200 000
　　贷：应付职工薪酬　　　　　　　　　　100 000
　　　　累计折旧　　　　　　　　　　　　30 000
　　　　银行存款　　　　　　　　　　　　70 000

二、涉及相关税金业务的核算

[做中学 6-15]

1. 业务背景

2016 年 3 月 5 日,时达实业有限公司将生产的应交消费税产品捐赠给灾区,该批产品的成本为 80 000 元,计税价格为 150 000 元,增值税税率为 17%,消费税税率为 10%。原始凭证如表 6-22、表 6-23 所示。

表 6-22　出库单

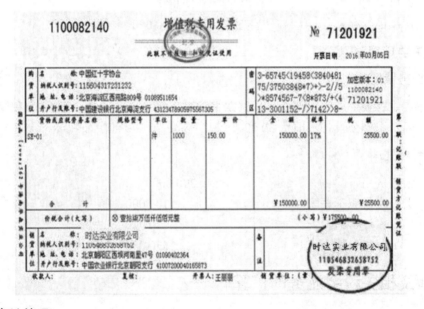

表 6-23　增值税专用发票

2. 会计处理

借：营业外支出　　　　　　　　　　　　　　120 500
　　贷：库存商品　　　　　　　　　　　　　　　　80 000
　　　　应交税费——应交增值税(销项税额)　　 25 500
　　　　应交税费——应交消费税　　　　　　　　 15 000

[做中学 6-16]

1. 业务背景

月末,时达实业有限公司计算本月已销 A、B 产品应交的城市维护建设税 1560.09 元,教育费附加 668.61 元。下月初实际缴纳。

2. 会计处理

(1) 月末计提时：

借：营业税金及附加 　　　　　　　　　　　　　　　　　2 228.70

　　贷：应交税费——应交城建税 　　　　　　　　　　　1 560.09

　　　　　　　　　　——应交教育费附加 　　　　　　　　668.61

(2) 实际缴纳城建税和教育费附加时：

借：应交税费——应交城建税 　　　　　　　　　　　　　1 560.09

　　　　　　　——应交教育费附加 　　　　　　　　　　　668.61

　　贷：银行存款 　　　　　　　　　　　　　　　　　　2 228.70

能 力 训 练

一、单项选择题

1. 企业销售商品时代垫的运杂费应记入(　　)科目。

　　A. 应收票据　　　B. 应收账款　　　C. 其他应收款　　　D. 管理费用

2. 下列各项中，符合收入会计要素定义，可以确认为收入的是(　　)。

　　A. 出售无形资产收取的价款　　　　　B. 出售固定资产收取的价款

　　C. 出售原材料收取的价款　　　　　　D. 出售长期股权投资收取的价款

3. 某企业 2016 年 8 月 1 日赊销一批商品，售价为 120 000 元(不含增值税)，适用的增值税税率为 17%。规定的现金折扣条件为：2/10，1/20，n/30，计算现金折扣时考虑增值税。客户于 2016 年 8 月 15 日付清货款，该企业实际收款金额为(　　)元。

　　A. 118 800　　　B. 137 592　　　C. 138 996　　　D. 140 400

4. 下列各项，可采用完工百分比法确认收入的是(　　)。

　　A. 出租无形资产

　　B. 委托代销商品

　　C. 在同一会计年度开始并完成的劳务

　　D. 跨越一个会计年度才能完成的且期末能对交易结果作出可靠估计的劳务

5. 大明公司于 2016 年 10 月接受一项产品安装任务，安装期 5 个月，合同收入 200 万元，当年实际发生成本 120 万元，预计已完工 40%，则该企业 2016 年度应确认的收入为(　　)万元。

　　A. 60　　　　　B. 80　　　　　C. 100　　　　　D. 0

6. 以下事项不影响企业的主营业务收入确认金额的是(　　)。

　　A. 销售商品发生的销售折让　　　　　B. 销售商品发生的商业折扣

　　C. 销售商品发生的销售退回　　　　　D. 销售商品发生的现金折扣

7. 某企业 2016 年 10 月承接一项设备安装劳务，劳务合同总收入为 200 万元，预计合同总成本为 140 万元，合同价款在签订合同时已收取，采用完工百分比法确认劳务收入。2016 年已确认劳务收入 80 万元，截至 2016 年 12 月 31 日，该劳务的累计完工进度为 60%。2016 年该企业应确认的劳务收入为( )万元。

    A. 36   B. 40   C. 72   D. 120

8. 某企业于 2016 年 9 月接受一项产品安装任务，安装期 5 个月，合同总收入 30 万元，年度预收款项 12 万元，余款在安装完成时收回，当年实际发生成本 15 万元，预计还将发生成本 3 万元。2016 年年末请专业测量师测量，产品安装程度为 60%。该项劳务收入影响 2016 年度利润总额为( )。

    A. 不影响当年利润   B. 当年利润增加 7.2 万元

    C. 当年利润增加 15 万元   D. 当年利润增加 30 万元

9. 某企业某月销售商品发生商业折扣 20 万元、现金折扣 15 万元、销售折让 25 万元。该企业上述业务计入当月财务费用的金额为( )万元。

    A. 15   B. 20   C. 35   D. 45

10. 某工业企业销售产品每件 110 元，若客户购买 200 件(含 200 件)以上，每件可得到 10 元的商业折扣。某客户 2016 年 12 月 10 日购买该企业产品 200 件，按规定现金折扣条件为 2/10，1/20，n/30。适用的增值税率为 17%。该企业于 12 月 26 日收到该笔款项时，应给予客户的现金折扣为( )元。假定计算现金折扣时考虑增值税。

    A. 0   B. 200   C. 234   D. 220

11. 采用预收款方式销售产品的情况下，应当确认收入的时间是( )。

    A. 收到预收货款时   B. 交付商品时

    C. 按合同约定的收款日期   D. 收到销售清单时

12. 在委托其他单位代销产品的情况下，应于( )时确认收入的实现。

    A. 代销产品发出时

    B. 代销产品售出时

    C. 代销产品售出并收到代销清单时

    D. 收到代销货款时

13. 企业取得的技术转让收入，应作( )处理。

    A. 主营业务收入   B. 其他业务收入

    C. 营业外收入   D. 冲减管理费用

14. 企业在采用总价法核算的情况下，发生的现金折扣应当作为( )处理。

    A. 主营业务收入   B. 财务费用

    C. 销售费用   D. 管理费用

15. 某企业于 1 月 15 日销售产品一批，应收账款为 11 万元，规定对方付款条件为 2/10，1/20，n/30，购货单位已于 1 月 22 日付款，该企业实际收到的金额为( )万元。

    A. 11   B. 10   C. 10.78   D. 8.8

16. 预收账款不多的企业，可以不设"预收账款"账户，而将预收的款项计入( )。

    A. "应付账款"账户的借方   B. "应付账款"账户的贷方

C. "应收账款"账户的借方　　　　D. "应收账款"账户的贷方

17. 应收票据在贴现时，其贴现息应该计入(　　)。

  A. 商业承兑汇票　　　　　　　　B. 银行承兑汇票

  C. 财务费用　　　　　　　　　　D. 应收票据

18. 企业因业务急需用款，将票面金额 50 000 元，年利率 8%，期限为 90 天带息商业承兑汇票提前 45 天申请贴现，贴现月利率为 9‰，所得贴现额为(　　)元。

  A. 51 000　　　　　B. 48 000　　　　　C. 55 000　　　　　D. 50 311.5

19. 下列各项中，应计入其他业务成本的是(　　)。

  A. 库存商品盘亏净损失　　　　　B. 经营租出固定资产折旧

  C. 向灾区捐赠的商品成本　　　　D. 火灾导致原材料毁损净损失

20. 下列各项中，在确认销售收入时不影响应收账款入账金额的是(　　)。

  A. 销售价款　　　　　　　　　　B. 增值税销项税额

  C. 现金折扣　　　　　　　　　　D. 销售产品代垫的运杂费

21. E 公司为增值税一般纳税人，2016 年 3 月 5 日该公司销售一批产品，按价目表标明的价格为 30 000 元(不含税)。由于是成批销售，E 公司给予购货方 10%的商业折扣，则应收账款的入账金额为(　　)元。

  A. 27 000　　　　　B. 31 590　　　　　C. 30 000　　　　　D. 3510

22. 某企业在 2016 年 10 月 8 日销售商品 100 件，增值税专用发票上注明的价款为 10 000 元，增值税税额为 1700 元。企业为了及早收回货款而在合同中规定的现金折扣条件为：2/10，1/20，n/30。假定计算现金折扣时不考虑增值税。如买方在 2016 年 10 月 24 日付清款，该企业实际收款金额应为(　　)元。

  A. 11 466　　　　　B. 11 500　　　　　C. 11 583　　　　　D. 11 600

23. 结转产品销售成本时应该借记的账户是(　　)。

  A. 主营业务成本　　　　　　　　B. 生产成本

  C. 库存商品　　　　　　　　　　D. 主营业务收入

24. 下列项目中，不属于销售费用的是(　　)。

  A. 产品包装费　　　　　　　　　B. 购进材料运杂费

  C. 销售产品运杂费　　　　　　　D. 广告费

25. 企业预收货款时应贷记的账户是(　　)。

  A. 主营业务收入　　　　　　　　B. 预收账款

  C. 银行存款　　　　　　　　　　D. 主营业务处成本

二、多项选择题

1. 按我国企业会计准则规定，下列项目中不应确认为收入的有(　　)。

  A. 销售商品收取的增值税

  B. 出售飞机票时代收的保险

  C. 旅行社代客户购买景点门票收取的款项

  D. 销售商品代垫的运杂费

2. 属于其他应收款核算范围的有(　　)。

    A. 备用金 　　　　　　　　　　B. 应收的各种赔款

    C. 职工预借差旅费 　　　　　　　D. 向职工收取的垫付款项

3. 应收账款是企业正常经营过程中，由于销售商品、提供劳务等发生的应收款项，它包括(　　)。

    A. 因销售商品、材料向购货单位收取的款项

    B. 企业采用托收承付结算方式委托银行收取的款项

    C. 仓库保管的商品等被窃待追回的价款

    D. 企业因提供劳务向接受劳务单位收取的款项

4. "主营业务收入"账户可能与(　　)账户发生对应关系。

    A. 银行存款 　　　B. 应收账款 　　　C. 预收账款 　　　D. 主营业务成本

5. 企业在确定提供劳务交易的完工进度时，可选用的方法有(　　)。

    A. 已完工作的测量

    B. 已经提供的劳务占应提供劳务总量的比例

    C. 已收到的款项占合同总价款的比例

    D. 已经发生的成本占估计总成本的比例

6. 关于现金折扣和销售折让的处理，下列说法正确的是(　　)。

    A. 都在实际发生时计入财务费用

    B. 都在实际发生时冲减发生当期的收入

    C. 现金折扣在实际发生时计入财务费用

    D. 销售折让在实际发生时冲减发生当期的收入

7. 下列项目中，不应计入其他业务收入的是(　　)。

    A. 罚款收入 　　　　　　　　　　B. 出售固定资产收入

    C. 出租无形资产取得的收入 　　　D. 出售无形资产收入

8. 销售费用包括(　　)。

    A. 运输费 　　　　　　　　　　　B. 广告费

    C. 销售机构的职工工资 　　　　　D. 包装费

9. 下列税金中，属于流转税的有(　　)。

    A. 增值税 　　　B. 所得税 　　　C. 营业税 　　　D. 消费税

10. 适用于增值税一般纳税人的税率形式有(　　)。

    A. 17% 　　　　　B. 3% 　　　　　C. 13% 　　　　　D. 4%

11. 下列关于商业折扣、现金折扣、销售折让的说法中，正确的有(　　)。

    A. 企业销售商品涉及商业折扣的，应当按照扣除商业折扣后的金额确定销售商品收入金额

    B. 企业销售商品涉及现金折扣的，债权人应当按照扣除现金折扣前的金额确认销售商品收入金额

  C. 当销售折让发生在确认销售收入之前，应在确认销售收入时直接按扣除销售折让后的金额确认

  D. 当已确认销售收入的售出商品发生销售折让，且不属于资产负债表日后事项的，应在发生时冲减当期销售商品收入和销售成本

12. 甲企业销售自己生产的商品，可能涉及的会计科目有(　　)。

  A. 应收账款

  B. 主营业务收入

  C. 应交税费——应交增值税(进项税额)

  D. 主营业务成本

13. 某企业为小规模纳税人，通过赊销方式销售商品，在确认销售商品收入时，涉及的会计科目有(　　)。

  A. 主营业务收入

  B. 主营业务成本

  C. 应交税费——应交增值税(销项税额)

  D. 应收账款

14. 以下关于现金折扣的说法中，正确的有(　　)。

  A. 现金折扣是指债权人为鼓励债务人在规定的期限内付款而向债务人提供的债务扣除

  B. 企业销售商品后现金折扣是否发生以及发生多少要视买方的付款情况而定

  C. 应当按照扣除现金折扣后的金额确定销售商品收入

  D. 现金折扣在实际发生时计入财务费用

15. 提供劳务交易的结果能够可靠估计，应同时满足的条件包括(　　)。

  A. 收入的金额能够可靠地计量

  B. 相关的经济利益很可能流入企业

  C. 交易中已发生的成本能够可靠地计量

  D. 交易中将发生的成本能够可靠地计量

三、实务操作题

[实务操作 6-1]

1. 目的

练习销售业务的核算。

2. 资料

星光公司 2016 年发生如下经济业务。假设销售款中均不包括向购货方收取的增值税销项税额。该公司为增值税一般纳税企业，适用的增值税税率为 17%。

(1) 星光公司 1 月 3 日销售给乙公司 A 产品 8000 件，单位售价 100 元，单位成本 60 元，货款和增值税款均已收到存入银行。

(2) 星光公司 1 月 10 日销售给丙公司 A 产品一批，售价 20 000 元，该批产品成本为 15 000 元。假如发出商品运费由星光公司承担。星光公司当日办妥托收手续，并以转账

支票支付销货运费 400 元。

(3) 星光公司 2 月 4 日销售给丁公司 A 产品 12 000 件，单位售价 100 元，单位成本 60 元。根据销售合同，丙公司享受销售折扣，条件为 2/10,1/20,n/30。

(4) 2 月 17 日，乙公司对 1 月 3 日购入的 8000 件 A 产品的质量提出疑问，经确认其中 2000 件质量不符合合同要求，但仍可使用，经双方协商对这部分产品给予 30%的折让，并已将折让应退回款通过银行汇出。

(5) 2 月 20 日，接银行通知，2 月 4 日销售给丁公司 12 000 件 A 产品的销货款和增值税款已全部收到。

(6) 2 月 28 日，上月 10 日销售给丙公司的一批 A 产品因质量问题被对方退回，产品已入库，原货款尚未支付。

(7) 星光公司向乙公司转让某软件的使用权，一次性收取使用费 10 万元，不提供后续服务，款项已经收到。

(8) 本年度委托 B 企业代销一批 A 产品，代销价款为 50 万元。本年度收到 B 企业交来的代销清单，列明已销售商品的 60%，B 企业按代销价款的 2%收取手续费。该批产品的实际成本为 30 万元。

3. 要求

根据以上经济业务编制会计分录。

[实务操作 6-2]

1. 目的

练习销售业务的核算。

2. 资料

甲公司为增值税一般纳税企业。2016 年 3 月份发生下列销售业务：

(1) 3 日，向 A 公司销售商品 1000 件，每件商品的标价为 80 元。为了鼓励多购商品，甲公司同意给予 A 公司 10%的商业折扣。开出的增值税专用发票上注明的售价总额 72 000元，增值税税额为 12240 元。商品已发出，货款已收存银行。

(2) 5 日，向 B 公司销售商品一批，开出的增值税专用发票上注明的售价总额 60 000元，增值税税额为 10 200 元。甲公司为了及早收回货款，在合同中规定的现金折扣件为：2/10，1/20，n/30。

(3) 13 日，收到 B 公司的扣除享受现金折扣后的全部款项，并存入银行。假定计算现金折扣时不考虑增值税。

(4) 15 日，向 C 公司销售商品一批，开出的增值税专用发票上注明的售价总额 90 000元，增值税税额为 15 300 元。货款尚未收到。

(5) 20 日，C 公司发现所购商品不符合合同规定的质量标准，要求甲公司在价格上给予 6%的销售折让。甲公司经查明后，同意给予折让并取得了折让证明单，开具了增值税专用发票(红字)。

3. 要求

编制甲公司上述销售业务的会计分录。("应交税费"科目要求写出明细科目；本题

不要求编制结转销售成本的会计分录)

[实务操作 6-3]

1. 目的

练习销售业务的核算。

2. 资料

甲股份有限公司为增值税一般纳税企业，适用的增值税税率为 17%。商品销售价格除特别注明外均不含增值税额，所有劳务均属于工业性劳务。销售实现时结转销售成本。甲公司销售商品和提供劳务均为主营业务。2016 年 12 月，甲公司销售商品和提供劳务的资料如下：

(1) 12 月 1 日，对 A 公司销售商品一批，增值税专用发票上注明销售价格为 300 万元，增值税税额为 51 万元。提货单和增值税专用发票已交 A 公司，A 公司已承诺付款。为及时收回货款，给予 A 公司的现金折扣条件如下：2/10，1/20，n/30(假定计算现金折扣时不考虑增值税因素)。该批商品的实际成本为 200 万元。12 月 19 日，收到 A 公司支付的、扣除所享受现金折扣金额后的款项，并存入银行。

(2) 12 月 2 日，收到 B 公司来函，要求对当年 11 月 10 日所购商品在价格上给予 20%的折让(甲公司在该批商品售出时确认销售收入 100 万元，未收款，该批商品成本 60 万元)。经查核，该批商品外观存在质量问题。甲公司同意了 B 公司提出的折让要求。当日，收到 B 公司交来的税务机关开具的折让证明单，并开具红字增值税专用发票。

(3) 12 月 15 日，与 E 公司签订一项设备维修合同。该合同规定，该设备维修总价款为 100 万元(不含增值税税额)，于维修任务完成并验收合格后一次结清。12 月 31 日，该设备维修任务完成并经 E 公司验收合格。甲公司实际发生的维修费用为 60 万元(均为修理人员工资)。12 月 31 日，鉴于 E 公司发生重大财务困难，甲公司预计很可能收到的维修款为 58.5 万元(含增值税税额)。

(4) 12 月 25 日，与 F 公司签订协议，委托其代销商品一批。根据代销协议，甲公司按代销协议价收取所代销商品的货款，商品实际售价由受托方自定。该批商品的协议价为 100 万元(不含增值税税额)，实际成本为 60 万元。商品已运往 F 公司。假定发出商品时符合收入确认条件。

(5) 12 月 31 日，与 G 公司签订一件特制商品的合同。该合同规定，商品总价款为 100 万元(不含增值税税额)，自合同签订日起 2 个月内交货。合同签订日，收到 G 公司预付的款项 50 万元，并存入银行。商品制造工作尚未开始。

(6) 12 月 31 日，收到 A 公司退回的当月 1 日所购商品的 20%。经查核，该批商品存在质量问题，甲公司同意了 A 公司的退货要求。当日，收到 A 公司交来的税务机关开具的进货退出证明单，并开具红字增值税专用发票和支付退货款项。

3. 要求：

(1) 编制甲公司 12 月份发生的上述经济业务的会计分录。

(2) 计算甲公司 12 月份主营业务收入和主营业务成本。

("应交税费"科目要求写出明细科目；答案中的金额单位用万元表示)

[实务操作 6-4]

1. 目的

练习完工百分比法的应用及提供劳务收入的核算。

2. 资料

红星公司 2016 年发生以下经济业务:

(1) 向 A 企业提供某种跨年度劳务，劳务合同的总收入为 50 万元，价款在劳务完成后一次性支付。2016 年发生人工成本 5 万元，材料成本 10 万元。

① 假若 2016 年末根据 A 企业的资信和财务状况等因素，判断劳务成本能够收回。

② 假若 2016 年末根据 A 企业的资信和财务状况等因素，判断劳务成本可能无法收回。

(2) 2016 年 11 月 1 日接受一项劳务任务，期限 3 个月，合同总收入 50 万元，至当年年底已预收款项 42 万元，实际发生成本 30 万元，估计还会发生 10 万元的成本。劳务的完成程度按实际发生的成本占总成本的比例来确定。

(3) 2016 年 11 月受托为 B 企业培训一批学员，培训期为 6 个月，11 月 1 日开学。双方签订的协议注明，B 企业应支付培训费总额为 120 000 元，分三次支付，第一次在开学时预付；第二次在培训期中间，即 2017 年 2 月 1 日支付，第三次在培训结束时支付。每期支付 40 000 元。B 企业已在 11 月 1 日预付第一期款项。2016 年 12 月 31 日，红星公司得知 B 企业当年效益不好，经营发生困难，后两次的培训费是否能收回，没有把握，已经发生的培训成本 60 000 元，估计能够得到补偿的部分为 40 000 元。

3. 要求

根据以上经济业务编制会计分录。

[实务操作 6-5]

1. 目的

练习往来款项的核算。

2. 资料

新兴公司为增值税一般纳税人，2016 年发生以下经济业务:

(1) 5 月 2 日，将 A 产品销售给外地甲企业 10 件，每件售价为 4000 元，价款共计 40 000 元，增值税税额为 6800 元，收到"商业承兑汇票"一张，到期日为 7 月 2 日。

(2) 7 月 2 日，上述汇票即将到期，填制一式五联委托收款凭证，连同原存执的"商业承兑汇票"一并办妥委托收款手续。

(3) 7 月 8 日，上述票款收到存入银行。

(4) 企业存执的一份无息"银行承兑汇票"签发日为 3 月 8 日，到期日为 7 月 8 日，票面金额为 50 000 元，因企业急需资金，于 4 月 8 日将上述"银行承兑汇票"向银行申请贴现，贴现月利率为 5‰。

3. 要求

根据以上经济业务编制会计分录。

[实务操作 6-6]

1. 目的

练习销售费用和税金核算。

2. 资料

(1) A 公司为增值税一般纳税人企业，增值税税率为 17%，A 公司 2016 年 7 月以成本为 80 万元、公允价值为 100 万元的自产产品(应税消费品)销售给 B 公司，消费税税率为 5%。

(2) A 公司 2016 年 7 月发生销售费用如下：在销售商品过程中发生的运输费、装卸费、包装费，合计 20 万元;在销售商品过程中发生的展览费和广告费合计 100 万元。款项均通过银行支付。发生的为销售商品而专设的销售机构的职工工资 2 万元，销售机构折旧费 2800 元。月末，将"销售费用"科目的余额转入"本年利润"科目。

(3) A 公司 2016 年 7 月缴纳增值税 1700 元、消费税 3000 元，计提该企业本月应纳的城建税和教育费附加。

3. 要求

根据以上经济业务编制会计分录。

[实务操作 6-7]

1. 目的

综合练习销售业务核算。

2. 资料

友邦企业为增值税一般纳税人企业，生产销售的甲、乙两种产品均为应纳增值税产品，其中乙产品还应缴纳消费税。该企业产品成本按实际成本计价核算，产品售价为不含增值税价格，甲产品单位售价 800 元，单位成本 450 元；乙产品单位售价 500 元，单位成本 330 元。该企业有关税率分别为：增值税税率为 17%，消费税税率 8%，为了简化计算，产品销售成本于月末一次计算结转，该企业 2016 年 5 月份发生下列经济业务：

(1) 3 日，采用托收承付结算方式销售甲产品 1000 件，用银行存款代垫运杂费 2000 元，产品已发出，开出增值税专用发票，并向银行办妥托收手续。

(2) 5 日，采用商业汇票结算方式销售乙产品 2000 件，产品已经发出，开出增值税专用发票，收到购货单位签发并承兑的商业承兑汇票。企业在销售乙产品时，还领用不单独计价的包装物一批，其实际成本为 1250 元。

(3) 10 日，采用预收款方式销售甲产品，预收货款 210 600 元，款项已经存入银行。

(4) 15 日，本月销售的甲产品 50 件因质量问题发生退货。购货单位交来税务机关开具的进货退出证明单，该批产品的原价款为 40 000 元，增值税税额为 6800 元，企业用银

行存款支付退回产品的货款及增值税额。退回产品已验收入库。

(5) 22 日，用银行存款支付广告费 50 000 元。

(6) 31 日，发出预收款销售的甲商品 225 件。

(7) 31 日，计算并结转产品销售成本。

(8) 31 日，计算并结转本月销售产品应交的消费税，同时结转本月销售产品应交的城市维护建设税 26 000 元，应交的教育费附加 14 000 元。

3. 要求

根据上述资料业务编制会计分录。

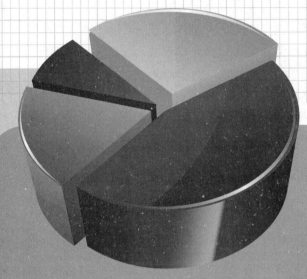

学习情境七 《《

投资业务的核算

[职业能力目标]

【知识目标】

- 了解金融资产的分类
- 了解交易性金融资产的确认条件
- 掌握交易性金融资产取得、持有期间、期末计量以及处置的核算
- 了解长期股权投资的核算内容
- 掌握长期股权投资成本法和权益法的核算范围
- 掌握长期股权投资成本法的核算
- 掌握长期股权投资权益法的核算

【能力目标】

- 能正确划分交易性金融资产
- 能够在交易性金融资产取得、持有期间、资产负债表日、处置时做出正确的账务处理
- 能够划分长期股权投资成本法和权益法的核算范围
- 能够运用成本法对长期股权投资进行账务处理
- 能够运用权益法对长期股权投资进行账务处理

情境导入

小秦是时达实业有限公司财务部的一名实习生，现跟随财务部的记账会计老王实习。某天她收到其他部门转来的一组原始凭证，包括一张证券存款凭条、一张转账支票存根和一张股票交割单等。小秦根据所学的会计知识判断这应该是企业通过购入股票对外投资的业务，但是

(1) 该股票投资在确认时应该属于金融资产还是长期股权投资呢？

(2) 其入账价值是不是按照支票存根上实际支出的金额确认呢？

(3) 持有股票期间如果收到现金股利或股票股利又应该怎样进行业务处理呢？

(4) 资产负债表日是否需要判断持有股票的公允价值，以及公允价值变动对其账面价值是否有影响呢？

(5) 如果卖掉这些股票又应该怎样进行账务处理呢？

小秦带着这些疑问找到了她的实习指导老王……

本情境将围绕上述问题进行学习和探讨。

知识导图

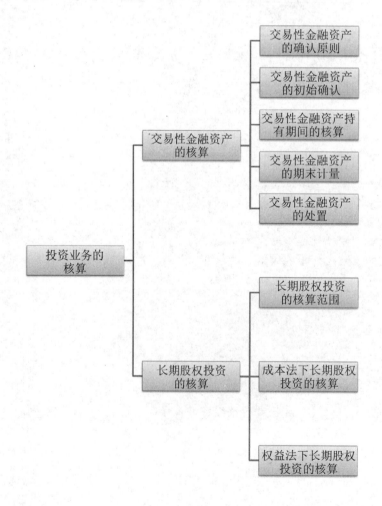

任务一　交易性金融资产的核算

任务引例

时达实业有限公司 2016 年 1 月 5 日购入青岛海尔股票 10 000 股，共支付价款 203 000 元，其中包含已宣告但尚未支付的现金股利 2000 元，税金及手续费 1000 元。原始凭证如表 7-1～表 7-3 所示。

表 7-1　存款凭条

※※证券公司
※※营业部客户存款凭条

[存款]

流水号：201601050000123	2016 年 01 月 05 日	
户名：时达实业有限公司　　资金账号：200501311		委托人签名
存入金额：205 000.00　　余额：205 000.00		
※※账户	※※账户	
	操作员：　　　复核员：	

表 7-2　转账支票存根

建设银行
转账支票存根
30109810
ＵＤＵ23328

附加信息

出票日期 2016 年 01 月 05 日

收款人：时达实业有限公司
金　额：￥205 000.00
用　途：投资款

单位主管　　会计

表 7-3　业务交割单

国泰君安 证券公司

买卖类别：买入	成交日期：2016-01-05	
股东代码：503140	股东姓名：时达实业有限公司	
资金账号：200501311	合同号码：2016000012345678	
股票名称：青岛海尔	委托日期：2016-01-05 11:00	
成交号码：0234511	委托时间：11:20	(1)凭证联
成交股数：10 000股	本次余额：10 000.00	
成交价格：20.20	成交金额：202 000.00	
手续费：800.00	印花税：200.00	
过户费：0.00	其他收费：0.00	
收付金额：203 000.00	上次余额：0.00	
本次余额：2 000.00		
备注： 成交价中包含已宣告尚未分派的现金股利0.2元/股（税后）		
经办单位　　　　　客户签章		

知识链接

金融工具，是指形成一个企业的金融资产，并形成其他单位的金融负债或权益工具的合同。金融工具包括基本金融工具和衍生金融工具。

金融资产是企业资产的重要组成部分，主要包括库存现金、银行存款、应收账款、应收票据、其他应收款项、股权投资、债权投资和衍生金融工具形成的资产等。

一、金融资产的初始确认

金融资产应当在初始确认时划分为以下 4 类。

(1) 以公允价值计量且其变动计入当期损益的金融资产，包括交易性金融资产和指定为以公允价值计量且其变动计入当期损益的金融资产；

(2) 持有至到期投资；

(3) 贷款和应收款项；

(4) 可供出售金融资产。

二、交易性金融资产的确认原则

金融资产满足以下条件之一，应划分为交易性金融资产。

(1) 取得金融资产的目的，主要是为了近期内出售。比如企业以短期获利为目的从二级市场上购入的股票、债券、基金等。

(2) 属于进行集中管理的可辨认金融工具组合的一部分，且有客观证据表明企业近期采用短期获利方式对该组合进行管理。

(3) 属于衍生工具。如金融期货、金融远期等。但是，被指定且为有效套期工具的衍生工具、属于财务担保合同的衍生工具、与在活跃市场中没有报价且其公允价值不能可靠计量的权益工具投资挂钩并须通过交付该权益工具结算的衍生工具除外。

三、账户设置

(一)"交易性金融资产"账户

该账户核算企业为交易目的所持有的债券投资、股票投资、基金投资等交易性金融资产的公允价值。该账户属于资产类账户，其借方登记交易性金融资产的增加数，即交易性金融资产的取得成本、资产负债表日其公允价值高于账面余额的差额等；贷方登记交易性金融资产的减少数，即资产负债表日公允价值低于账面余额的差额、处置交易性金融资产时结转的成本和公允价值变动损益等；期末借方余额反映企业交易性金融资产的账面价值，如表 7-4 所示。企业应当按照交易性金融资产的类别和品种，分别设置"成本"、"公允价值变动"等明细账户进行核算。

表 7-4　交易性金融资产

借方	贷方
交易性金融资产的取得成本； 资产负债表日其公允价值高于账面余额的差额	资产负债表日其公允价值低于账面余额的差额； 处置交易性金融资产时结转的成本和公允价值变动损益
交易性金融资产的账面价值	

(二)"公允价值变动损益"账户

该账户核算企业交易性金融资产等公允价值变动而形成的应计入当期损益的利得或损失。该账户属于损益类账户，其借方登记资产负债表日企业持有的交易性金融资产等的公允价值低于账面余额的差额；贷方登记资产负债表日企业持有的交易性金融资产等的公允价值高于账面余额的差额；期末无余额，如表 7-5 所示。

表 7-5　公允价值变动损益

借方	贷方
资产负债表日企业持有的交易性金融资产等的公允价值低于账面余额的差额	资产负债表日企业持有的交易性金融资产等的公允价值高于账面余额的差额

(三)"投资收益"账户

该账户核算企业持有交易性金融资产等期间取得的投资收益以及处置交易性金融资产等实现的投资收益或投资损失。该账户属于损益类账户，其借方登记取得交易性金融资产所发生的相关交易费用、企业处置交易性金融资产等发生的投资损失等；贷方登记持有交易性金融资产期间收到的现金股利或利息、企业处置交易性金融资产等实现的投资收益等；期末无余额，如表 7-6 所示。

表 7-6　投资收益

借方	贷方
取得交易性金融资产所发生的相关交易费用； 企业处置交易性金融资产等发生的投资损失	持有交易性金融资产期间收到的现金股利或利息； 企业处置交易性金融资产等实现的投资收益

四、交易性金融资产的业务处理

(一)取得交易性金融资产的业务核算

交易性金融资产初始确认时，应按取得时的公允价值计量，相关的交易费用应当直

接计入当期损益。交易费用包括支付给代理机构、咨询公司、券商的佣金手续费及其他必要支出，不包括债券的溢折价、融资费用、内部管理成本及其他与交易不相关的费用。买价中包含的已宣告但尚未发放的现金股利或已到期但尚未支付的债券利息也不构成投资成本，而应单独确认为应收项目。

> 借：交易性金融资产——成本
> 　　应收股利/应收利息
> 　　投资收益
> 　　贷：其他货币资金——存出投资款

(二)持有交易性金融资产期间被投资单位发放现金股利或计提利息的业务核算

> 借：应收股利
> 　　贷：投资收益

交易性金融资产持有期间若跨过资产负债表日，应在资产负债表日计算利息：

> 借：应收利息
> 　　贷：投资收益

收到现金股利或利息时：

> 借：其他货币资金——存出投资款
> 　　贷:应收股利/应收利息

(三)交易性金融资产的期末计量

资产负债表日，交易性金融资产应当按照公允价值计量，公允价值与账面余额之间的差额计入当期损益，最终结转至本年利润。

当交易性金融资产的公允价值高于其账面价值时，应按其差额进行如下账务处理：

> 借：交易性金融资产——公允价值变动
> 　　贷：公允价值变动损益

当交易性金融资产的公允价值低于其账面价值时，应按其差额进行如下账务处理：

> 借：公允价值变动损益
> 　　贷：交易性金融资产——公允价值变动

(四)处置交易性金融资产的核算

处置交易性金融资产时，其处置所得与账户余额之间的差额应计入当期损益，同时调整公允价值变动损益。

> 借：其他货币资金——存出投资款　　　　　　(实际收到的金额)
> 　　贷：交易性金融资产——成本　　　　　　(原账户余额)
> 借或贷：交易性金融资产——公允价值变动　　(原账户余额)
> 借或贷：投资收益　　　　　　　　　　　　　(差额)

同时，将原计入"公允价值变动损益"的金额转给"投资收益"。

借：公允价值变动损益

  贷：投资收益

或 借：投资收益

   贷：公允价值变动损益

任务实施

针对本任务引例处理如下。

1．业务解析

(1) 将购买股票估计所需款项从基本存款账户转入投资专项账户；

(2) 根据该股票交易的交易动机，将其划分为交易性金融资产；

(3) 根据股票交割单的内容，确认该项交易性金融资产的入账价值。

2．会计处理

(1) 将该笔资金从企业基本存款账户转入投资专项账户

借：其他货币资金——存出投资款   205 000

  贷：银行存款   205 000

(2) 时达实业有限公司购买股票的实际成本为 200 000 元(20.20×10 000-0.20×10 000=200 000)，已宣告但尚未发放的现金股利 2000 元，购买股票支付相关费用 1000 元(800+200=1000)。

借：交易性金融资产——成本   200 000

  应收股利   2 000

  投资收益   1 000

  贷：其他货币资金——存出投资款 203 000

实务中，会计填制记账凭证，并交财务主管审核。

做 中 学

一、交易性金融资产股票业务核算

(一)取得交易性金融资产的业务核算

[做中学 7-1]

1．业务背景及原始凭证

时达实业有限公司于 2016 年 2 月 10 日以 320 万元购入火炬科技股票 100 万股划分为交易性金融资产核算，其中含已宣告但尚未发放的现金股利 10 万元，相关费用 10 万元。原始凭证如表 7-7～表 7-9 所示。

表 7-7　存款凭条

※ ※ 证 券 公 司
※※营业部客户存款凭条

[存款]

流水号：20160210002233		2016　年 02 月 10 日
户名：时达实业有限公司　资金账号：200501311		委托人签名
存入金额：3 200 000.00　　余额：3 200 000.00		
※※账户：		※※账户
	操作员：	复核员：

表 7-8　转账支票存根

中国 银行　　（回）

转账支票存根

56891001

附加信息

出票日期：2016年2月10日

收款人	
金　额	3 200 000.00
用　途　投资款	

单位主管　　会计

表 7-9　业务交割单

国泰军安 证券公司

买卖类别：买入	成交日期：2016-02-10	
股东代码：503140	股东姓名：	(1)凭证联
资金账号：200501311	合同号码：	
证券名称：火炬科技	委托日期：2016-02-10　10：20	
成交号码：0165664	成交时间：11：25	
成交股数：1000000	本次余额：	
成交价格：3.10	成交金额：3100000.00	
手续费：11200.00	印花税：12800.00	
过户费：3200.00	其他收费：72800.00	
收付金额：3200000.00	上次余额：300000.00	
本次余额：		
成交部分已宣告尚未分派的现金股利0.1元/股（税后）。		
备注：		

2. 业务解析

(1) 将购买股票估计所需款项从基本存款账户转入投资专项账户；

(2) 根据该股票交易的交易动机，将其划分为交易性金融资产；

(3) 根据股票交割单的内容，确认该项交易性金融资产的入账价值。

3. 会计处理

(1) 将该笔资金从企业基本存款账户转入投资专项账户

借：其他货币资金——存出投资款 3 200 000
    贷：银行存款 3 200 000

(2) 时达实业有限公司购买股票的实际成本为 300 万元(320-10-10=300)，已宣告但尚未发放的现金股利 10 万元，购买股票支付相关费用 10 万元。

借：交易性金融资产——成本 3 000 000
    投资收益 100 000
    应收股利 100 000
    贷：其他货币资金——存出投资款 3 200 000

(二)持有期间被投资的单位发放现金股利核算

[做中学 7-2]

1. 业务背景及原始凭证

承接做中学 7-1 时达实业有限公司在 2016 年 3 月 1 日，收到火炬科技发放的现金股利。火炬科技于 2016 年 8 月 15 日宣告发放现金股利，每 10 股 1.5 元。2016 年 9 月 1 日，时达实业有限公司收到火炬科技发放的现金股利。

2. 业务解析

(1) 企业财务部门应在被投资方宣告发放现金股利时按持股比较计算应获得的现金股利作为获得的投资收益计入当期损益，同时增加"应收股利"。

(2) 在实际收到该现金股利时冲减"应收股利"。

3. 会计处理

(1) 2016 年 3 月 1 日，收到购买火炬科技股票时已宣告尚未发放的现金股利。

借：其他货币资金——存出投资款 100 000
    贷：应收股利 100 000

(2) 2016 年 8 月 15 日，确认应收到的现金股利。

1 000 000÷10×1.5=150 000(元)

借：应收股利 150 000
    贷：投资收益 150 000

(3) 2016 年 9 月 1 日，收到火炬科技发放的现金股利。

借：其他货币资金——存出投资款 150 000

  贷：应收股利 150 000

(三)交易性金融资产的期末计量

[做中学 7-3]

1. 业务背景及原始凭证

承接做中学 7-1 和做中学 7-2，2016 年 6 月 30 日，时达实业有限公司购买的火炬科技的股票的市价为 3.2 元。2016 年 12 月 31 日，火炬科技的股票市价为 2.8 元。

2. 业务解析

(1) 根据资产负债表日该股票二级市场的收盘价确认其公允价值。

(2) 比较公允价值与其账面价值，将其差额确认为"公允价值变动损益"，同时调整"交易性金融资产"的账面价值，使其与公允价值相等。

3. 会计处理

(1) 2016 年 6 月 30 日

时达实业有限公司对于该项金融资产的账面价值为 3 000 000 元，其公允价值为 3 200 000 元(3.2×1 000 000=3 200 000)。公允价值大于账面价值 200 000 元，应记入"公允价值变动损益"账户的贷方。

借：交易性金融资产——公允价值变动 200 000

  贷：公允价值变动损益 200 000

(2) 2016 年 12 月 31 日

时达实业有限公司对于该项金融资产的账面价值为 3 200 000 元(3 000 000+200 000=3 200 000)，其公允价值为 2 800 000 元(2.8×1 000 000=2 800 000)。账面价值大于公允价值 400 000 元，应记入"公允价值变动损益"账户的借方。

借：公允价值变动损益 400 000

  贷：交易性金融资产——公允价值变动 400 000

(四)处置交易性金融资产

[做中学 7-4]

1. 业务背景及原始凭证

承接做中学 7-1、做中学 7-2 和做中学 7-3 时达实业有限公司于 2017 年 2 月 9 日将所持有的火炬科技股票售出，取得价款 3 050 000 元。原始凭证如表 7-10 所示。

表 7-10　进账单

(中国 银行) **进账单**(收账通知)　　　3

2017 年 2 月 9号

付款人	全 称	某证券公司	收款人	全 称	时达实业有限公司
	账 号	66555222011		账 号	23665552111111
	开户行	中国银行潍坊支行		开户行	中国银行厦门支行
金 额	人民币(大写)三佰零伍万元整				亿千百十万千百十元角分　¥ 3 0 5 0 0 0 0 0 0
票据种类	转账支票				
票据张数	1				收款人开户银行签章
	复核　记账				

（此联是收款人开户银行交给收款人的收账凭证）

2. 业务解析

(1) 企业财务部门根据进账单金额确认出售该股票时的公允价值；

(2) 查找"交易性金融资产"明细账，确认处置时各个明细账户的账户余额；

(3) 处置时的公允价值与账户余额之间的差额应计入当期损益；

(4) 查找"公允价值变动损益"明细账，确认应转出的金额和方向。

3. 会计处理

(1) 该"交易性金融资产——成本"明细账户余额为借方 3 000 000 元，"交易性金融资产——公允价值变动"明细账户余额为贷方 200 000 元。

借：其他货币资金——存出投资款　　　　　3 050 000
　　交易性金融资产——公允价值变动　　　200 000
　　贷：交易性金融资产——成本　　　　　　　　3 000 000
　　　　投资收益　　　　　　　　　　　　　　　250 000

(2) 将处置所得款项从投资专项账户转回到基本存款账户

借：银行存款　　　　　　　　　　　　　　3 050 000
　　贷：其他货币资金——存出投资款　　　　　　3 050 000

(3) 将原记入"公允价值变动损益"的金额 200 000 元转给"投资收益"。

借：投资收益　　　　　　　　　　　　　　200 000
　　贷：公允价值变动损益　　　　　　　　　　　200 000

二、交易性金融资产债券业务核算

(一)取得交易性金融资产的业务核算

[做中学 7-5]

1. 业务背景及原始凭证

2016 年 1 月 1 日，时达实业有限公司按每张 103 元从债券二级市场购入飓风公司发行的债券 1 万张(其中 3 元为已到付息期而尚未领取的利息)，每张面值 100 元，票面利率 3%，另支付手续费 20 000 元，时达实业有限公司将该债券划分为交易性金融资产。该债券每年支付一次利息，付息期为每年的 1 月 2 日。原始凭证略。

2. 业务解析

(1) 财务部门将购买债券估计所需款项从基本存款账户转入投资专项账户；

(2) 根据该债券交易的交易动机，将其划分为交易性金融资产；

(3) 根据交割单的内容，确认该项交易性金融资产的入账价值。

3. 会计处理

(1) 将该笔资金从基本存款账户转入投资专项账户。

借：其他货币资金——存出投资款　　　　　　　1 050 000

　　贷：银行存款　　　　　　　　　　　　　　　　1 050 000

(2) 时达实业有限公司购买债券的实际成本为(103-3)×10 000=1 000 000 元，已到期但尚未领取的利息 30 000 元，购买债券支付手续费 20 000 元。

借：交易性金融资产——成本　　　　　　　　　1 000 000

　　应收利息　　　　　　　　　　　　　　　　　30 000

　　投资收益　　　　　　　　　　　　　　　　　20 000

　　贷：其他货币资金——存出投资款　　　　　　　1 050 000

(二)持有期间计提利息的核算

[做中学 7-6]

1. 业务背景及原始凭证

承接做中学 7-5 时达实业有限公司在 2016 年 1 月 2 日收到债券利息。假设 2016 年 6 月 30 日和 2016 年 12 月 31 日为时达实业有限公司的资产负债表日。

2. 业务解析

(1) 企业财务部门应在资产负债表日计提债券利息，计入"应收利息"。

(2) 若收到利息，则冲减"应收利息"。

3. 会计处理

(1) 2016 年 1 月 2 日，时达实业有限公司收到买价中包含的债券利息。

1 000 000×3%=30 000(元)

借：其他货币资金——存出投资款　　　　　　　30 000

　　贷：应收利息　　　　　　　　　　　　　　　　30 000

(2) 2016 年 6 月 30 日，时达实业有限公司计提 1—6 月的利息。

1 000 000×3%×6/12=15 000(元)

借：应收利息　　　　　　　　　　　　　　　　15 000

　　贷：投资收益　　　　　　　　　　　　　　　　　15 000

(3) 2016 年 12 月 31 日，时达实业有限公司计提 7—12 月的利息。

1 000 000×3%×6/12=15 000(元)

　　借：应收利息　　　　　　　　　　　　　15 000

　　　　贷：投资收益　　　　　　　　　　　15 000

(三)交易性金融资产的期末计量

[做中学 7-7]

1. 业务背景及原始凭证

承接做中学 7-5 和做中学 7-6，2016 年 6 月 30 日，时达实业有限公司购买的飓风公司债券在二级市场上的价格为 99 元/张。2016 年 12 月 31 日，飓风公司债券在二级市场上的价格为 101 元/张。

2. 业务解析

(1) 根据资产负债表日该债券二级市场的收盘价确认其公允价值；

(2) 比较公允价值与其账面价值，将其差额确认为"公允价值变动损益"，同时调整"交易性金融资产"的账面价值，使其与公允价值相等。

3. 会计处理

(1) 2016 年 6 月 30 日

时达实业有限公司对于该项金融资产的账面价值为 1 000 000 元，其公允价值为 990 000 元(99×10 000=990 000)。账面价值大于公允价值 10 000 元，应记入"公允价值变动损益"账户的借方。

　　借：公允价值变动损益　　　　　　　　　10 000

　　　　贷：交易性金融资产——公允价值变动　　10 000

(2) 2016 年 12 月 31 日

时达实业有限公司对于该项金融资产的账面价值为 990 000 元(1 000 000-10 000=990 000)，其公允价值为 1 010 000 元(101×10 000=1 010 000)。公允价值大于账面价值 20 000 元，应记入"公允价值变动损益"账户的贷方。

　　借：交易性金融资产——公允价值变动　　20 000

　　　　贷：公允价值变动损益　　　　　　　20 000

(四)处置交易性金融资产

[做中学 7-8]

1. 业务背景及原始凭证

承接做中学 7-5、做中学 7-6 和做中学 7-7 时达实业有限公司于 2017 年 2 月 9 日将所持有的飓风公司债券售出，取得价款 1 000 000 元。原始凭证略。

2. 业务解析

(1) 企业财务部门根据进账单金额确认出售该债券时的公允价值；

(2) 查找"交易性金融资产"明细账，确认处置时各个明细账户的账户余额；

(3) 处置时的公允价值与账户余额之间的差额应计入当期损益；

(4) 查找"公允价值变动损益"明细账，确认应转出的金额和方向。

3. 会计处理

(1) 该"交易性金融资产——成本"明细账户余额为借方 1 000 000 元，"交易性金融资产——公允价值变动"明细账户余额为借方 10 000 元。

借：其他货币资金——存出投资款　　　　　　1 000 000

　　投资收益　　　　　　　　　　　　　　　　 10 000

　　　贷：交易性金融资产——成本　　　　　　　　　　　1 000 000

　　　　　　　　　　——公允价值变动　　　　　　　　　　 10 000

(2) 将处置所得款项从证券投资转户转回基本存款账户。

借：银行存款　　　　　　　　　　　　　　　1 000 000

　　　贷：其他货币资金——存出投资款　　　　　　　　　1 000 000

(3) 将原记入"公允价值变动损益"的金额 10 000 元转给"投资收益"。

借：公允价值变动损益　　　　　　　　　　　　 10 000

　　　贷：投资收益　　　　　　　　　　　　　　　　　　 10 000

任务二　长期股权投资的核算

任务引例

时达实业有限公司 2016 年 3 月 20 日购入 C 公司 30%的股份，购买价款为 2100 万元，并取得 C 公司的共同决策权。取得投资日 C 公司净资产的公允价值为 6000 万元。原始凭证略。

知识链接

一、长期股权投资的范围

长期股权投资，是指投资方对被投资单位实施控制、重大影响的权益性投资，以及对其合营企业的权益性投资。除此之外，其他权益性投资不作为长期股权投资核算而应当按照《企业会计准则第 22 号——金融工具确认和计量》的规定进行会计核算。

控制，是指投资方拥有对被投资方的权力，通过参与被投资方的相关活动而享有可变回报，并且有能力运用对被投资方的权力影响其回报金额。投资方能够对被投资单位实施控制的，被投资单位为其子公司。

合营安排，是一项由两个或两个以上的参与方共同控制的安排。共同控制，是指按照相关约定对某项安排所共同的控制，并且该安排的相关活动必须经过分享控制权的参与方一致同意后才能进行决策。

重大影响，是指对一个企业的财务和经营政策有参与决策的权力，但并不能够控制或者与其他方一起共同控制这些政策的制定。投资企业能够对被投资单位施加重大影响的，被投资单位为本企业的联营企业。

二、长期股权投资的核算方法

1. 成本法

成本法核算的长期股权投资的范围如下。

投资方持有的对子公司的投资，但投资方为投资性主体且子公司不纳入其合并财务报表的除外。

2. 权益法

权益法核算的长期股权投资的范围如下。

(1) 投资方与其他合营方一同对被投资单位实施共同控制且对被投资单位净资产享有权利和权益性投资，即对合营企业投资。

(2) 投资方对被投资单位具有重大影响的权益性投资，即对联营企业的投资。

三、账户设置

"长期股权投资"账户。该账户属于资产类账户，借方登记长期股权投资的初始成本及增加额；贷方登记长期股权投资的转让及减少额；期末借方余额，反映企业持有的长期股权投资的价值，如表 7-11 所示。本账户根据需要明细账，进行明细核算。

表 7-11　长期股权投资

借方	贷方
初始投资成本； 应享有被投资企业实现的净利润的份额(权益法)； 应享有被投资企业所有者权益增加的份额(权益法)	初始投资成本的收回； 应承担被投资企业发生的净亏损的份额(权益法)； 应承担被投资企业所有者权益减少的份额(权益法)

四、采用成本法核算的长期股权投资

(一)取得长期股权投资的核算

企业在购买日取得子公司股权，按其支付的合并成本计入长期股权投资。合并成本包括进行企业合并支付的现金或非现金资产、发行或承担的债务、发行的权益性证券等

在购买日的公允价值。买价中包含的已宣告但尚未发放的现金股利不构成合并成本，而应单独确认为应收项目。

借：长期股权投资
　　应收股利
　　贷：银行存款

(二)被投资企业宣告发放现金股利或现金形式的利润

长期股权投资持有期间被投资单位宣告发放现金股利或现金形式的利润时，企业按其应享有的部分确认为投资收益。

借：应收股利
　　贷：投资收益

在收到时：

借：银行存款
　　贷：应收股利

(三)处置长期股权投资的核算

处置长期股权投资时，其处置时的公允价值与账面价值之间的差额应计入当期损益。

借：银行存款
　　长期股权投资减值准备
　　贷：长期股权投资
借或贷：投资收益

五、采用权益法核算的长期股权投资

(一)取得长期股权投资的核算

权益法下取得长期股权投资时，应先比较一下长期股权投资的初始投资成本和企业投资时应享有的被投资企业可辨认净资产公允价值的份额。

若长期股权投资的初始投资成本大于企业投资时应享有的被投资企业可辨认净资产公允价值的份额，按初始投资成本计入长期股权投资。

借：长期股权投资——成本
　　贷：银行存款等

若长期股权投资的初始投资成本小于企业投资时应享有的被投资企业可辨认净资产公允价值的份额，按应享有的被投资企业可辨认净资产公允价值的份额计入长期股权投资，差额计入当期损益。

借：长期股权投资——成本
　　贷：银行存款
　　　　营业外收入

(二)被投资企业实现净利润或发生净亏损

持有长期股权投资期间，若被投资企业实现净利润，应根据被投资企业实现的净利润计算应享有的份额。

借：长期股权投资——损益调整

　　贷：投资收益

若被投资企业发生净亏损，应根据被投资企业发生净亏损计算应承担的份额。

借：投资收益

　　贷：长期股权投资——损益调整

但应当以长期股权投资的账面价值及其他实质上构成对被投资企业净投资的长期权益减记至零为限，投资企业负有承担额外损失义务的除外。

(三)被投资企业宣告发放现金股利或现金形式的利润

被投资企业以后宣告发放现金股利或现金形式的利润时，企业计算应分得的部分：

借：应收股利

　　贷：长期股权投资——损益调整

实际收到现金股利或现金形式的利润时：

借：银行存款

　　贷：应收股利

收到被投资单位宣告发放的股票股利，不作账务处理，但应在备查簿中登记。

(四)持有长期股权投资期间被投资企业其他综合收益变动的处理

被投资单位其他综合收益发生变动的，投资方应当按照归属于本单位的部分调整长期股权投资，同时增加或减少其他综合收益。

借：长期股权投资——其他综合收益

　　贷：其他综合收益

或　借：其他综合收益

　　　　贷：长期股权投资——其他综合收益

投资企业在对采用权益法核算的长期股权投资确认投资收益和其他综合收益时还需注意以下两个方面。

一是被投资单位采用的会计政策及会计期间与投资企业不一致的，应当按照投资企业的会计政策及会计期间对被投资单位的财务报表进行调整，并据以确认投资收益和其他综合收益等。

二是投资企业计算确认应享有或应分担被投资单位的净损益时，与联营企业、合营企业之间发生的未实现内部交易损益按照应享有的比例计算归属于投资方的部分，应当予以抵销，在此基础上确认投资收益。投资方与被投资单位发生的未实现内部交易损失，按照《企业会计准则第 8 号——资产减值》等的有关规定属于资产减值损失的，应当全额确认。

(五)被投资单位除净损益、其他综合收益以及利润分配以外的所有者权益的其他变动

被投资单位除净损益、其他综合收益和利润分配以外的所有者权益的其他变动,企业按持股比例计算应享有的部分,调整长期股权投资的账面价值,同时增加或减少资本公积。

借:长期股权投资——其他权益变动
  贷:资本公积——其他资本公积
或 借:资本公积——其他资本公积
   贷:长期股权投资——其他权益变动

(六)处置长期股权投资的核算

处置长期股权投资时,其处置所得与账面价值之间的差额应计入当期损益,并同时结转其他综合收益和资本公积。

(1) 借:银行存款   (实际收到的金额)
   长期股权投资减值准备   (原已计提的减值准备)
    贷:长期股权投资——成本
借或贷:长期股权投资——损益调整
借或贷:长期股权投资——其他综合收益
借或贷:长期股权投资——其他资本公积
     贷:应收股利   (尚未领取的现金股利或利润)
贷或借:投资收益   (差额)
(2) 借:其他综合收益
    贷:投资收益
 或 借:投资收益
     贷:其他综合收益
(3) 借:资本公积——其他资本公积
    贷:投资收益
 或 借:投资收益
     贷:资本公积——其他资本公积

任务实施

针对本任务引例处理如下。

1．业务解析

(1) 一般情况下划分为"长期股权投资"的股票投资是投资方与被投资方之间的直接

交易，可通过股权交易合同完成，无须通过证券公司。

(2) 根据持股比例可以确认对时达实业有限公司被投资方具有共同决策权，应确认为"长期股权投资"，并采用权益法核算。

(3) 确认投资时投资方应享有被投资方可辨认净资产公允价值的份额，并与其初始投资成本比较，以确定"长期股权投资"的初始入账价值。

2. 会计处理

时达实业有限公司投资时应享有 C 公司可辨认净资产公允价值的份额为 1800 万元(6000×30%=1800)，长期股权投资的初始投资成本为 2100 万元，长期股权投资的初始成本大于投资时应享有被投资单位可辨认净资产公允价值份额，该部分差额是投资企业在购入该项投资过程中通过购买作价体现出的与所取得股份额相对应得商誉，构成长期股权投资的成本。

借：长期股权投资——成本　　　　　　21 000 000
　　贷：银行存款　　　　　　　　　　　　　　21 000 000

做　中　学

一、成本法下取得长期股权投资的核算

[做中学 7-9]

1. 业务背景

时达实业有限公司于 2016 年 3 月 20 日,购入 A 公司 60%的股份,实际支付价款 8000 万元。价款中包含 200 万元的已宣告但尚未发放的现金股利和 100 万元的手续费等相关费用。假设时达实业有限公司在购买 A 公司股份前与其无任何关联方关系。

2. 业务解析

(1) 根据持股比例应将该项股票投资划分为"长期股权投资"，由于形成母子公司的关系，应采用成本法后续计量。

(2) 取得该长期股权投资的初始投资成本为 7800 万元，价款中包含的 200 万元的已宣告但尚未发放的现金股利不构成初始投资成本，应记入"应收股利"账户的借方。

3. 会计处理

借：长期股权投资　　　　　　　　　　78 000 000
　　应收股利　　　　　　　　　　　　　 2 000 000
　　贷：银行存款　　　　　　　　　　　　　　80 000 000

二、成本法下被投资企业宣告发放现金股利或利润的业务处理

[做中学 7-10]

1. 业务背景及原始凭证

承接做中学 7-9 时达实业有限公司持有 A 公司 60%的股权,为 A 公司的母公司。2016 年 3 月 21 日,时达实业有限公司收到 A 公司发放的现金股利。2016 年 12 月 31 日,A 公司的净利润为 8000 万元。2017 年 3 月 1 日,A 公司宣告发放 2016 年的现金股利 800 万元。2017 年 3 月 21 日,时达实业有限公司收到 A 公司发放的现金股利。2017 年 12 月 31 日,A 公司的净利润为 9000 万元。2018 年 3 月 1 日,A 公司宣告发放 2017 年的现金股利 1000 万元。2018 年 3 月 21 日,时达实业有限公司收到 A 公司发放的现金股利。

2. 业务解析

(1) 企业财务部门应在被投资方宣告发放现金股利或现金形式的利润时按持股比例计算应获得的部分计入当期损益,同时增加"应收股利"。

(2) 在实际收到该现金股利或现金形式的利润时冲减"应收股利"。

3. 会计处理

(1) 2016 年 3 月 21 日

借:银行存款　　　　　　　　　　　　　2 000 000

　　贷:应收股利　　　　　　　　　　　　　　2 000 000

(2) 2017 年 3 月 1 日

应得到现金股利 480 万元(800×60%=480),确认为当期收益。

借:应收股利　　　　　　　　　　　　　4 800 000

　　贷:投资收益　　　　　　　　　　　　　　4 800 000

(3) 2017 年 3 月 21 日

借:银行存款　　　　　　　　　　　　　4 800 000

　　贷:应收股利　　　　　　　　　　　　　　4 800 000

(4) 2018 年 3 月 1 日

应得到现金股利 600 万元(1 000×60%=600),确认为当期收益。

借:应收股利　　　　　　　　　　　　　6 000 000

　　贷:投资收益　　　　　　　　　　　　　　6 000 000

(5) 2018 年 3 月 21 日

借:银行存款　　　　　　　　　　　　　6 000 000

　　贷:应收股利　　　　　　　　　　　　　　6 000 000

三、成本法下处置长期股权投资的业务处理

[做中学 7-11]

1. 业务背景及原始凭证

承接做中学 7-9 和做中学 7-10 时达实业有限公司在 2018 年 9 月 3 日,将其持有的 A 公司 60%的股份出售,假设曾对该股票计提 100 万元的减值准备,出售所得为 8000 万元。

2. 业务解析

(1) 查看该长期股权投资是否有计提减值准备,若计提应在出售时冲回减值准备。
(2) 处置所得与账面价值之间的差额应计入当期损益。

3. 会计处理

借:银行存款　　　　　　　　　　80 000 000
　　长期股权投资减值准备　　　　 1 000 000
　　贷:长期股权投资　　　　　　　　　　78 000 000
　　　　投资收益　　　　　　　　　　　　 3 000 000

四、权益法下取得长期股权投资的核算

[做中学 7-12]

1. 业务背景及原始凭证

时达实业有限公司 2016 年 1 月 8 日购入 D 公司 30%的股份,购买价款为 1500 万元,并取得 D 公司的共同决策权。取得投资日 D 公司净资产的公允价值为 6000 万元。

2. 业务解析

(1) 根据持股比例可以确认对时达实业有限公司被投资方 D 公司具共同控制,应确认为"长期股权投资",并采用权益法核算。
(2) 确认投资时投资方应享有被投资方可辨认净资产公允价值的份额,并与其初始投资成本比较,以确定"长期股权投资"的初始入账价值。

3. 会计处理

时达实业有限公司投资时应享有 D 公司可辨认净资产公允价值的份额为 1800 万元 (6000×30%=1800),长期股权投资的初始投资成本为 1500 万元,长期股权投资的初始成本小于投资时应享有被投资单位可辨认净资产公允价值份额,因而应确认为当期收益,同时调整长期股权投资的成本。

借:长期股权投资——成本　　　　18 000 000
　　贷:银行存款　　　　　　　　　　　　15 000 000

营业外收入   3 000 000

五、权益法下被投资企业实现净利润或发生净亏损的业务处理

[做中学 7-13]

1. 业务背景及原始凭证

承接做中学 7-12 2016 年 12 月 31 日，D 公司资产负债表披露其 2016 年度净利润为 800 万元。2017 年 12 月 31 日，D 公司资产负债表披露其 2017 年度净利润为 1 000 万元。2018 年 12 月 31 日，D 公司资产负债表披露其 2018 年度净亏损为 500 万元。

2. 业务解析

(1) 2016 年、2017 年被投资单位发生净利润，应根据持股比例确认投资收益。

(2) 2018 年被投资单位发生净亏损，应根据持股比例确认投资损失。

3. 会计处理

(1) 2016 年 12 月 31 日

D 公司的净利润为 800 万元，时达实业有限公司应确认的收益为 240 万元(800×30%=240)

  借：长期股权投资——损益调整   2 400 000

    贷：投资收益   2 400 000

(2) 2017 年 12 月 31 日

D 公司的净利润为 1000 万元，时达实业有限公司应确认的收益为 300 万元(1000×30%=300)

  借：长期股权投资——损益调整   3 000 000

    贷：投资收益   3 000 000

(3) 2018 年 12 月 31 日

D 公司的净亏损为 500 万元，时达实业有限公司应确认的损失为 150 万元(500×30%=150)

  借：投资收益   1 500 000

    贷：长期股权投资——损益调整   1 500 000

六、权益法下被投资企业宣告发放现金股利或利润的业务处理

[做中学 7-14]

1. 业务背景及原始凭证

承接做中学 7-12 和做中学 7-13 D 公司 2016 年 3 月 5 日，宣告发放现金股利 400 万元。2016 年 3 月 25 日，时达实业有限公司收到现金股利。2017 年 3 月 5 日，D 公司宣告发放现金股利 600 万元。2017 年 3 月 25 日，时达实业有限公司收到现金股利。

2. 业务解析

(1) 企业财务部门应在被投资方宣告发放现金股利或现金形式的利润时按持股比例计算应获得的部分计入"应收股利"，同时冲减"长期股权投资——损益调整"。

(2) 在实际收到该现金股利或现金形式的利润时冲减"应收股利"。

3. 会计处理

(1) 2016 年 3 月 5 日

时达实业有限公司应确认现金股利 120 万元(400×30%=120)

借：应收股利　　　　　　　　　　　　　1 200 000

　　贷：长期股权投资——损益调整　　　　　　　1 200 000

(2) 2016 年 3 月 25 日

借：银行存款　　　　　　　　　　　　　1 200 000

　　贷：应收股利　　　　　　　　　　　　　1 200 000

(3) 2017 年 3 月 5 日

时达实业有限公司应确认现金股利 180 万元(600×30%=180)

借：应收股利　　　　　　　　　　　　　1 800 000

　　贷：长期股权投资——损益调整　　　　　　　1 800 000

(4) 2017 年 3 月 25 日

借：银行存款　　　　　　　　　　　　　1 800 000

　　贷：应收股利　　　　　　　　　　　　　1 800 000

七、权益法下持有长期股权投资期间被投资企业所有者权益的其他变动的业务处理

[做中学 7-15]

1. 业务背景及原始凭证

承接做中学 7-12，2017 年 D 公司可供出售金融资产的公允价值增加了 4 000 000 元。

2. 业务解析

(1) 被投资企业 D 公司的其他综合收益增加，会计分录为：

借：可供出售金融资产——公允价值变动　　4 000 000

　　贷：其他综合收益　　　　　　　　　　　　4 000 000

(2) 投资企业的其他综合收益应按投资比例增加，4 000 000×30%=1 200 000 元。

3. 会计处理

借：长期股权投资——其他综合收益　　　　1 200 000

　　贷：其他综合收益　　　　　　　　　　　　1 200 000

八、权益法下处置长期股权投资的业务处理

[做中学 7-16]

1. 业务背景及原始凭证

承接做中学 7-12、做中学 7-13、做中学 7-14 和做中学 7-15，2018 年 2 月 10 日，时达实业有限公司售出持有的 D 公司 30%的股份，假设对该股票曾计提 200 万元的减值准备，出售所得 2 000 万元存入银行。

2. 业务解析

(1) 根据进账单金额确认出售该股票时的公允价值。

(2) 查找"长期股权投资"明细账，确认处置时各个明细账户的账户余额。

(3) 查找"长期股权投资减值准备"明细账，确认应转出的金额。

(4) 处置时的公允价值与账面价值之间的差额应计入当期损益。

(5) 查找"其他综合收益"明细账，确认应转出的金额和方向。

3. 会计处理

(1) 时达实业有限公司"长期股权投资"下"成本"明细账户的借方余额为 1800 万元，"损益调整"明细账户的借方余额为 90 万元(240+300-150-120-180=90)，"其他综合收益"明细账户的借方余额为 120 万元。

借：银行存款 20 000 000

长期股权投资价值准备 2 000 000

贷：长期股权投资——成本 18 000 000

——损益调整 900 000

——其他综合收益 1 200 000

投资收益 1 900 000

(2) 时达实业有限公司"其他综合收益"账户的贷方余额为 120 万元。

借：其他综合收益 1 200 000

贷：投资收益 1 200 000

能 力 训 练

一、单项选择题

1. 交易性金融资产以( )计量。

    A. 公允价值　　　B 市场价格　　　C. 历史成本　　　D 重置成本

2. 交易性金融资产所支付价款中包含了已宣告但尚未发放的现金股利或已到付息期但尚未领取的债券利息的，应当借记( )账户。

    A. 交易性金融资产　　　　　　B. 应收股利或应收利息

C. 投资收益 D. 银行存款

3. 取得交易性金融资产所发生的相关交易费用应当在发生时借记(　　)账户。

A. 交易性金融资产 B. 应收股利或应收利息

C. 投资收益 D. 银行存款

4. 交易性金融资产持有期间被投资单位宣告发放现金股利，应按持股份额，贷记(　　)账户。

A. 交易性金融资产——成本 B. 交易性金融资产——公允价值变动

C. 投资收益 D. 银行存款

5. 某企业购入 A 公司股票 10 000 股，每股价格为 7.9 元，另支付交易佣金等 3 000 元；购入时每股价格包含已宣告发放的股利 0.8 元。该企业应记入"交易性金融资产"账户的金额为(　　)元。

A. 79 000 B. 71 000 C. 82 000 D. 74 000

6. 承上题，该股票在资产负债表日的市价为每股 8 元，则该企业"交易性金融资产"账户的余额为(　　)元。

A. 80 000 B. 79 000 C. 82 000 D. 74 000

7. 甲公司购入乙公司股票 50 万股作为交易性金融资产，支付价款 400 万元，其中包含已宣告但尚未发放的现金股利 20 万元。另支付相关交易税费 8 万元。该交易性金融资产的入账金额为(　　)万元。

A. 380 B. 388 C. 400 D. 408

8. 甲公司购入面值为 100 元的债券 1 万张，作为交易性金融资产，共支付价款 110 万元，其中包含已到期但未支付的债券利息 5 万元，相关交易税费 5 万元。该交易性金融资产的入账金额为(　　)万元。

A. 110 B. 105 C. 100 D. 120

9. 甲公司购入面值为 100 元的债券 1 万张，作为交易性金融资产，共支付价款 120 万元，其中包含已到期但未支付的债券利息 5 万元，相关交易税费 5 万元。该交易性金融资产的入账金额为(　　)万元。

A. 110 B. 115 C. 100 D. 120

10. 甲公司购入面值为 100 元的债券 1 万张，作为交易性金融资产，共支付价款 100 万元，其中包含已到期但未支付的债券利息 5 万元，相关交易税费 5 万元。该交易性金融资产的入账金额为(　　)万元。

A. 95 B. 105 C. 100 D. 90

11. 甲公司将其持有的交易性金融资产全部出售，售价为 3000 万元。出售前该金融资产的账面价值为 2800 万元(其中成本 2500 万元，公允价值变动 300 万元)。假定不考虑其他因素，甲公司处置该交易性金融资产时应确认的投资收益为(　　)万元。

A. 200 B. -200 C. 500 D. -500

12. 权益法下取得长期股权投资时，若长期股权投资的初始投资成本小于企业投资时应享有的被投资企业可辨认净资产公允价值的份额，应按企业投资时应享有的被投资企业可辨认净资产公允价值的份额，借记"长期股权投资——成本"账户，按初始投资成本，贷记"银行存款"等账户，按其差额，贷记( )账户。

    A. 投资收益   B. 长期股权投资——损益调整

    C. 资本公积   D. 营业外收入

13. 权益法下，长期股权投资持有期间被投资单位宣告发放现金股利或利润时，应贷记( )账户。

    A. 长期股权投资   B. 投资收益

    C. 应收股利   D. 银行存款

14. 采用成本法核算时，企业对于被投资企业已接受投资后净利润所分配的股利，应当( )。

    A. 作为投资收益处理   B. 作为长期投资减少处理

    C. 作为长期投资增加处理   D. 作为营业外收入处理

15. 采用成本法核算长期股权投资，下列各项中会导致长期股权投资账面价值发生增减变动的是( )。

    A. 长期股权投资发生减值损失

    B. 持有长期股权投资期间被投资企业实现净利润

    C. 被投资企业宣告分派属于投资企业投资前实现的净利润

    D. 被投资企业宣告分派属于投资企业投资后实现的净利润

16. A公司2016年年初按投资份额出资180万元对B公司进行长期股权投资，占B公司股权比例的40%。当年B公司亏损100万元；2017年B公司亏损400万元；2018年B公司实现公允净利润180万元。2018年A公司计入投资收益的金额为( )万元。

    A. 12   B. 10   C. 8   D. 0

17. 承上题，2019年B公司实现公允净利润50万元。2019年A公司计入投资收益的金额为( )万元。

    A. 2   B. 3   C. 4   D. 5

18. 2018年A公司计入长期股权投资的金额为( )万元。

    A. 160   B. 18   C. 0   D. −2

19. 2016年1月1日，甲公司以1600万元购入乙公司30%的股份，另支付相关费用8万元，采用权益法核算。取得投资时，乙公司所有者权益的账面价值为5000万元(与可辨认净资产的公允价值相同)。乙公司2016年度实现净利润300万元。假定不考虑其他因素，甲公司该长期股权投资的初始入账价值为( )万元。

    A. 1600   B. 1608   C. 1500   D. 1508

20. 承上题，甲公司该长期股权投资2010年12月31日的账面余额为( )万元。

    A. 1590   B. 1598   C. 1608   D. 1698

二、多项选择题

1. 以下各项属于金融资产的有( )。

    A. 交易性金融资产   B. 持有至到期投资

C. 可供出售金融资产   D. 贷款

 2. 资产负债表日，当交易性金融资产得公允价值高于其账面价值时，应按其差额，( )。

  A. 借记"交易性金融资产——公允价值变动"账户

  B. 贷记"公允价值变动损益"账户

  C. 借记"公允价值变动损益"账户

  D. 贷记"交易性金融资产——公允价值变动"账户

 3. 核算长期股权投资的方法包括( )。

  A. 历史成本法   B. 成本法

  C. 所有者权益法   D. 权益法

 4. 权益法核算长期股权投资的情况包括( )。

  A. 控制   B. 共同控制

  C. 重大影响   D. 无控制、共同控制且无重大影响

 5. 在持股比例不变的情况下，被投资企业的其他综合收益增加，企业按持股比例计算应享有的份额，应( )。

  A. 借记"长期股权投资——其他权益变动"账户

  B. 贷记"资本公积——其他资本公积"账户

  C. 借记"长期股权投资——其他综合收益"账户

  D. 贷记"其他综合收益"账户

 6. 某企业通过购买股票进行长期投资时，实际支付的下列款项中，应计入投资成本的有( )。

  A. 购买股票的价款

  B 佣金及手续费

  C. 交易过程中的有关税金

  D. 价款中含有的已宣告而未发放的现金股利

 7. 下列应计入投资收益的有( )。

  A. 取得交易性金融资产时的税金手续费

  B. 收到的现金股利

  C. 取得长期股权投资时的税金手续费

  D. 处置交易性金融资产时，公允价值变动损益账户的余额

 8. 可划分为交易性金融资产的有( )。

  A. 以短期获利为目的购入的股票 B. 以短期获利为目的购入的债券

  C.以短期获利为目的购入的基金 D. 衍生金融工具

 9. 可通过长期股权投资核算的股票投资包括( )。

  A. 控制   B. 合营安排

  C. 重大影响   D. 无控制、共同控制和重大影响

 10. 采用权益法核算长期股权投资时，确认其入账价值时应将( )与( )进行

比较。

  A. 初始投资成本

  B. 应享有被投资方净资产的账面价值份额

  C. 应享有被投资方资产的公允价值份额

  D. 应享有被投资方净资产的公允价值份额

三、实务操作题

[实务操作 7-1]

1. 目的

练习交易性金融资产的核算。

2. 资料

某公司于 2016 年 5 月 22 日以 100 万元购入 A 公司股票 10 万股作为交易性金融资产,其中含已宣告但尚未发放的现金股利 10 万元,另支付相关费用 5 万元。2016 年 6 月 1 日,收到现金股利。2016 年 6 月 30 日,该股票的市场价格为每股 10 元。2016 年 12 月 31 日,该股票的市场价格为每股 9.5 元。2017 年 4 月 20 日,A 公司宣告每股发放 0.5 元现金股利。2017 年 6 月 1 日,收到现金股利。该公司于 2017 年 6 月 15 日,该公司以每股 9.2 元出售股票。

3. 要求

根据以上经济业务编制会计分录。

[实务操作 7-2]

1. 目的

练习交易性金融资产的核算。

2. 资料

某公司于 2016 年 1 月 2 日从二级市场上购入面值为 100 元 B 公司债券 2000 张,共支付 25 万元,含税金及手续费 1 万元。该债券 2014 年 1 月 1 日发行,票面利率 5%,期限 3 年,到期一次还本付息。该债券 2016 年 6 月 30 日的市场价格为 105 元,该债券 2016 年 12 月 31 日的市场价格为 102 元。

3. 要求

根据以上经济业务编制会计分录。

[实务操作 7-3]

1. 目的

练习交易性金融资产的核算。

2. 资料

宏远公司于 2016 年 10 月 3 日用银行存款从二级市场购入 M 公司股票 1 万股,划分为交易性金融资产,购买价款为 12.6 元/股,购入时 M 公司已宣告但尚未发放的现金股利为 0.3 元/股,宏远公司另支付交易费用 400 元。2016 年 10 月 15 日宏远公司收到了上述现金股利。2016 年 12 月 31 日 M 公司股票收盘价为 13.1 元/股，2017 年 4 月 18 日 M 公司宣告发放现金股利 0.5 元/股，2017 年 5 月 15 日宏远公司收到了上述股利。2017 年 6 月 30 日 M 公司股票收盘价为 11.5 元/股，2017 年 7 月 9 日宏远公司将上述股票全部出售，售价共计 12 400 万元。

3. 要求

根据以上经济业务编制会计分录。

[实务操作 7-4]

1. 目的

练习长期股权投资的核算。

2. 资料

长江公司 2016 年 1 月 1 日购入 A 股份有限公司 60%的股份，收购价款为 3000 万元。2016 年 A 公司实现净利润 500 万元。2017 年 5 月 8 日，A 公司宣告分派 2016 年现金股利 200 万元，并于 5 月 25 日发放。2017 年度，A 公司实现净利润 800 万元。2018 年 5 月 8 日，A 公司宣告分派 2017 年现金股利 300 万元，并于 5 月 25 日发放。

3. 要求

根据以上经济业务编制会计分录。

[实务操作 7-5]

1. 目的

练习长期股权投资的核算。

2. 资料

某公司 2016 年 1 月 1 日购入 C 公司的股票 300 000 股，占 C 公司全部股本的 30%，实际支付价款 3 600 000 元；C 公司所有者权益的公允价值为 10 000 000 元。C 公司 2016 年净利润为 2 000 000 元，其他综合收益 1 000 000 元。C 公司 2017 年 5 月 1 日分派上年度现金股利 100 000 元，除权日为 5 月 15 日。2017 年 7 月 22 日，出售 C 公司股票共收到 3 500 000 元存入银行。

3. 要求

根据以上经济业务编制会计分录。

[实务操作 7-6]

1. 目的

练习长期股权投资的核算。

2. 资料

万象公司 2016 年 7 月 1 日购入 W 公司的股票 100 万股，占 W 公司全部股本的 20%，实际支付价款 10 000 000 元；W 公司所有者权益的公允价值为 40 000 000 元。W 公司 2016 年净亏损为 25 000 000 元。W 公司 2017 年净亏损为 20 000 000 元。　W 公司 2018 年净亏损为 10 000 000 元。W 公司 2019 年净利润为 5 000 000 元。

3. 要求

根据以上经济业务编制会计分录。

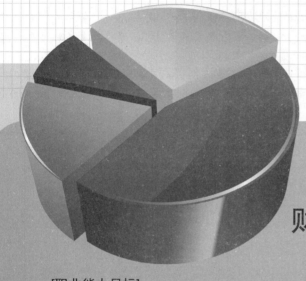

学习情境八 《《

财产清查业务的核算

[职业能力目标]

【知识目标】

- 了解财产清查的内容和方法
- 掌握库存现金的清查及核算
- 掌握银行存款余额调节表的编制
- 掌握存货、固定资产的清查及核算
- 掌握应收款项减值的核算
- 掌握存货减值的核算
- 熟悉固定资产、长期股权投资、无形资产减值的核算

【能力目标】

- 能对现金进行财产清查，并做出账务处理
- 能编制银行存款余额调节表
- 能对实物资产进行清查，并做出账务处理
- 能运用应收款项余额百分比法计提坏账准备，并做出账务处理
- 能对存货、固定资产、长期股权投资、无形资产计提减值准备，并做出账务处理

情境导入

对于年收入上千亿元的万达集团来说，200 万元是一个不值一提的数字。然而，万达福建漳州一项目总经理及营销副总、营销经理共 3 人，正是因为在财产清查中发现违规消失了 200 余万元，被集团内部相关部门清查并移交至公安机关。

"整个行业面临着转型，在利润率越来越低的形势下，如果企业再不重视内部管理，降本增效，对企业的副作用会非常大。"兰德咨询总裁宋延庆说，整个产业链可以滋生腐败的环节超过 95%。

在《万达 2013 年上半年工作会议》内部讲话中，王健林指出，上半年万达共财产清查 94 次，发现问题 193 项，处罚员工 173 人，其中移交司法 3 人，解聘 13 人，降职 1 人，其他处罚 156 人。

财产清查是企业进行内部控制有效的重要手段。作为财务人员，如何对各类资产进行财产清查工作呢？财产工作清查完后我们又如何进行账务处理呢？本情境将围绕上述问题进行学习和探讨。

知识导图

任务一　资产清查的核算

任务引例

时达实业有限公司进行现金清查，发现长款 90 元，原因待查。原始凭证如表 8-1 所示。

表 8-1　库存现金盘点报告表

单位名称：时达实业有限公司　　　　　2016 年 1 月 30 日　　　　　金额：元

币　别	实存金额	账存金额	对比结果		备　注
			盘　盈	盘　亏	
人民币	4140	4050	90		

盘点人：王明　　　　　　　　　　　　　　　　　　　　　出纳员：李莉

知识链接

一、财产清查的概念

财产清查是指通过实地盘点、核对、查询等方法，确定各项财产物资、货币资金、往来款项的实际结存数，并与账面结存数相核对，以确定账实是否相符的一种专门方法。

会计核算要以真实的经济业务为对象，如实反映企业财务状况和经营成果，提供客观的会计核算指标，这是会计核算的一般原则。因此，在会计核算工作中，加强对会计凭证的日常审核，定期进行账证核对、账账核对，在一定程度上能保证账簿记录本身的正确性，但账簿记录的正确并不能保证其反映的财务状况和经营成果的客观真实。

二、财产清查的内容和方法

(一)库存现金清查

为了确保账实相符，应对库存现金进行清查。现库存金清查包括两部分内容，一是出纳人员每日营业终了进行账款核对；二是清查小组进行定期或不定期的盘点和核对。库存现金清查一般采用实地盘点法。

对现金实存额进行盘点，必须以现金管理的有关规定为依据，不得以白条抵存，不得超限额保管现金。对现金进行账实核对，如发现账实不符，应立即查明原因，及时更正，对发生的长款或短款，应查找原因，并按规定进行处理，不得以今日长款弥补他日短款。现金清查和核对后，应及时编制"现金盘点报告表"，列明现金账存额、现金实存额、差异额及其原因，对无法确定原因的差异，应及时报告有关负责人。

(二)银行存款清查

为了保证银行存款账实相符，及时纠正可能发生的差错，准确掌握企业可以动用的银行存款实有数，企业每月至少应将银行存款日记账与银行对账单核对。企业进行账单核对时，往往出现银行存款日记账余额与银行对账单同日余额不符的情况。究其原因主要有三：一是计算错误；二是记账错漏；三是未达账项。计算错误是企业或银行对银行存款结存额的计算发生运算错误；记账错漏是指企业或银行对存款的收入、支出的错记或漏记；未达账项是指银行和企业对同一笔款项收付业务，因记账时间不同，而发生的一方已经入账，另一方尚未入账的款项。未达账项不外乎以下四种情况：

(1) 企业已经收款入账，银行尚未收款入账的款项；

(2) 企业已经付款入账，银行尚未付款入账的款项；

(3) 银行已经收款入账，企业尚未收款入账的款项；

(4) 银行已经付款入账，企业尚未付款入账的款项。

编制银行存款余额调节表后，不需进行账簿记录的调整，只有等到有关单据到达，才可进行账务处理。

(三)存货的清查

企业进行存货清查盘点，应当编制"存货盘存报告单"，并将其作为存货清查的原始凭证。经过存货盘存记录的实存数与存货的账面记录核对，若账面存货小于实际存货，为存货的盘盈；反之，为存货的盘亏。对于盘盈、盘亏的存货要先记入"待处理财产损溢"科目，期末应查明存货的盘盈、盘亏的原因，在期末结账前报经批准核销，处理完毕。

1. 存货盘盈

发生盘盈的存货，经查明是由于收发计量或核算上的误差等原因造成的，应及时办理存货入账的手续，调整存货账的实存数，按盘盈存货的实际成本记入"待处理财产损溢"科目，期末再冲减管理费用。

2. 存货盘亏和毁损

发生存货盘亏和毁损，在批准处理以前，应先通过"待处理财产损溢——待处理流动资产损溢"科目进行核算。盘亏和毁损时，一般按盘亏和毁损存货的实际成本冲减存货的账面记录。查明盘亏和毁损的原因后，应按不同的原因及处理决定分别入账，借记"待处理财产损溢——待处理流动资产损溢"科目，贷记有关科目。其中，属于定额合理盘亏，应作为管理费用列支；属于一般经营性损失的，扣除残料价值、以及可以收回的保险赔偿和过失人赔偿剩余净损失，经批准也可以作为管理费用列支；属于自然灾害损失，管理不善造成货物被盗，发生霉烂变质等损失以及其他非正常损失的，扣除可以收回的保险赔偿及残料价值后的净损失，作为企业的营业外支出进行处理等。对于采购过程中发生的非正常损失的原材料，如果属于自然灾害，原材料的进项税仍可抵扣。如果是人为管理原因造成，而且有赔偿金额的，原材料的进项税不可以抵扣，需要做进项税转出。

(四)固定资产的清查

企业应定期或者至少于每年年末对固定资产进行清查盘点，清查过程中如果发现盘盈、盘亏的固定资产，应填制固定资产盘盈、盘亏报告表。清查固定资产的损溢，应及时查明原因，并按照规定程序报批处理。

1. 固定资产盘盈

企业在财产清查中盘盈的固定资产，作为前期差错处理。企业在财产清查中盘盈的固定资产，在按管理权限报经批准处理前应先通过"以前年度损益调整"科目核算。盘盈的固定资产，应按重置成本确定其入账价值，借记"固定资产"科目，贷记"以前年度损益调整"科目。

2. 固定资产盘亏

企业在财产清查中盘亏的固定资产，按盘亏固定资产的账面价值，借记"待处理财产损溢"科目，按已计提的累计折旧，借记"累计折旧"科目，按已计提的减值准备，借记"固定资产减值准备"科目，按固定资产的原价，贷记"固定资产"科目。按管理权限报经批准后处理时，按可收回的保险赔偿或过失人赔偿，借记"其他应收款"科目，按应计入营业外支出的金额，借记"营业外支出"科目，贷记"待处理财产损溢"科目。

(五)往来款项的清查

企业的各种应收、应付等往来款项的清查，应采取询证核对法，即与对方核对账目的方法。清查时，应在检查各种应收、应付款项账簿记录正确的基础上，编制"往来款项对账单"寄送或派人直接送交对方单位进行核对。对账单一般一式两联，其中一联作为回单，对方单位如核对相符，应在回单上盖章送回；如发现不符，应将不符情况在回单上注明，以便进一步清查。

三、账户的设置

"待处理财产损溢"账户。该账户用来核算公司在清查财产过程中查明的各种财产物资的盘盈、盘亏和毁损，如表 8-2 所示。本账户下设置"待处理流动资产损溢"和"待处理固定资产损溢"两个明细账户，期末应无余额。

表 8-2　待处理财产损溢

借方	贷方
发生的待处理财产盘亏和毁损数	发生的待处理财产盘盈数
结转已批准处理的财产盘盈数	结转已批准处理的财产盘亏和毁损数

四、财产清查的核算

(一)库存现金清查的核算

1．库存现金长款时

借：库存现金

　　贷：待处理财产损溢——待处理流动资产损溢

库存现金长款的处理如下。

(1) 属于应支付给有关人员或单位的部分。

借：待处理财产损溢——待处理流动资产损溢

　　贷：其他应付款——应付现金溢余

(2) 属于无法查明原因的现金长款。

借：待处理财产损溢——待处理流动资产损溢

　　贷：营业外收入——现金溢余

2．库存现金短款时

借：待处理财产损溢——待处理流动资产损溢

　　贷：库存现金

库存现金短缺的处理如下。

(1) 属于应由责任人赔偿的部分。

借：其他应收款—应收现金短缺款(××个人)

　　贷：待处理财产损溢——待处理流动资产损溢

(2) 属于应由保险公司赔偿的部分。

借：其他应收款——应收保险赔款

　　贷：待处理财产损溢——待处理流动资产损溢

(3) 属于无法查明原因的部分，经批准

借：管理费用

　　贷：待处理财产损溢——待处理流动资产损溢

(二)存货清查的核算

1．存货盘盈

借：原材料

　　贷：待处理财产损溢——待处理流动资产损溢

存货盘盈的处理如下。

借：待处理财产损溢——待处理流动资产损溢

　　贷：管理费用

2．存货盘亏

借：待处理财产损溢——待处理流动资产损溢

　　贷：原材料

存货盘亏的处理如下。

(1) 属于自然损耗、管理不善导致定额内损耗的，应记入"管理费用"科目。

借：管理费用

　　贷：待处理财产损溢——待处理流动资产损溢

(2) 对于入库的残料，应记入"原材料"科目。

借：原材料

　　贷：待处理财产损溢——待处理流动资产损溢

(3) 对于应由保险公司和过失人赔偿的，应记入"其他应收款"科目。

借：其他应收款

　　贷：待处理财产损溢——待处理流动资产损溢

(4) 属于非常损失的，在扣除赔偿和残值后的部分，列入"营业外支出"科目。

借：营业外支出

　　贷：待处理财产损溢——待处理流动资产损溢

(三)固定资产清查的核算

1．固定资产盘盈

借：固定资产

　　贷：以前年度损益调整

2．固定资产盘亏

(1) 报批前转销盘亏固定资产账面价值。

借：待处理财产损溢——待处理固定资产损溢

　　累计折旧

　　贷：固定资产

(2) 按批复转销时，按可收回的保险赔偿或过失人赔偿，借记"其他应收款"科目，按应计入营业外支出的金额，借记"营业外支出"科目，贷记"待处理财产损溢"科目。

借：其他应收款

　　营业外支出

　　贷：待处理财产损溢——待处理非流动资产损溢

任务实施

针对本任务引例处理如下。

1．业务解析

(1) 盘点人员填写"库存现金盘点报告表"；

(2) 会计审核"库存现金盘点报告表"，并填制记账凭证；

(3) 会计主管审核记账凭证；

(4) 会计据以登记相关总账及明细账，出纳登记"库存现金"日记账。

2．会计处理

借：库存现金　　　　　　　　　　　　　　　　　90

　　贷：待处理财产损溢——待处理流动资产损溢　　　90

以下"做中学"填制记账凭证和登记账簿方法相同，不再赘述。

做　中　学

一、库存现金清查的核算

[做中学 8-1]

1．业务背景及原始凭证

经反复核查，仍无法查明长款 90 元的具体原因，经单位领导批准，将其转为企业的营业外收入。原始凭证如表 8-3 所示。

表 8-3　盘盈盘亏处理结果报告单

单位名称：时达实业有限公司　　　　　　2016 年 2 月 13 日　　　　　　　　金额：元

币　别	盘盈数量	盘亏数量	溢缺原因	处理意见
人民币	90		无法查明原因	转为营业外收入

领导签字：宋然

2．业务解析

(1) 盘点员填写"盘盈盘亏处理结果报告单"；

(2) 会计审核"盘盈盘亏处理结果报告单"，并填制记账凭证；

(3) 会计主管审核记账凭证。

3．会计处理

借：待处理财产损溢——待处理流动资产损溢　　　90

　　贷：营业外收入　　　　　　　　　　　　　90

[做中学 8-2]

1．业务背景及原始凭证

时达实业有限公司现金清查中发现有无法查明具体原因的现金短款 40 元。原始凭证如表 8-4 所示。

表 8-4 库存现金盘点报告表

单位名称：时达实业有限公司　　　　　2016 年 1 月 30 日　　　　　金额：元

币　别	实存金额	账存金额	对比结果		备　注
			盘　盈	盘　亏	
人民币	4140	4180		40	

盘点人：王明　　　　　　　　　　　　　　　　　　　　　　　　出纳员：李莉

2．业务解析

(1) 盘点员填写"库存现金盘点报告表"；

(2) 会计审核"库存现金盘点报告表"，并填制记账凭证；

(3) 会计主管审核记账凭证。

3．会计处理

借：待处理财产损溢——待处理流动资产损溢　　　　40

　　贷：库存现金　　　　　　　　　　　　　　　　　　　40

[做中学 8-3]

1．业务背景及原始凭证

经核查，上述现金短款系出纳人员责任造成，应由出纳赔偿，向出纳人员发出赔偿通知书。原始凭证如表 8-5 所示。

表 8-5 盘盈盘亏处理结果报告单

单位名称：时达实业有限公司　　　　　2016 年 2 月 13 日　　　　　金额：元

币　别	盘盈数量	盘亏数量	溢缺原因	处理意见
人民币		40	出纳人员责任造成	出纳人员赔偿

领导签字：宋然

2．业务解析

(1) 盘点员填写"盘盈盘亏处理结果报告单"；

(2) 会计审核"盘盈盘亏处理结果报告单"，并填制记账凭证；

(3) 会计主管审核记账凭证。

3．会计处理

借：其他应收款——出纳员××　　　　　　　　　　40

　　贷：待处理财产损溢——待处理流动资产损溢　　　40

二、银行存款清查的核算

[做中学 8-4]

1. 业务背景及原始凭证

时达实业有限公司 3 月 31 日，银行存款日记账的账面余额为 312 460 元，银行对账单余额是 314 400 元，经查对发现有以下未达账项：

(1) 3 月 27 日企业送存银行的转账支票 17 200 元，银行尚未入账。

(2) 3 月 31 日银行代付电费 1500 元，企业尚未收到付款通知。

(3) 3 月 31 日企业委托银行收款 13 800 元，银行已收到入账，企业尚未收到收款通知。

(4) 3 月 31 日企业开出转账支票一张计 6840 元，持票单位尚未到银行办理结算手续。

根据以上未达账项，编制调节表。

2. 业务解析(略)

3. 会计处理

银行存款余额调节如表 8-6 所示。

表 8-6　银行存款余额调节表

项　目	金　额	项　目	金　额
银行对账单余额	314 400	企业存款日记账余额	312 460
加：企业已收，银行未收的款项		加：银行已收，企业未收的款项	
27 日银行未入账的转账支票	17 200	31 日银行收到的款项	13 800
减：企业已付，银行未付的款项		减：银行已付，企业未付的款项	
31 日银行未入账的转账支票	6 840	31 日代付的电费	1 500
调节后的余额	324 760	调节后的余额	324 760

三、存货清查的核算

[做中学 8-5]

1. 业务背景及原始凭证

时达实业有限公司盘点原材料，发现盘盈甲材料，按重置价值计算其实际成本为 900 元，盘盈原因待查。原始凭证如表 8-7 所示。

表 8-7　账存实存对比表

单位名称：时达实业有限公司　　　　　　2016 年 3 月 30 日　　　　　　　金额：元

名　称	计量单位	账存数		实际盘点数		差　异			
						盘　盈		盘　亏	
		数　量	金　额	数　量	金　额	数　量	金　额	数　量	金　额
甲材料	千克	8550	855 000	8559	855 900	9	900		

主管：　　　　　　　　　　会计：　　　　　　　　　　制表：王勇

2．业务解析

(1) 盘点员填写"账存实存对比表"；

(2) 会计审核"账存实存对比表"，并填制记账凭证；

(3) 会计主管审核记账凭证。

3．会计处理

借：原材料   900

  贷：待处理财产损溢——待处理流动资产损溢 900

[做中学 8-6]

1．业务背景及原始凭证

承接做中学 8-5 查明原因，盘盈的原材料系收发时的计量误差所致，经批准冲销企业的管理费用。原始凭证如表 8-8 所示。

表 8-8　盘盈盘亏处理结果报告单

单位名称：时达实业有限公司　　　　　2016 年 3 月 30 日　　　　　金额：元

名　称	规　格	计量单位	盘盈数量	盘亏数量	溢缺原因	处理意见
甲材料		千克	9		收发时的计量误差所致	冲销管理费用

领导签字：×××

2．业务解析

(1) 盘点员填写"盘盈盘亏处理结果报告单"；

(2) 会计审核"盘盈盘亏处理结果报告单"，并填制记账凭证；

(3) 会计主管审核记账凭证。

3．会计处理

借：待处理财产损溢——待处理流动资产损溢 900

  贷：管理费用   900

[做中学 8-7]

1．业务背景及原始凭证

时达实业有限公司盘亏甲材料，实际成本为 400 元，原因待查。原始凭证如表 8-9 所示。

表 8-9　账存实存对比表

单位名称：时达实业有限公司　　　　　　　　2016 年 4 月 20 日　　　　　　　　金额：元

品名及规格	计量单位	账存数		实际盘点数		差　异			
						盘　盈		盘　亏	
		数　量	金　额	数　量	金　额	数　量	金　额	数　量	金　额
甲材料	公斤	8550	855 000	8546	854 600			4	400

主管：　　　　　　　　　　　　会计：　　　　　　　　　　制表：王勇

查明原因，盘亏甲材料系定额内合理损耗，批准作为管理费用列支。原始凭证如表 8-10 所示。

表 8-10　盘盈盘亏处理结果报告单

单位名称：时达实业有限公司　　　　　　　　2016 年 4 月 30 日　　　　　　　　金额：元

材料名称	规　格	计量单位	盘盈数量	盘亏数量	溢缺原因	处理意见
甲材料		千克		4	定额内合理损耗	作为管理费用列支

领导签字：×××

2．业务解析(略)

3．会计处理

(1) 借：待处理财产损溢——待处理流动资产损溢　　　　400

　　　　贷：原材料　　　　　　　　　　　　　　　　　　　400

(2) 借：管理费用　　　　　　　　　　　　　　　　　400

　　　　贷：待处理财产损溢——待处理流动资产损溢　　　　400

[做中学 8-8]

1．业务背景及原始凭证

因发生水灾，对财产进行清查盘点。其中，库存商品毁损额按实际成本计算为 5 000 元，并通知保险公司。原始凭证如表 8-11 所示。

表 8-11　账存实存对比表

单位名称：时达实业有限公司　　　　　　　　2016 年 5 月 10 日　　　　　　　　金额：元

品名及规格	计量单位	账存数		实际盘点数		差　异			
						盘　盈		盘　亏	
		数　量	金　额	数　量	金　额	数　量	金　额	数　量	金　额
甲产品	千克	8550	855 000	8500	850 000			50	5000

主管：　　　　　　　　　　　　会计：　　　　　　　　　　制表：王勇

水灾造成的产成品损失已经做出处理决定，残料估价 300 元，可以由保险公司赔偿的损失为 4000 元，由企业负担的损失为 700 元。原始凭证如表 8-12 所示。

表 8-12　盘盈盘亏处理结果报告单

单位名称：时达实业有限公司　　　　　2016 年 5 月 18 日　　　　　金额：元

材料名称	规　格	计量单位	盘盈数量	盘亏数量	溢缺原因	处理意见
甲产品		千克		50	水灾	残料计入原材料 300 元、由保险公司赔偿的损失 4000 元记入其他应收款、由企业负担的损失 700 元作为营业外支出。

领导签字：×××

2. 业务解析(略)

3. 会计处理

(1) 借：待处理财产损溢——待处理流动资产损溢　　5 000
　　　贷：库存商品　　　　　　　　　　　　　　　　　　5 000
(2) 借：原材料　　　　　　　　　　　　　　　　300
　　　其他应收款　　　　　　　　　　　　　　4 000
　　　营业外支出　　　　　　　　　　　　　　700
　　　贷：待处理财产损溢——待处理流动资产损溢　　5 000

四、固定资产清查的核算

[做中学 8-9]

1. 业务背景及原始凭证

时达实业有限公司年末在固定资产清查中，发现一台账外设备，该类设备尚存在活动市场，按类似设备的市场价格减去按新旧程度估计的价值损耗后的余额为 40 000 元，当即填写了"固定资产盘点盈亏报告表"，并上报有关机构审批。所得税税率为 25%，法定盈余公积提取比例为 10%。公司管理机构批复按会计准则的有关规定处理。原始凭证如表 8-13 所示。

表 8-13　固定资产盘点盈亏报告表

2016 年 12 月 31 日

固定资产名称	固定资产型号规格	盘　盈			盘　亏			原　因
		数　量	市场价值	估计折旧	数　量	原始价值	已提折旧	
小型设备	A-116	1	60 000	20 000				
处理意见	清查小组调整账面价值并报批签章：吕树	设备部门设备内部转移手续不完备所致签章：于红叶			领导审批签章：　　年　月　日			

复核：　　　　　　　　　　　　　　　制表：

2．业务解析

(1) 盘点员填写"固定资产盘点盈亏报告表"；

(2) 会计审核"固定资产盘点盈亏报告表"，并填制记账凭证；

(3) 会计主管审核记账凭证。

3．会计处理

(1) 盘盈时：

借：固定资产   40 000

    贷：以前年度损益调整   40 000

(2) 批准后计算应缴纳的所得税：

应交所得税=40 000×25%=10 000

借：以前年度损益调整   10 000

    贷：应交税费——应缴所得税   10 000

(3) 结转留存收益：

借：以前年度损益调整   30 000

    贷：盈余公积——法定盈余公积   3 000

        利润分配——未分配利润   27 000

[做中学 8-10]

1．业务背景及原始凭证

时达实业有限公司 2016 年年末在固定资产清查中，发现短缺一台小型设备，该设备账面原价为 7000 元，已计提折旧 3000 元，当即填写了"固定资产盘点盈亏报告表"，并上报有关机构审批。经查明，该设备的丢失，仓库管理员李斌负有责任。公司管理机构批复由李斌赔偿损失价值的 10%，其余部分作为营业外支出处理。原始凭证如表 8-14 所示。

表 8-14 固定资产盘点盈亏报告表

2016 年 12 月 31 日

固定资产名称	固定资产型号规格	盘 盈			盘 亏			原 因
		数 量	重置价值	估计折旧	数 量	原始价值	已提折旧	
小型设备	A-118				1	7000	3000	账外资产
处理意见	清查小组 调整账面价值并报批 签章：吕树	设备部门 设备内部转移手续不完备所致 签章：于红叶			领导审批 同意由李斌赔偿损失价值的 10%， 其余部分作为营业外支出处理 签章：王一立　　2016 年 12 月 31 日			

复核：　　　　　　　　　　　　　　　　　　　　制表：

2．业务解析

(1) 盘点员填写"固定资产盘点盈亏报告表"；

(2) 会计审核"固定资产盘点盈亏报告表"，并填制记账凭证；

(3) 会计主管审核记账凭证。

3．会计处理

(1) 报批前转销盘亏固定资产账面价值：

借：待处理财产损溢——待处理非流动资产损溢　　4 000

　　累计折旧　　　　　　　　　　　　　　　　3 000

　　　贷：固定资产　　　　　　　　　　　　　　　　　7 000

(2) 按批复转销时：

借：其他应收款——李斌　　　　　　　　　　　　400

　　营业外支出　　　　　　　　　　　　　　　　3 600

　　　贷：待处理财产损溢——待处理非流动资产损溢　　4 000

任务二　资产减值的核算

任务引例

时达实业有限公司 2015 年采用备抵法核算坏账损失。该年年末应收账款余额 2 000 000 元，该公司确定的坏账提取比例为 1%。原始凭证如表 8-15 所示。

表 8-15　坏账准备提取表

2015 年 12 月 31 日

账户名称	计提比例	应提取金额
坏账准备	1%	20 000

知识链接

一、应收款项的减值

(一)坏账损失的确认

1. 坏账的定义

坏账是指企业无法收回或收回的可能性极小的应收款项。由于发生坏账而使企业遭受的损失，称为坏账损失。

2. 坏账确认条件

(1) 因债务人破产或死亡，以其破产或遗产偿债后，确实不能收回；

(2) 因债务单位撤销，资不抵债或现金流量严重不足，确实不能收回；

(3) 因发生严重的自然灾害等导致债务单位停产而在短时间内无法偿付债务，确实无法收回；

(4) 因债务人逾期未履行偿债义务超过 3 年，经检查确实无法收回。

(二)账户设置

1. "坏账准备"账户

该账户用来核算企业应收款项的减值准备。属于资产备抵类账户，计提的坏账准备金额，记入账户的贷方；实际发生的坏账损失金额和冲减的坏账准备金额，记入账户的借方；期末余额在贷方，表示已计提但尚未转销的坏账准备，如表 8-16 所示。本账户应按应收款项进行明细核算。

表 8-16 坏账准备

借方	贷方
实际发生的坏账损失金额和冲减的坏账准备金额	当期计提的坏账准备金额
	已计提但尚未转销的坏账准备

2. "资产减值损失"账户

该账户用来核算企业计提各项资产减值准备所形成的损失。属于损益类账户，资产发生的减值损失，记入账户的借方；期末，应将本科目余额从贷方转入"本年利润"科目，结转后本账户无余额，如表 8-17 所示。本账户应当按照资产减值损失的项目进行明细核算。

表 8-17 资产减值损失

借方	贷方
资产发生的减值损失	结转到"本年利润"账户的金额

(三)估计坏账损失方法

1. 应收款项余额百分比法

根据会计期末应收款项余额乘以估计坏账率来估计坏账损失的方法。

计提坏账准备的计算公式：

当期期末应计提的坏账准备额=当期按应收款项一定比例计算的应提坏账准备金额+(或-)"坏账准备"科目的借方(或贷方)余额

2. 账龄分析法

根据应收款项账龄的长短来估计坏账的方法，账龄指的是顾客所欠账款的时间。

3. 销货百分比法

根据赊销金额的一定百分比估计坏账损失的方法。企业可以根据过去的经验和有关资料，估计坏账损失与赊销金额之间的比率，也可用其他更为合理的方法进行估计。

(四)坏账损失的核算

1. 计提坏账准备

借：资产减值损失——计提的坏账准备
　　贷：坏账准备

2. 发生坏账

借：坏账准备
　　贷：应收账款

3. 已转销的坏账又收回

借：银行存款
　　贷：坏账准备

4. 冲销坏账准备

借：坏账准备
　　贷：资产减值损失——计提的坏账准备

二、存货的减值

(一)存货减值迹象的判断

1. 存货存在下列情况之一的，表明存货的可变现净值低于成本

(1) 该存货的市场价格持续下跌，并且在可预见的未来无回升的希望；

(2) 企业使用该项原材料生产的产品的成本大于产品的销售价格；

(3) 企业因产品更新换代，原有库存原材料已不适应新产品的需要，而该原材利的市场价格又低于其账面成本；

(4) 因企业所提供的商品或劳务过时或消费者偏好改变而使市场的需求发生变化，导致市场价格逐渐下跌；

(5) 其他足以证明该项存货实质上已经发生减值的情形。

2. 存货存在下列情形之一的，表明存货的可变现净值为零

(1) 已霉烂变质的存货；

(2) 已过期且无转让价值的存货;

(3) 生产中已不再需要,并且已无使用价值和转让价值的存货;

(4) 其他足以证明已无使用价值和转让价值的存货。

(二)可变现净值的确定

(1) 企业确定存货的可变现净值,应当以取得的确凿证据为基础,并且考虑持有存货的目的、资产负债表日后事项的影响等因素。

(2) 产成品、商品和用于出售的材料等直接用于出售的商品存货,其可变现净值为在正常生产经营过程中,该存货的估计售价减去估计的销售费用和相关税费后的金额。

(3) 需要经过加工的材料存货,用其生产的产成品的可变现净值高于成本的,该材料仍然应当按照成本计量;材料价格的下降表明产成品的可变现净值低于成本的,该材料应当按照可变现净值计量。其可变现净值为在正常生产经营过程中,以该材料所生产的产成品的估计售价减去至完工时估计将要发生的成本、销售费用和相关税费后的金额。

(三)存货跌价准备的核算

1. 账户设置

"存货跌价准备"账户。该账户用来核算企业存货跌价准备的减值准备。属于资产备抵类账户,计提的存货跌价准备,记入账户的贷方;结转已计提的存货跌价准备,记入账户的借方;期末余额在贷方,表示已计提但尚未转销的存货跌价准备,如表8-18所示。本账户应按存货项目进行明细核算。

表 8-18　存货跌价准备

借方	贷方
结转已计提的存货跌价准备	计提的存货跌价准备
	已计提但尚未转销的存货跌价准备

2. 存货跌价准备的计提

资产负债表日,存货的成本高于可变现净值,企业应当计提存货跌价准备。

存货跌价准备通常应当按单个存货项目计提。但是,对于数量繁多、单价较低的存货,可以按照存货类别计提存货跌价准备。

借:资产减值损失——计提的存货跌价准备

　　贷:存货跌价准备

3. 存货跌价准备的回转

企业应在每一资产负债表日,比较存货成本与可变现净值,计算出应计提的存货跌价准备,再与已提数进行比较,若应提数大于已提数,应补提存货跌价准备,同时应计入当期损益(资产减值损失)。当以前减记存货价值的影响因素已经消失,减记的金额应当予以恢复，并在原已计提的存货跌价准备金额内转回，转回的金额计入当期损益(资产减值损失)。

  借：存货跌价准备
    贷：资产减值损失——计提的存货跌价准备

三、长期股权投资的减值

(一)账户设置

  "长期股权投资减值准备"账户。该账户用来核算企业长期股权投资的减值准备。属于资产备抵类账户，计提的长期股权投资减值准备，记入账户的贷方；结转已计提的长期股权投资减值准备，记入账户的借方；期末余额在贷方，表示已计提但尚未转销的长期股权投资减值准备，如表 8-19 所示。本账户应按长期股权投资项目进行明细核算。

表 8-19　长期股权投资减值准备

借方	贷方
结转已计提的长期股权投资减值准备	计提的长期股权投资减值准备
	已计提但尚未转销的长期股权投资减值准备

(二)长期股权投资减值准备的核算

  企业应当在资产负债表日对长期股权投资进行检查，如有客观证据表明该长期股权投资发生减值的，企业应当计提长期股权投资减值准备。

  借：资产减值损失——计提的长期股权投资减值准备
    贷：长期股权投资减值准备

长期股权投资减值损失一经确认，在以后会计期间不得转回。

四、固定资产的减值

(一)账户设置

  "固定资产减值准备"账户。该账户用来核算企业固定资产的减值准备。属于资产备抵类账户，计提的固定资产减值准备，记入账户的贷方；结转已计提的固定资产减值准备，记入账户的借方；期末余额在贷方，表示已计提但尚未转销的固定资产减值准备，如表 8-20 所示。本账户应按固定资产项目进行明细核算。

表 8-20　固定资产减值准备

借方	贷方
结转已计提的固定资产减值准备	计提的固定资产减值准备
	已计提但尚未转销的固定资产减值准备

(二)固定资产减值的核算

固定资产在资产负债表日存在可能发生减值的迹象时，其可收回金额低于账面价值的，企业应当将该固定资产的账面价值减记至可收回金额，减记的金额确认为减值损失，计入当期损益(资产减值损失)，同时计提相应的资产减值准备。

借：资产减值损失——计提的固定资产减值准备

贷：固定资产减值准备

固定资产减值损失一经确认，在以后会计期间不得转回。

五、无形资产的减值

(一)账户设置

"无形资产减值准备"账户。该账户用来核算企业无形资产的减值准备。属于资产备抵类账户，计提的无形资产减值准备，记入账户的贷方；结转已计提的无形资产减值准备，记入账户的借方；期末余额在贷方，表示已计提但尚未转销的无形资产减值准备，如表 8-21 所示。本账户应按无形资产项目进行明细核算。

表 8-21　无形资产减值准备

借方	贷方
结转已计提的无形资产减值准备	计提的无形资产减值准备
	已计提但尚未转销的无形资产减值准备

(二)无形资产减值准备的核算

无形资产在资产负债表日存在可能发生减值的迹象时，其可收回金额低于账面价值的，企业应当将该无形资产的账面价值减记至可收回金额，减记的金额确认为减值损失，计入当期损益，同时计提相应的资产减值准备。

借：资产减值损失——计提的无形资产减值准备

贷：无形资产减值准备

无形资产减值损失一经确认，在以后会计期间不得转回。

任务实施

针对本任务引例处理如下。

1. 业务解析

(1) 会计计算填写"坏账准备提取表"，并填制记账凭证；

(2) 会计主管审核记账凭证。

2. 会计处理

借：资产减值损失——计提的坏账准备　　　　　　　20 000

　　贷：坏账准备　　　　　　　　　　　　　　　　　　　20 000

做　中　学

一、坏账的核算

[做中学 8-11]

1. 业务背景及原始凭证

承接本任务引例，时达实业有限公司 2016 年实际发生坏账损失 8000 元。

2. 业务解析

(1) 会计填制记账凭证；

(2) 会计主管审核记账凭证。

3. 会计处理

借：坏账准备　　　　　　　　　　　　　　　　　8 000

　　贷：应收账款　　　　　　　　　　　　　　　　　　8 000

[做中学 8-12]

1. 业务背景及原始凭证

承接做中学 8-11 时达实业有限公司 2016 年年末应收账款余额为 1 500 000 元。原始
凭证如表 8-22 所示。

表 8-22　坏账准备提取表

2016 年 12 月 31 日

账户名称	计提比例	年末余额	年初余额	本年发生额	补提金额
坏账准备	1%	15 000	20 000	−8000	3000

2. 业务解析

(1) 会计计算填写"坏账准备提取表"，并填制记账凭证；

(2) 会计主管审核记账凭证。

3. 会计处理

年末"坏账准备"计提金额=15 000−(20 000−8000)=3000

借：资产减值损失——计提的坏账准备　　　　　　3 000

　　贷：坏账准备　　　　　　　　　　　　　　　　　　3 000

[做中学 8-13]

1．业务背景及原始凭证

承接做中学 8-12，时达实业有限公司 2017 年 5 月 20 日收到 2016 年已转销的坏账 4000 元，已存入银行。

2．业务解析

(1) 会计填制记账凭证；
(2) 会计主管审核记账凭证。

3．会计处理

借：银行存款   4 000
  贷：坏账准备   4 000

[做中学 8-14]

1．业务背景及原始凭证

承接做中学 8-13，时达实业有限公司 2017 年年末应收账款余额为 1 200 000 元。原始凭证如表 8-23 所示。

表 8-23 坏账准备提取表

2016 年 12 月 31 日

账户名称	计提比例	年末余额	年初余额	本年发生额	冲减金额
坏账准备	1%	12 000	15 000	4000	7000

2．业务解析

(1) 会计计算填写"坏账准备提取表"，并填制记账凭证；
(2) 会计主管审核记账凭证。

3．会计处理

年末"坏账准备"计提金额=12 000−(15 000+4000)=−7000

借：坏账准备   7 000
  贷：资产减值损失——计提的坏账准备   7 000

二、存货减值的核算

[做中学 8-15]

1．业务背景及原始凭证

时达实业有限公司 2016 年 3 月 1 日取得的 A 材料：成本为 100 万元。2016 年 3 月

31 日可变现净值为 90 万元。原始凭证如表 8-24 所示。

表 8-24　存货成本与可变现净值对比表

存货类别	成　本	可变现净值	差　额
A 材料	1 000 000	900 000	100 000
合计	1 000 000	900 000	100 000

2．业务解析

(1) 会计计算填写"存货成本与可变现净值对比表"，并填制记账凭证；

(2) 会计主管审核记账凭证。

3．会计处理

借：资产减值损失——计提的存货跌价准备　　　100 000

　　贷：存货跌价准备　　　　　　　　　　　　　　　100 000

[做中学 8-16]

1．业务背景及原始凭证

承接做中学 8-15，2016 年 6 月 30 日可变现净值为 85 万元，原始凭证如表 8-25 所示。

表 8-25　存货成本与可变现净值对比表

存货类别	成　本	可变现净值	已计提的跌价准备	本次计提跌价准备
A 材料	1 000 000	850 000	100 000	50 000
合计	1 000 000	850 000	100 000	50 000

2．业务解析　(略)

3．会计处理

借：资产减值损失　　　　　　　　　　　　　50 000

　　贷：存货跌价准备——计提的存货跌价准备　　　50 000

[做中学 8-17]

1．业务背景及原始凭证

承接做中学 8-16，2016 年 9 月 30 日可变现净值为 98 万元，原始凭证如表 8-26 所示。

表 8-26　存货成本与可变现净值对比表

存货类别	成本	可变现净值	已计提的跌价准备	本次计提跌价准备
A 材料	1 000 000	980 000	150 000	−130 000
合计	1 000 000	980 000	150 000	−130 000

2．业务解析(略)

3．会计处理

本次计提跌价准备=(1 000 000-980 000)-150 000=-130 000

金额为负值，在原已计提的存货跌价准备金额内转回，即转回 130 000 元。

借：存货跌价准备   130 000

  贷：资产减值损失——计提的存货跌价准备 130 000

[做中学 8-18]

1．业务背景及原始凭证

承接做中学 8-17，2016 年 12 月 31 日可变现净值为 103 万元，原始凭证如表 8-27 所示。

表 8-27 存货成本与可变现净值对比表

存货类别	成 本	可变现净值	已计提的跌价准备	本次计提跌价准备
A 材料	1 000 000	1030 000	20 000	-20 000
合计	1 000 000	1030 000	20 000	-20 000

2．业务解析(略)

3．会计处理

可变现净值为 103 万元>存货成本 100 万元，存货跌价准备余额应为 0，原已计提的存货跌价准备金额 2 万元，即转回 2 万元。

借：存货跌价准备   20 000

  贷：资产减值损失——计提的存货跌价准备 20 000

三、固定资产减值的核算

[做中学 8-19]

1．业务背景及原始凭证

2016 年年末，时达实业有限公司根据减值测试结果，确定本年初取得的一项固定资产可收回金额为 1200 万元，其账面价值为 1700 万元。原始凭证如表 8-28 所示。

表 8-28 固定资产账面价值与可收回金额对比表

固定资产类别	账面价值	可收回金额	差 额
机器设备	17 000 000	12 000 000	5 000 000
合计	17 000 000	12 000 000	5 000 000

2．业务解析

(1) 会计计算填写"固定资产账面价值与可收回金额对比表"，并填制记账凭证；

(2) 会计主管审核记账凭证。

3．会计处理

借：资产减值损失——计提的固定资产减值准备　　　　5 000 000

　　贷：固定资产减值准备　　　　　　　　　　　　　　　　5 000 000

四、无形资产减值的核算

[做中学 8-20]

1．业务背景及原始凭证

时达实业有限公司经过测试某项无形资产专利技术可收回金额为 200 000 元，账面金额为 260 000 元。原始凭证如表 8-29 所示。

表 8-29　无形资产账面价值与可收回金额对比表

无形资产类别	可收回金额	账面价值	差　　额
专利技术	200 000	260 000	60 000
合计	200 000	260 000	60 000

2．业务解析

(1) 会计计算填写"无形资产账面价值与可收回金额对比表"，并填制记账凭证；

(2) 会计主管审核记账凭证。

3．会计处理

借：资产减值损失——计提的无形资产减值准备　　　60 000

　　贷：无形资产减值准备　　　　　　　　　　　　　　　60 000

能 力 训 练

一、单项选择题

1.　财产清查是对(　　)进行盘点和核对，确定其实存数，并查明其账存数与实存数是否相符的一种专门方法。

　　A. 存货　　　　　　B. 固定资产　　　　C. 货币资金　　　　D. 各项财产

2.　现金清查的主要方法是(　　)。

　　A. 核对账目　　　　B. 实地盘点　　　　C. 技术推算　　　　D. 查账

3. 现金清查中发现的长款和短款,在未查明原因前,应先记入( )。

    A. 待处理财产损益账户　　　　　　B. 其他应收款或其他应付款账户

    C. 营业外收入或营业外支出账户　　D. 财务费用账户

4. 银行存款清查的方法是( )。

    A. 定期盘存法　　　　　　　　　　B. 和往来单位核对账目的方法

    C. 实地盘存法　　　　　　　　　　D. 与银行核对账目的方法

5. 企业与银行对账时"银行存款日记账"余额与"银行对账单"余额不相等,则( )。

    A. 肯定记账有错误

    B. 一定有未达账款

    C. 可能是记账有误,也可能存在未达账项

    D. 肯定记账无错误

6. 对应收账款进行清查时,应采用的方法是( )。

    A. 与记账凭证核对　　　　　　　　B. 函证法

    C. 实地盘点法　　　　　　　　　　D. 技术推算法

7. 某一般纳税企业因台风毁损材料一批,计划成本 80 000 元,材料成本差异率为 -1%,企业适用的增值税税率为 17%,能够获得保险公司赔款 50 000 元,则因该批材料的毁损而记入"营业外支出"科目的金额为( )元。

    A. 43 000　　　　B. 42 664　　　　C. 30 000　　　　D. 29 200

8. 下列原材料相关损失项目中,应计入管理费用的是( )。

    A. 计量差错引起的原材料盘亏

    B. 自然灾害造成的原材料损失

    C. 原材料运输途中发生的合理损耗

    D. 人为责任造成的原材料损失

9. 属于定额内损耗的材料盘亏,经批准后可转作( )。

    A. 生产成本　　　　B. 管理费用　　　　C. 营业外支出　　　　D.其他应收款

10. 企业发生的原材料盘亏或毁损中,不应作为管理费用列支的是( )。

    A. 自然灾害造成毁损净损失　　　　B. 保管中发生的定额内自然损耗

    C. 收发计量造成的盘亏损失　　　　D. 管理不善造成的盘亏损失

11. 企业的固定资产在盘亏时应通过( )账户核算。

    A. 在建工程　　　　　　　　　　　B. 固定资产清理

    C. 待处理财产损溢　　　　　　　　D. 管理费用

12. 已确认的坏账又收回时,应借记( )科目,贷记"坏账准备"科目。

    A. "应收账款"　B. "银行存款"　C. "管理费用"　D. "营业外收入"

13. 期末结账前,"坏账准备"科目如为贷方余额,反映的内容是( )。

    A. 已计提但尚未转销的坏账准备

    B. 已经发生的坏账准备

    C. 收回以前已经确认并转销的坏账损失

    D. 已确认的坏账损失超出坏账准备的余额

14. 2015年12月初，某企业"坏账准备"科目贷方余额为6万元。12月31日"应收账款"科目借方余额为100万元，经减值测试，该企业应收账款预计未来现金流量现值为95万元。该企业2015年末应计提的坏账准备金额为(　　)万元。

    A. -1　　　　　　B. 1　　　　　　C. 5　　　　　　D. 11

15. 某股份有限公司对期末存货采用成本与可变现净值孰低计价。2015年12月31日库存自制半成品的实际成本为40万元，预计进一步加工所需费用为16万元，预计销售费用及税金为8万元。该半成品加工完成后的产品预计销售价格为60万元。假定该公司以前年度未计提存货跌价准备。2015年12月31日该项存货应计提的跌价准备为(　　)万元。

    A. 0　　　　　　B. 4　　　　　　C. 16　　　　　　D. 20

16. 2015年12月31日AS公司进行盘点，发现有一台使用中的机器设备未入账，该型号机器设备存在活跃市场，市场价格为750万元，该机器八成新。其正确的会计处理方法是(　　)。

    A. 贷记"待处理财产损溢"科目750万元

    B. 贷记"待处理财产损溢"科目1350万元

    C. 贷记"待处理财产损溢"科目600万元

    D. 贷记"以前年度损益调整"科目600万元

17. 无形资产在计提资产减值准备之后，如有充分的证据表明其减值又得以恢复，根据相关准则规定，应该(　　)。

    A. 应按已恢复部分，在无形资产减值准备的数额内，冲减无形资产减值准备，并确认为当期损益

    B. 应按可能恢复部分，在无形资产减值准备的数额内，冲减无形资产减值准备，并确认为当期损益

    C. 应按已恢复部分，在无形资产减值准备的数额内，冲减无形资产减值准备，并确认为资本公积

    D. 一律不冲回

二、多项选择题

1. 在银行存款对账中，未达账项包括(　　)。

    A. 银行已收款入账企业未收款入账

    B. 企业未付款入账银行已付款入账

    C. 企业未付款入账银行也未付款入账

    D. 银行已收款入账企业也收款入账

2. 编制银行存款余额调节表时，下列未达账项中，会导致企业银行存款日记账的账面余额小于银行对账单余额的有(　　)。

    A. 企业开出支票，银行尚未支付

    B. 企业收到支票尚未送存银行，银行尚未入账

    C. 银行代收款项，企业尚未接到收款通知

    D. 银行代付款项，企业尚未接到付款通知

3. 财产清查的内容包括( )。

    A. 货币资金   B. 财产物资   C. 应收款项   D. 对外投资

4. 造成账实不符的原因主要有( )。

    A. 财产物资的自然损耗、收发计量错误

    B. 会计账簿漏记、重记、错记

    C. 财产物资的毁损、被盗

    D. 未达账项

5. 企业采用备抵法对应收款项坏账进行核算，本期以下项目应记入"坏账准备"科目贷方的有( )。

    A. 发生的坏账损失

    B. 已经作为坏账核销的应收账款又收回

    C. 期末估计坏账损失与调整前"坏账准备"科目借方余额的合计金额

    D. 期末估计坏账损失小于调整前"坏账准备"科目贷方余额的差额部分

6. 企业进行坏账核算时，估计坏账损失的方法有( )。

    A. 应收账款余额百分比法   B. 账龄分析法

    C. 销货百分比法   D. 个别认定法

7. 下列各项中，会引起应收账款账面价值发生变化的有( )。

    A. 计提坏账准备   B. 收回应收账款

    C. 转销坏账准备   D. 收回已转销的坏账

8. 下列各项中，应计提坏账准备的有( )。

    A. 应收账款   B. 应收票据   C. 预付账款   D. 其他应收款

9. 计算为生产产品而持有的材料的可变现净值时，下列项目中，会影响其可变现净值的因素有( )。

    A. 产品的估计售价   B. 材料的账面成本

    C. 估计发生的销售费用   D. 至完工估计将要发生的加工成本

    E. 材料的售价

10. 计算存货可变现净值时，应从预计售价中扣除的项目是( )。

    A. 出售前发生的行政管理人员的工资

    B. 存货的账面成本

    C. 销售过程中发生的销售费用

    D. 出售前进一步加工的加工费用

三、实务操作题

[实务操作 8-1]

1. 目的

练习库存现金清查的核算。

2. 资料

光明公司发生如下经济业务：

（1）1月31日，公司进行现金盘点，发现现金长款30元，原因待查。

（2）2月8日，公司在现金清查中发现现金短款50元，原因待查。

（3）2月10日，经查公司长款原因不明，经批准转入营业外收入；短款是出纳员的责任，由其赔付。

3. 要求

根据以上经济业务编制会计分录。

[实务操作8-2]

1. 目的

练习编制"银行存款余额调节表"。

2. 资料

甲企业2016年5月31日银行存款日记账余额为898 507.33元，银行对账单的企业存款余为898 631.36元。经查对，发现以下未达账项：

（1）28日企业委托银行收取的货款361.20元，银行已经入账，企业尚未入账。

（2）29日企业送存支票236.76元，银行尚未登记入账。

（3）30日银行已代付水费125.75元，但转账付款通知尚未送达企业。

（4）30日企业开出转账支票125.34元，银行尚未收到支票办理转账。

3. 要求

根据上述资料，编制"银行存款余额调节表"。

[实务操作8-3]

1. 目的

练习存货清查的核算。

2. 资料

H公司2016年3月份有关财产清查的经济业务如下：盘盈甲材料3000元，经查属计量器具不准造成。盘亏乙材料9000元，经查其中的1800元属定额内自然损耗造成；1200元属计量器具不准造成；1000元属保管员王马虎责任，责令其赔偿，从下月工资中扣除；5000元属暴风雨袭击，按规定平安保险公司应赔。

3. 要求

根据以上经济业务编制会计分录。

[实务操作8-4]

1. 目的

练习固定资产清查的核算。

2. 资料

H公司2016年12月份有关财产清查的经济业务如下：盘盈机器设备一台，同类固定资产的市场价格10 000元，经鉴定为七成新，经查属原未入账设备；盘亏机床一台，账面价值为43 000元，已提折旧13 000元，经查系自然灾害造成，按规定应向平安保险公司索赔25 000元，尚未收到款项，其余作为营业外支出处理。

3. 要求

根据以上经济业务编制会计分录。

[实务操作 8-5]

1. 目的

练习坏账准备的核算。

2. 资料

A 公司采用应收账款余额百分比法核算坏账损失，坏账准备的提取比例为 0.5% 。2016 年 12 月有关资料如下：

(1) 1 日应收款项期初余额为 100 万元，坏账准备贷方余额 1 万元。

(2) 5 日，向 B 公司销售商品 210 件，单价 1 万元，增值税税率 17%，单位销售成本 0.6 万元，未收款(销售成本于确认销售收入时结转)。

(3) 26 日发生坏账损失 4 万元。

(4) 28 日收回前期已确认的坏账 2 万元，存入银行。

(5) 2016 年年末计提坏账准备。

3. 要求

根据以上资料，编制有关业务的会计分录。

[实务操作 8-6]

1. 目的

练习存货减值准备的计提。

2. 资料

甲公司按照"成本与可变现净值孰低"对每季度末存货计价。假设，2015 年 12 月 31 日 S 材料的账面成本为 200 000 元，由于市场价格下跌，预计可变现净值为 180 000 元。2016 年 3 月 31 日，由于市场价格回升，使得该材料的预计可变现净值升为 192 000 元，2010 年 6 月 30 日，由于市场价格进一步回升，使得该材料的预计可变现净值升为 215 000 元。

3. 要求

根据上述资料，编制存货期末计提跌价准备业务的分录。

[实务操作 8-7]

1. 目的

练习固定资产减值准备的计提。

2. 资料

甲企业年末固定资产原值为 6 489 000 元，累计折旧 3 214 800 元，"固定资产减值准备"的账面余额为 6 000 元，这些固定资产的当前市场价值为 3 180 000 元。

3. 要求

根据上述经济业务编制有关会计分录。

[实务操作 8-8]

1. 目的

练习无形资产减值的账务处理。

2. 资料

2016 年 1 月 1 日，甲企业外购 A 无形资产，实际支付的价款为 2 400 000 元。根据相关法律，A 无形资产的有效年限经过预计为 6 年。2016 年 12 月 31 日，由于与 A 无形资产相关的经济因素发生不利变化，致使 A 无形资产发生减值，甲企业估计其可收回金额为 1 500 000 元。

3. 要求

做出甲企业的有关账务处理。

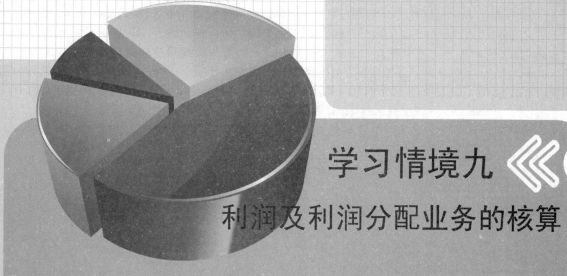

学习情境九 《

利润及利润分配业务的核算

[职业能力目标]

【知识目标】

- 掌握利润的含义及构成
- 熟悉期间费用、营业外收入、营业外支出的含义及其内容
- 掌握应交所得税的计算，以及所得税费用的核算
- 掌握企业利润分配的一般程序
- 掌握可供分配利润进行分配的核算

【能力目标】

- 能够结转各损益类账户，通过"本年利润"账户计算一定会计期间的经营成果
- 能够计算当期应交所得税费用，并对所得税业务进行会计处理
- 能够正确计算计提的盈余公积金，向投资者分配股利或利润
- 能够熟练运用利润分配账户，对利润分配活动的进行会计处理

情境导入

　　苏宁电器 1990 年创立于江苏南京，是中国"3C"(家电、电脑、通信)家电连锁零售企业的领先者，是 "全国 15 家大型商业企业集团"之一。苏宁电器于 2004 年 7 月上市，此后便拉开了用资本公积转增成倍扩大股本的大幕。2005 年以资本公积金转增股本，向全体股东每 10 股转增 8 股；2007 年以资本公积转增股本，每 10 股转增 10 股；2008 年利润分配中每 10 股分配现金股利 0.9 元(税后)，资本公积转增股本每 10 股转增 10 股。

　　2010 年是苏宁电器经营的第 20 年，当年实现归属于母公司股东的净利润 40.12 亿元，比 2009 年同期增长 38.82%。同时，公司扩张的步伐也在加快，1 月 25 日，苏宁电器的 B2C 网购平台"苏宁易购"正式上线；与此同时苏宁大规模建造自建店，对固定资产的投资大幅度增加。为了下一个 10 年规划，苏宁出于长远的考虑，合理地留用利润，因此 2010 年的股利分配方案仅按照净利的 17%派息，每 10 股分配现金股利 0.45 元(税后)，以资本公积转增股本每 10 股转增 5 股。

　　对利润的核算是会计工作的重要组成部分，那么企业利润究竟是怎样构成的？当企业实现盈利后如何对利润进行分配？作为财务人员，应当如何对利润形成及分配的过程进行核算和监督？本情境将围绕上述问题进行学习和探讨。

知识导图

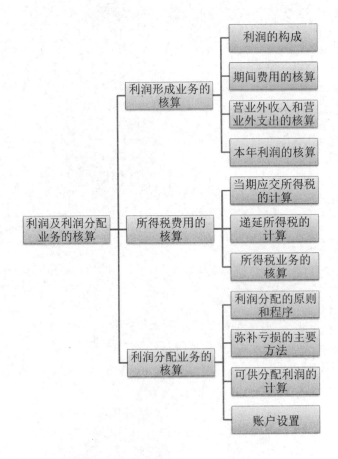

任务一 利润形成业务的核算

任务引例

飞宇公司 2015 年 12 月 30 日有关损益类科目的余额如表 9-1 所示。

表 9-1 损益类科目余额

单位：元

收入科目	结账前期末余额	费用科目	结账前期末余额
主营业务收入	950 000	主营业务成本	650 000
投资收益	15 000	营业税金及附加	36 000
营业外收入	40 000	销售费用	40 000
		管理费用	120 000
		财务费用	25 000
		营业外支出	70 000

12 月 31 日发生以下业务：

(1)飞宇公司确定一笔应付购货款 1500 元因为债权人原因无法偿还；

(2) 飞宇公司对外销售一批材料，材料价款 200 000 元(不含增值税)，增值税税率为 17%，成本 150 000 元，款项已经收到并存入银行。

(3) 向乙公司转让一项软件的使用权，一次性收取使用费 200 000 元并存入银行，且不再提供后续服务(不考虑相关税费)。

(4) 以银行存款支付咨询费 20 000 元、短期借款利息 10 000 元、违约金 5000 元。

要求：

(1) 根据上述资料编制 12 月 31 日发生业务相关的会计分录。

(2) 计算飞宇公司当年的营业利润、利润总额及净利润(假设所得税税率 25%，不考虑纳税调整事项)。

知识链接

根据《企业会计制度》的规定，企业一般应按月计算利润，按月计算有困难的，可以按季或按年计算利润。利润的实现和利润分配应当分别核算，利润构成及利润分配各项目应当设置明细账，进行明细核算。

一、利润的构成

利润是指企业在一定会计期间的经营成果。利润包括收入减去费用后的净额、直接计入当期利润的利得和损失等。直接计入当期利润的利得和损失，是指应当计入当期损益、会导致所有者权益发生增减变动的、与所有者投入资本或者向所有者分配利润无关的利得或者损失。

企业的利润，就其构成内容来看包括两部分：一是通过生产经营活动而获得的营业利润；二是直接计入当期利润的利得和损失。

对利润进行核算，可以及时反映企业在一定会计期间的经营业绩和获利能力，反映企业的投入产出效率和经济效益，是企业会计核算的重要组成部分。在利润表中，利润分为营业利润、利润总额和净利润等。

(一)营业利润

营业利润是指企业在一定会计期间日常活动中取得的经营成果，是利润总额的主要来源。其计算公式如下：

营业利润=营业收入-营业成本-营业税金及附加-销售费用-管理费用

-财务费用-资产减值损失+公允价值变动收益(-公允价值变

动损失)+投资收益(-投资损失)

其中，营业收入是指企业经营业务所确认的收入总额，包括主营业务收入和其他业务收入；营业成本是指企业经营业务所发生的实际成本总额，包括主营业务成本和其他业务成本。

(二)利润总额

利润总额是指企业一定期间的营业利润，加上直接计入当期利润的利得，减去直接计入当期利润的损失的差额。用公式表示为：

利润总额=营业利润+营业外收入-营业外支出

其中，营业外收入是指企业发生的与其日常活动无直接关系的各项利得；营业外支出是指企业发生的与其日常活动无直接关系的各项损失。

(三)净利润

净利润是指企业一定期间的利润总额减去所得税费用后的净额，即企业的税后利润。用公式表示为：

净利润=利润总额-所得税费用

(四)其他综合收益

其他综合收益项目反映的是企业根据企业会计准则规定未在当期损益中确认的各项利得和损失扣除所得税影响后的净额。

(五)综合收益总额

综合收益，是指企业在某一期间除与所有者以其所有者身份进行的交易之外的其他交易或事项所引起的所有者权益变动。

综合收益总额=净利润+其他综合收益

二、期间费用

期间费用是指本期发生的，不能直接或间接归入某种产品成本的、直接计入损益的各项费用，包括销售费用、管理费用和财务费用。

(一)销售费用

销售费用是指企业在销售商品和材料、提供劳务过程中发生的各项费用，包括企业在销售商品过程中发生的包装费、保险费、展览费和广告费、商品维修费、预计产品质量保证损失、运输费、装卸费等费用，以及企业发生的为销售本企业商品而专设的销售机构的职工薪酬、业务费、折旧费、固定资产修理费等经营费用。

(二)管理费用

管理费用是指企业为组织和管理生产经营活动所发生的各项费用，包括企业的董事会和行政管理部门在企业的经营管理中发生的或者应由企业统一负担的公司经费(包括行政管理部门职工薪酬、修理费、物料消耗、低值易耗品摊销、办公费和差旅费等)、工会经费、董事会费(包括董事会成员津贴、会议费和差旅费等)、聘请中介机构费、咨询费(含顾问费)、诉讼费、业务招待费、房产税、车船使用税、土地使用税、印花税、技术转让费、矿产资源补偿费、研究费用、排污费等。

商品流通企业管理管理费用不多的，可不设置本科目，本科目的核算内容可并入"销售费用"科目核算。

企业与固定资产有关的后续支出，包括固定资产发生的日常修理费、大修理费用、更新改造支出、房屋的装修费用等，没有满足固定资产确认条件的，也在本科目核算。

(三)财务费用

财务费用是指企业为筹集生产经营所需资金等而发生的筹资费用，包括利息支出(减利息收入)、汇兑差额以及相关的手续费、企业发生的现金折扣或收到的现金折扣等。

为购建或生产满足资本化条件的资产发生的应予资本化借款费用，在"在建工程"、"制造费用"等科目核算。

三、营业外收入和营业外支出

(一)营业外收入

营业外收入是指企业发生的与其经营活动无直接关系的各项净收入，主要包括处置非流动资产利得、非货币性资产交换利得、债务重组利得、盘盈利得、罚没利得、捐赠利得、政府补助利得以及确实无法支付而按规定程序经批准后转作营业外收入的应付款项等。

其中，处置非流动资产利得，包括处置固定资产净收益、出售无形资产净收益等。

盘盈利得，主要指对于现金等清查盘点中盘盈的现金等，经批准后计入营业收入的金额。

罚没利得，指企业取得的各项罚款，在弥补由于对违反合同或协议而造成的经济损失后的罚款净收益。

捐赠利得，指企业接受现金及非现金资产捐赠所获得的净收入。

(二)营业外支出

营业外支出是指企业发生的与其经营活动无直接关系的各项净支出，包括处置非流动资产损失、非货币性资产交换损失、债务重组损失、罚款支出、捐赠支出、非常损失等。

其中，处置非流动资产损失包括固定资产盘亏、毁损净损失、处置固定资产净损失、出售无形资产损失等。

非货币性资产交换损失，是指在具有商业实质的非货币性资产交换中换出资产的公允价值小于换出资产账面价值的差额。

债务重组损失，是指按照债务重组会计处理规定应计入营业外支出的债务重组损失。

罚款支出，是指企业因未履行经济合同、协议而向其他单位支付的赔偿金、违约金、罚息及被没收的财物损失、违法经营罚款和违反税法支付的滞纳金、罚款等支出。

捐赠支出，是指各种公益救济性捐赠及非公益救济性捐赠等。

非常损失，是指自然灾害造成的各项资产净损失(扣除保险赔偿及残值)，还包括由此发生的停工损失和善后清理费用

四、账户设置

设置"销售费用"、"管理费用"、"财务费用"账户，对各项期间费用的发生和结转情况进行明细核算；设置"营业外收入"、"营业外支出"账户分别核算直接计入当期利润的利得和损失，并按照项目进行明细核算。

设置"本年利润"账户，核算一定会计期间实现的净利润(或净亏损)。会计期末，企业应将各收益类账户的余额转入"本年利润"账户的贷方，将各成本、费用或支出类账户的余额转入"本年利润"账户的借方。结转后，"本年利润"账户如为贷方余额，表示企业当期实现的净利润；如为借方余额，表示企业当期发生的净亏损，如表 9-2 所示。

表9-2 本年利润

借方	贷方
结转费用类账户 { 主营业务成本 其他业务成本 营业税金及附加 销售费用 管理费用 财务费用 资产减值损失 公允价值变动损失 投资损失 营业外支出 所得税费用	} 结转收入类账户 主营业务收入 其他业务收入 公允价值变动收益 投资收益 营业外收入
结转净利润	结转净亏损
余额 0	余额 0

五、期间费用和营业外收支业务核算

(一)发生期间费用

1．销售费用核算

(1) 销售商品过程中发生的运杂费、广告费、展览费等。

借：销售费用
　　贷：库存现金/银行存款

(2) 企业专设销售机构发生的职工工资、福利费、折旧费、业务费等。

借：销售费用
　　贷：银行存款
　　　　应付职工薪酬——工资/职工福利费
　　　　累计折旧

2．管理费用核算

发生的各项管理费用。

借：管理费用
　　贷：库存现金/银行存款
　　　　应付职工薪酬——工资/职工福利费
　　　　累计折旧
　　　　累计摊销

    应交税费

    其他应付款等

3. 财务费用核算

(1) 发生的利息费用、金融机构手续费。

借：财务费用

    贷：银行存款

        应付利息

        长期借款/应付债券

(2) 发生的利息收入、汇兑收益。

借：银行存款

    应收账款/长期借款等

    贷：财务费用

(二)发生营业外收支业务

1. 营业外收入核算

(1) 固定资产清理取得的净收益。

借：固定资产清理

    贷：营业外收入

(2) 库存现金盘盈(无法查明原因)。

借：待处理财产损溢——待处理流动资产损溢

    贷：营业外收入

(3) 取得的罚款净收入。

借：库存现金/银行存款

    贷：营业外收入

(4) 出售无形资产取得净收益。

借：银行存款

    无形资产减值准备

    累计摊销

    贷：无形资产

        应交税费——应交营业税

        营业外收入

2. 营业外支出核算

(1) 固定资产清理发生的净损失。

借：营业外支出

    贷：固定资产清理

(2) 出售无形资产净损失。

借：银行存款

　　无形资产减值准备

　　营业外支出

　　贷：无形资产

　　　　累计摊销

　　　　应交税费——应交营业税

(3) 自然灾害造成非常损失(无法得到赔偿的净损失)。

借：营业外支出

　　贷：待处理财产损溢——待处理流动资产损溢/待处理固定资产损溢

(4) 发生的罚款支出、捐赠支出等。

借：营业外支出

　　贷：银行存款　等

(三)期末结转各损益类账户，核算本年利润

1. 结转各项收入、利得类账户

借：主营业务收入

　　其他业务收入

　　公允价值变动损益

　　投资收益

　　营业外收入

　　补贴收入

　　贷：本年利润

2. 结转各项费用、损失类账户

借：本年利润

　　贷：主营业务成本

　　　　其他业务成本

　　　　营业税金及附加

　　　　销售费用

　　　　管理费用

　　　　财务费用

　　　　资产减值损失

　　　　营业外支出

(四)结转全年利润(或亏损)

1. 年度终了，结转本年实现的净利润

借：本年利润

贷：利润分配——未分配利润

2．结转本年发生的净亏损

借：利润分配——未分配利润
  贷：本年利润

任务实施

针对本任务引例处理如下。

1．业务解析

(1) 确定无法支付的应付账款，计入营业外收入。

(2) 销售原材料应作为其他业务收入核算，成本转入其他业务成本。

(3) 转让无形资产使用权取得收入，计入其他业务收入。

(4) 咨询费应计入管理费用，短期借款利息计入财务费用，违约金属于营业外支出。

2．会计处理

(1) 借：应付账款   1 500
   贷：营业外收入   1 500

(2) 借：银行存款   234 000
   贷：其他业务收入   200 000
     应交税费——应交增值税(销项税额)   34 000

借：其他业务成本   150 000
   贷：原材料   150 000

(3) 借：银行存款   200 000
   贷：其他业务收入   200 000

(4) 借：管理费用   20 000
   财务费用   10 000
   营业外支出   5 000
   贷：银行存款   35 000

3．利润计算

营业利润=营业收入-营业成本-营业税金及附加-销售费用-管理费用-财务费用

=1 350 000-800 000-36 000-40 000-140 000-35 000=299 000(元)

利润总额=营业利润+营业外收入-营业外支出

=299 000+40 000-75 000=264 000(元)

净利润=利润总额-所得税费用=264 000-264 000×25%=198 000(元)

做 中 学

一、销售费用的核算

[做中学 9-1]

1. 业务背景及原始凭证

时达实业有限公司 2016 年 5 月发生以下经济业务:

(1) 5 月 6 日,以转账支票支付广告费 10 000 元。原始凭证如表 9-3、表 9-4 所示。

表 9-3　服务业通用发票

国家税务局通用机打发票

机打代码 110001112856	发票代码 **110001112856**
机打号码 85647230	发票号码 **85647230**
开票日期:2016-05-06	行业分类:服务业

付款单位名称: 时达实业有限公司			付款单位识别号:110101159715964		
货物及劳务名称	规格	单位	单价	数量	金额
广告发布费					10000.00
合计人民币(大写): 壹万元整				合计:¥ 10000.00	
收款单位名称(盖章):东艺广告公司			收款单位开户银行及账号: 中国工商银行厦门支行 62225...		
收款单位识别号: 35021661200087...		开票人:方华	备注:		

表 9-4　转账支票存根

中国工商 银行　(闽)

转账支票存根

56891022

附加信息
_____
_____
_____

出票日期 2016 年 5 月 6 日

收款人	厦门东艺广告公司
金　额	¥10000.00
用　途	广告费
单位主管	会计

(2) 5 月 20 日,从仓库领用随货物销售不单独计价的包装箱 30 个,每个 30 元。原始凭证如表 9-5 所示。

表 9-5　出库单

物资类别	周转材料		**出库单**		N.o 0013152			
			2016 年5 月 20 日		连续号			
提货单位或领货部门	发运部门		发票号码或生产单号码		发出仓库 第二仓库	出库日期 2016.05.20		
编号	名称及规格	单位	数量 要数	数量 实发	单价	金额	备注	(二)记账联
21	包装箱	个	30	30	30.00	900.00		
	合　计					900.00		
财会部门主管 xx	记账 xx	保管部门主管 xx	发货 xx	单位部门主管 xx	制单 xx			

2．业务解析

时达实业有限公司支出的广告费、随商品出售且不单独计价的包装物均为企业在销售商品和材料、提供劳务过程中发生的费用，应按权责发生制确认为企业当期或以后期间的"销售费用"。 此外，企业在销售过程中发生的保险费、商品维修费、预计产品质量保证损失、运输费、装卸费等其他费用，以及专设销售机构的职工薪酬、业务费、折旧费等经营费用也应作为销售费用核算。

3．会计处理

(1) 会计人员编制会计分录填制记账凭证，并交财务主管审核。

借：销售费用——广告费　　　　　　　　10 000
　　贷：银行存款　　　　　　　　　　　　　　10 000
借：销售费用——包装费　　　　　　　　900
　　贷：周转材料——包装箱　　　　　　　　　900

(2) 财务主管审核完凭证后，会计据以登记"销售费用"、"周转材料"等明细账，出纳登记"银行存款"日记账。

二、管理费用的核算

[做中学 9-2]

1．业务背景及原始凭证

时达实业有限公司 2016 年 5 月发生以下经济业务：

(1) 5 月 9 日，以现金购买水性笔、打印纸等办公用品。原始凭证如表 9-6、表 9-7 所示。

表9-6 增值税普通发票

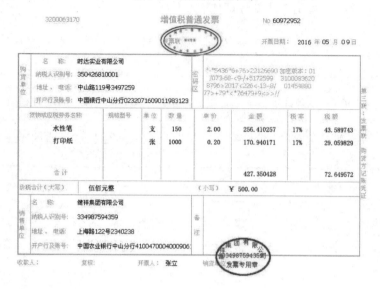

表9-7 报销单

(2) 5 月 16 日，人力资源部王芹报销差旅费，实报金额超过预借金额的部分，以现金付讫。原始凭证如表9-8 所示。

表9-8 差旅费报销单

差旅费报销单

服务部门	人力资源部				姓名	王芹			出差天数	自 5 月 10 日至 5 月 15 日共 6 天					
出事差由	培训								借旅支费	日期 5月8日			金额￥ 1500.00		
										结算金额 ￥1700.00					
出发			到达		起地点		交通费	行李费	旅馆费	住勤费	途中伙食费	出差补贴			
月	日	时分	月	日	时分										
5	10		5	10		济南--青岛	现金付讫 100.00								
5	15		5	15		青岛--济南	100.00								
5	10		5	15					500.00		200.00	800.00			
合 计					零 万壹 仟柒 佰零 拾零 元零 角零 分				￥1700.00						
主管	陈刚				会计			出纳	刘鸿		报销人	王芹			

(3) 月末，摊销本月无形资产。公司年初购进的 CRM 软件合同规定的使用期限为 2 年，无残值，按直线法摊销。原始凭证如表 9-9 所示。

表 9-9　无形资产摊销表

2016 年 5 月 31 日　　　　　　　　　　　　　　　　　　　单位：元

项　目	原　值	购入日期	应摊销月数	已摊销额	本月摊销额	累计摊销额	未摊销额
CRM 软件	12 000.00	2016.01	24	2000.00	500.00	2500.00	9500.00
合计					500.00		

2．业务解析

发生的购买办公用品支出、行政管理部门差旅费、无形资产摊销费等，均属于企业为组织和管理生产经营活动所发生的费用，应按权责发生制确认为企业当期或以后期间的"管理费用"。

3．会计处理

(1) 借：管理费用——办公用品　　　　　　　　　　500
　　　贷：库存现金　　　　　　　　　　　　　　　　　　500
(2) 借：管理费用——差旅费　　　　　　　　　　　1 700
　　　贷：其他应收款——备用金——王芹　　　　　　　　1 500
　　　　　库存现金　　　　　　　　　　　　　　　　　　200
(3) 借：管理费用——无形资产摊销　　　　　　　　500
　　　贷：累计摊销　　　　　　　　　　　　　　　　　　500

三、财务费用的核算

[做中学 9-3]

1．业务背景及原始凭证

时达实业有限公司 2016 年 5 月发生以下经济业务：

(1) 5 月 6 日，以银行存款支付电汇手续费 40 元。原始凭证如表 9-10 所示。

(2) 5 月 15 日，支付银行贷款利息 2300.00 元。原始凭证如表 9-11 所示。

(3) 收到开户银行转来的银行存款利息入账通知单，收到存款利息收入 300 元。原始凭证如表 9-12 所示。

表 9-10 银行收费通知

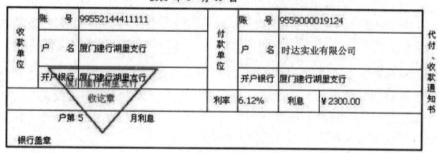

表 9-11 银行利息回单 1

表 9-12 银行利息回单 2

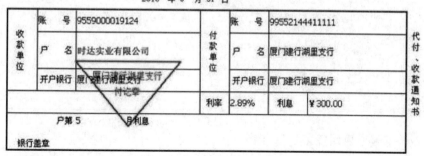

2. 业务解析

时达实业有限公司支付给金融机构的手续费、贷款利息，以及收到的存款利息均为"财务费用"科目的核算内容。其中，支出的金额增加本期财务费用；收到的利息减少本期财务费用。

此外，企业发生的现金折扣或收到的现金折扣、汇兑差额等也应作为财务费用核算。

3．会计处理

(1) 借：财务费用——手续费　　　　　　　40
　　　贷：银行存款　　　　　　　　　　　　　40

(2) 借：财务费用——贷款利息　　　　　2 300
　　　贷：银行存款　　　　　　　　　　　　 2 300

(3) 借：银行存款　　　　　　　　　　　 300
　　　贷：财务费用——利息收入　　　　　　　300

四、营业外收入的核算

[做中学 9-4]

1．业务背景及原始凭证

时达实业有限公司 2016 年 5 月发生以下经济业务：

(1) 发生固定资产报废清理净收益 5 000 元，经批准转作营业外收入。

(2) 与某运输公司签订货物运输合同，因车辆调配不及时，该运输公司未能在规定时间内完成任务。按合同规定，运输公司应支付赔偿金 400 元。赔款尚未收到。

2．业务解析

企业持有固定资产的目的是使用，企业在固定资产转让、报废等处置行为中获得的净收益，属于与日常活动无直接关系的利得。同理，罚没利得、捐赠利得、债务重组利得等，均应在发生当期确认为企业"营业外收入"。

3．会计处理

(1) 借：固定资产清理　　　　　　　　　5 000
　　　贷：营业外收入　　　　　　　　　　　 5 000

(2) 借：其他应收款　　　　　　　　　　 400
　　　贷：营业外收入　　　　　　　　　　　　400

五、营业外支出的核算

[做中学 9-5]

1．业务背景及原始凭证

时达实业有限公司 2016 年 5 月发生以下经济业务：

(1) 因意外灾害发生原材料损失 300 000 元，经批准转作营业外支出。

(2) 用银行存款支付税款滞纳金 200 元。

(3) 将拥有的一项非专利技术对外转让，取得价款 40 000 元，应交营业税 2000 元。

该非专利技术的账面余额为 50 000 元，累计摊销 10 000 元，未计提减值准备。

2．业务解析

因意外灾害造成的原材料毁损属于非常损失；支付税款滞纳金为罚款支出；将无形资产对外转让发生的净损失为处置非流动资产损失。上述支出均与企业日常经营活动无直接关系，应在发生当期确认为企业"营业外支出"。

3．会计处理

(1) 借：营业外支出　　　　　　　　　　　　　　　　　30 000

　　　贷：待处理财产损溢——待处理流动资产损溢　　　　　30 000

(2) 借：营业外支出　　　　　　　　　　　　　　　　　200

　　　贷：银行存款　　　　　　　　　　　　　　　　　　200

(3) 借：银行存款　　　　　　　　　　　　　　　　　40 000

　　　累计摊销　　　　　　　　　　　　　　　　　10 000

　　　营业外支出　　　　　　　　　　　　　　　　2 000

　　　贷：无形资产　　　　　　　　　　　　　　　　　50 000

　　　　应交税费——应交营业税　　　　　　　　　　　2 000

六、本年利润的核算

[做中学 9-6]

1．业务背景

时达实业有限公司 2016 年末有关损益类账户的年末余额如下(所得税税率为 25%)：

账户名称	结账前余额
主营业务收入	6 000 000 元(贷)
其他业务收入	700 000 元(贷)
公允价值变动损益	150 000 元(贷)
投资收益	600 000 元(贷)
营业外收入	50 000 元(贷)
主营业务成本	4 000 000 元(借)
其他业务成本	400 000 元(借)
营业税金及附加	80 000 元(借)
销售费用	500 000 元(借)
管理费用	770 000 元(借)
财务费用	200 000 元(借)
资产减值损失	100 000 元(借)
营业外支出	250 000 元(借)

2. 业务解析

期末结转利润时，应将各损益类账户余额转入"本年利润"账户，结转后各损益类账户无余额。

3. 会计处理

(1) 将各损益类科目年末余额结转入"本年利润"科目。

① 结转各项收入、利得类账户：

借：主营业务收入	6 000 000
其他业务收入	700 000
公允价值变动损益	150 000
投资收益	600 000
营业外收入	50 000
贷：本年利润	7 500 000

② 结转各项费用、损失类账户：

借：本年利润	6 300 000
贷：主营业务成本	4 000 000
其他业务成本	400 000
营业税金及附加	80 000
销售费用	500 000
管理费用	770 000
财务费用	200 000
资产减值损失	100 000
营业外支出	250 000

(2) 经过上述结转后，"本年利润"账户的贷方发生额合计 7 500 000 元减去借方发生额合计 6 300 000 元即为税前会计利润 1 200 000 元。假设无纳税调整，应交所得税额＝1 200 000×25%＝300 000(元)。

确认所得税费用：

借：所得税费用	300 000
贷：应交税费——应交所得税	300 000

将所得税费用结转入"本年利润"账户：

借：本年利润	300 000
贷：所得税费用	300 000

(3) 将"本年利润"账户年末余额 900 000 元(7 500 000−6 300 000−300 000)转入"利润分配——未分配利润"账户：

借：本年利润	900 000
贷：利润分配——未分配利润	900 000

任务二　所得税费用的核算

任务引例

承接任务一中"任务引例"，飞宇公司会计人员在计缴所得税前，对账目又进行了核对检查，发现以下几笔业务：

(1) 公司营业外支出中有 10 000 元为非公益性捐赠；

(2) 经查公司该年超过税法扣除标准的业务招待费为 35 000 元；

(3) 本年国债利息收入 5000 元已入账。

请计算飞宇公司当年应交所得税额并编制确认应交所得税及结转所得税费用的会计分录(所得税税率为 25%，除上述事项外，无其他纳税调整因素)。

知识链接

一、所得税核算的基本原理

企业所得税是以企业取得的生产经营所得和其他所得为征税对象所征收的一种税。在我国，由于企业会计核算和税收处理分别遵循不同的原则，导致所得税法规和会计准则规定相互分离，存在差异。而税法上的应纳税所得额也不等同于会计准则中的利润总额。

根据《企业会计准则(2006 年)第 18 号——所得税》的规定，我国所得税会计上采用资产负债表债务法。要求企业从资产负债表出发，通过比较按照会计准则确定的资产负债表上的资产、负债账面价值与按照税法规定确定的计税基础，对于两者之间的差异分别应纳税暂时性差异与可抵扣暂时性差异，确认相关的递延所得税负债与递延所得税资产，并在此基础上确定每一会计期间利润表中的所得税费用。

所得税费用的确认包括当期应交所得税的确认和递延所得税的确认。企业在计算确定当期应交所得税和递延所得税的基础上，应将两者之和确认为所得税费用。公式如下：

$$所得税费用=当期应交所得税+递延所得税$$

二、当期应交所得税的计算

当期应交所得税是指企业按照税法规定计算确定的针对当期发生的交易或事项，应缴纳给税务部门的所得税金额。计算公式为：

$$当期应交所得税=应纳税所得额×适用税率$$

其中，应纳税所得额是在企业税前会计利润(即利润总额)的基础上，按照税收法规的要求调整确定的。计算公式为：

$$应纳税所得额=税前会计利润+纳税调整增加额-纳税调整减少额$$

纳税调整增加额主要包括税法规定允许扣除项目中，企业已计入当期费用但超过税法规定扣除标准的金额(如超过税法规定标准的工资支出、业务招待费支出)，以及企业已计入当期损失但税法规定不允许扣除项目的金额(如税收滞纳金、罚款、罚金、非公益性捐赠支出等)。

纳税调整减少额主要包括按税法规定允许弥补的亏损和准予免税的项目(如前5年内的未弥补亏损，国债利息收入等)。

三、递延所得税的计算

递延所得税是指按照所得税准则规定当期应予确认的递延所得税资产和递延所得税负债的金额，即递延所得税资产及递延所得税负债当期发生额的综合结果，用公式表示为：

递延所得税=当期确认的递延所得税负债-当期确认的递延所得税资产

其中：

当期确认的递延所得税资产=递延所得税资产期末余额-递延所得税资产期初余额

当期确认的递延所得税负债=递延所得税负债期末余额-递延所得税负债期初余额

四、账户设置

企业应设置"所得税费用"账户，核算应从当期利润总额中扣除的所得税费用，如表9-13所示。

表9-13　所得税费用

借方	贷方
当期应交所得税	递延所得税负债减少额
递延所得税负债增加额	递延所得税资产增加额
递延所得税资产减少额	结转本年利润

五、所得税业务的核算

1. 确认所得税费用

借：所得税费用

　　递延所得税资产

　　贷：应交税费——应交所得税

　　　　(或)递延所得税负债

2. 结转所得税费用余额

借：本年利润

贷：所得税费用

任务实施

针对本任务引例处理如下。

1．业务解析

(1) 按税法规定，非公益性捐赠不允许税前扣除。

(2) 按税法规定，超过标准的业务招待费不允许税前扣除。

(3) 按税法规定，国债利息收入免税。

$$应纳税所得额=税前会计利润+纳税调整增加额-纳税调整减少额$$
$$=264\,000+10\,000+35\,000-5000=304\,000(元)$$
$$应纳所得税=应纳税所得额×所得税税率$$
$$=304\,000×25\%=76\,000(元)$$

2．会计处理

(1) 确认所得税费用

借：所得税费用	76 000	
贷：应交税费——应交所得税		76 000

(2) 结转所得税费用余额

借：本年利润	76 000	
贷：所得税费用		76 000

做　中　学

一、当期应交所得税的计算

[做中学 9-7]

1．业务背景

时达实业有限公司 2016 年度的税前会计利润为 10 000 000 元，其中包括本年收到的国库券利息收入 150 000 元；当年按税法核定的全年计税工资为 2 000 000 元，公司全年实发工资为 2 200 000 元；当年营业外支出中有 100 000 元为税款滞纳罚金。所得税税率为 25%。

2．业务解析

(1) 计算应纳税所得额。本例中，有如下三项纳税调整因素：

一是企业购买国库券利息收入；二是已计入当期费用但超过税法规定标准的工资支出；三是已计入当期营业外支出但按税法规定不允许扣除的税款滞纳罚金。

第一项购买国库券利息收入免交所得税，即在计算应纳税所得时可将其扣除，为纳

税调整减少额；后两个因素均为纳税调整增加额。

(2) 当期应交所得税=应纳税所得额×适用税率。

3. 会计处理

应纳税所得额=10 000 000−150 000+(2 200 000−2 000 000)+100 000

　　　　　　=10 150 000(元)

当期应交所得税=10 150 000×25% = 2 537 500(元)

二、所得税费用的核算

[做中学 9-8]

1. 业务背景

承接做中学 9-7，时达实业有限公司 2016 年的会计分录。

2. 业务解析

确定当期所得税费用为 2 537 500 元；期末结转利润时，将"所得税费用"，结转入"本年利润"账户。

3. 会计处理

(1) 确认所得税费用

借：所得税费用　　　　　　　　　　　　　　　2 537 500

　　贷：应交税费——应交所得税　　　　　　　　　　2 537 500

(2) 结转所得税费用余额

借：本年利润　　　　　　　　　　　　　　　　2 537 500

　　贷：所得税费用　　　　　　　　　　　　　　　2 537 500

任务三　利润分配业务的核算

任务引例

飞宇公司 2013 年"未分配利润"年初贷方余额 2 000 000 元，每年按 10%提取法定盈余公积，所得税税率为 25%，2013 年至 2015 年的有关资料如下：

(1) 2013 年实现净利润 2 000 000 元；提取法定盈余公积后，宣告派发现金股利 1 500 000 元；

(2) 2014 年发生亏损 100 000 元(假设无以前年度未弥补亏损)；

(3) 2015 年实现利润总额 264 000 元，宣告发放现金股利 100 000 元。

要求：

(1) 编制 2013 年有关利润分配的会计分录；

(2) 编制 2014 年结转亏损的会计分录；

(3) 编制 2015 年有关利润分配的会计分录；

(4) 计算 2015 年利润分配后未分配利润账户的余额。

知识链接

一、利润分配的原则和程序

(一)利润分配的原则

利润分配的原则有以下 3 条。

(1) 依法分配原则；

(2) 利益兼顾原则；

(3) 分配与积累并重原则。

(二)利润分配的程序

根据《企业财务通则》规定，企业年度净利润，除法律、行政法规另有规定外，按照以下顺序分配。

(1) 弥补以前年度亏损。

(2) 提取法定公积金。按照《公司法》有关规定，公司制企业应当按照净利润(减弥补以前年度亏损)的 10%提取法定盈余公积。当法定公积金累计额达到注册资本 50%以后，可以不再提取。

(3) 提取任意公积金。任意公积金提取比例由投资者决议。

(4) 向投资者分配利润。

二、弥补亏损的主要方法

企业发生年度亏损，其主要弥补来源有如下三项。

(1) 以后年度(连续 5 年)的税前利润；

(2) 盈余公积金；

(3) 以后年度的税后利润。

在会计核算上，无论是用税前利润还是用税后利润弥补亏损，均无须进行特别的会计处理。

三、可供分配利润的计算

利润分配是企业应根据国家有关规定和投资者的决议，对企业当年可供分配利润进行的分配。可供分配利润可以用以下公式计算：

可供分配的利润=当年实现的净利润+年初未分配利润(或-年初未弥补亏损)+其他转入

四、账户设置

(一)"利润分配"账户

该账户为所有者权益类账户,核算企业利润的分配(或亏损的弥补)以及历年分配(或弥补)后的余额。

在"利润分配"科目下应设置以下明细科目:①提取法定盈余公积;②提取任意盈余公积;③应付现金股利或利润;④转作股本的股利;⑤盈余公积补亏;⑥未分配利润。"利润分配——未分配利润"账户如表 9-14 所示。

表 9-14 利润分配——未分配利润

借方	贷方
期初余额:年初未弥补亏损 本期发生净亏损 利润分配各明细账户转入	期初余额:年初未分配利润 本期实现净利润
年末未弥补亏损	年末未分配利润

(二)利润形成及分配过程核算的账户结转关系

利润形成及分配过程核算的账户结转关系如图 9-1 所示。

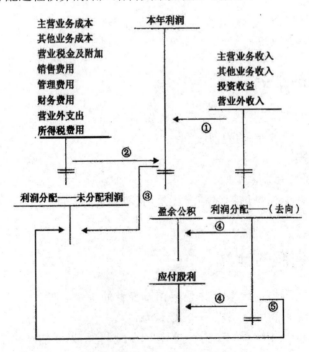

图 9-1 利润形成及分配过程核算的账户结转关系

任务实施

针对本任务引例处理如下。

1. 业务解析

(1) 2013 年实现净利润 2 000 000 元，首先按 10%提取法定盈余公积后再分配股利。

(2) 2014 年亏损不进行分配，将亏损冲减未分配利润。

(3) 2015 年实现利润总额 264 000 元，首先弥补上年亏损，按补亏后剩余利润计缴所得税 41 000 元(假设不考虑其他纳税调整事项，应交所得税为(264 000-100 000)×25%)，再用税后利润按 10%提取盈余公积 12 300 元(264 000-41 000-100 000)×10%)，最后分配现金股利。

2. 会计处理

(1) 2013 年有关利润分配的会计处理

借：本年利润	2 000 000
贷：利润分配——未分配利润	2 000 000
借：利润分配——提取法定盈余公积	200 000
贷：盈余公积——法定盈余公积	200 000
借：利润分配——应付现金股利	1 500 000
贷：应付股利	1 500 000
借：利润分配——未分配利润	1 700 000
贷：利润分配——提前法定盈余公积	200 000
——应付现金股利	1 500 000

(2) 2014 年结转亏损的会计处理

借：利润分配——未分配利润	100 000
贷：本年利润	100 000

(3) 2015 年有关利润分配的会计处理

借：所得税费用	41 000
贷：应交税费——应交所得税	41 000
借：本年利润	41 000
贷：所得税费用	41 000
借：本年利润	223 000
贷：利润分配——未分配利润	223 000
借：利润分配——提取法定盈余公积	12 300
贷：盈余公积——法定盈余公积	12 300
借：利润分配——应付现金股利	100 000
贷：应付股利	100 000

借：利润分配——未分配利润　　　　　　　　112 300
　　　贷：利润分配——提前法定盈余公积　　　　12 300
　　　　　　　　　　——应付现金股利　　　　　100 000

(4) 计算 2015 年未分配利润的余额

2013 年未分配利润期末余额=2 000 000+2 000 000-1 700 000=2 300 000(元)

2014 年未分配利润期末余额=2 300 000-100 000=2 200 000(元)

2015 年未分配利润期末余额=2 200 000+223 000-112 300=2 310700(元)

做　中　学

一、盈余公积弥补亏损的核算

[做中学 9-9]

1. 业务背景

时达实业有限公司 2015 年度由于经营不善导致亏损，当年利润总额为-600 000 元。经股东大会批准，公司用以前年度提取的盈余公积弥补当年全部亏损。

2. 业务解析

企业发生亏损可以用以后年度(连续 5 年)的税前利润、盈余公积金或以后年度税后利润弥补。以盈余公积弥补亏损，需进行相应账务处理，减少盈余公积的账面余额。

3. 会计处理

借：盈余公积　　　　　　　　　　　　　　　600 000
　　　贷：利润分配——盈余公积补亏　　　　　　　600 000

二、可供分配利润进行分配的核算

[做中学 9-10]

1. 业务背景

时达实业有限公司 2015 年实现净利润为 5 000 000 元，年初未分配利润为 0。2016 年 3 月 20 日股东大会批准了 2015 年利润分配方案：公司按当年净利润的 10% 提取法定盈余公积，以 2015 年 12 月 31 日为登记日，按每股 0.2 元发放现金股利。时达实业有限公司 2015 年 12 月 31 日普通股股本为 30 000 000 股，每股面值为 1 元，公司共需分派 6 000 000 元现金股利，其中动用可供投资者分配的利润 4 500 000 元、盈余公积 1 500 000 元。5 月 19 日，实际支付上述现金股利。

2. 业务解析

该公司 2015 年度可供分配的利润=5 000 000+0=5 000 000(元)

对于可供分配利润，应按照计提法定盈余公积、提取任意盈余公积、向投资者分配的顺序进行分配。

3．会计处理

(1) 计提法定盈余公积

计提法定盈余公积=5 000 000×10%=500 000(元)

借：利润分配——提取法定盈余公积　　　　　500 000

　　贷：盈余公积——法定盈余公积　　　　　　　500 000

(2) 2016 年 3 月 20 日宣告分派股利

可供投资者分配利润=5 000 000-500 000=4 500 000(元)

借：利润分配——应付现金股利　　　　　4 500 000

　　盈余公积　　　　　　　　　　　　1 500 000

　　贷：应付股利　　　　　　　　　　　　　6 000 000

(3) 5 月 19 日支付股利

借：应付股利　　　　　　　　　　　　6 000 000

　　贷：银行存款　　　　　　　　　　　　　6 000 000

三、结转利润分配各明细账户

[做中学 9-11]

1．业务背景

根据做中学 9-10 的会计处理，A 股份有限公司将分配过程中利润分配各明细账户的余额结转至"利润分配——未分配利润"账户。

2．业务解析

结转后，如果"未分配利润"明细账户的余额在贷方，表示累计未分配的利润；如果余额在借方，则表示累积未弥补的亏损。本例中，

"利润分配——未分配的利润"明细账户的余额=本年利润 5 000 000-提取法定盈余公积 500 000-支付现金股利 4 500 000=0(元)

3．会计处理

借：利润分配——未分配利润　　　　　5 000 000

　　贷：利润分配——提取法定盈余公积　　　　500 000

　　　　　　　　——应付现金股利　　　　　4 500 000

能 力 训 练

一、单项选择题

1. 下列各项业务中，应在"管理费用"科目核算的是(   )。
   A. 印花税   B. 计提的存货跌价准备
   C. 罚款支出   D. 企业发生的广告费

2. 企业为购买原材料所发生的银行承兑汇票手续费，应当计入(   )。
   A. 管理费用   B. 财务费用   C. 销售费用   D. 其他业务支出

3. 企业年末结账后，一定无余额的会计科目是(   )科目。
   A. 本年利润   B. 利润分配
   C. 长期待摊费用   D. 生产成本

4. 企业收到的税务机关返还的营业税，应通过(   )科目核算。
   A. 本年利润   B. 其他业务收入
   C. 营业外收入   D. 营业税金及附加

5. 递延所得税资产应当作为(   )在资产负债表中列示。
   A. 流动资产   B. 非流动资产   C. 固定资产   D. 其他资产

6. 资产、负债的(   )与其计税基础存在差异的，应当确认为递延所得税资产或递延所得税负债。
   A. 公允价值   B. 净值   C. 实际成本   D. 账面价值

7. 光明公司本期主营业务利润为 100 万元，其他业务利润为 10 万元，管理费用 15 万元，投资收益为 30 万元，所得税为 30 万元。假定不考虑其他因素，该企业本期净利润为(   )万元。
   A. 65   B. 95   C. 100   D. 110

8. 大华公司年初未分配利润的借方余额为 500 000 元，本年度净利润为 800 000 元，按 10%提取法定盈余公积，按 10%提取任意盈余公积，则该企业本年末未分配利润余额为(   )元。
   A. 140 000   B. 240 000   C. 440 000   D. 640 000

9. 企业上年发生亏损 20 万元，本年实现利润总额 80 万元，本年非公益性捐赠支出 10 万元。企业所得税税率 25%。该企业本年应交纳所得税额是(   )万元。
   A. 18   B. 17.5   C. 24   D. 27

10. 某企业 2015 年度的利润总额为 1000 万元，其中包括本年收到的国库券利息收入 10 万元；全年计税工资为 400 万元，实发工资为 350 万元，企业所得税税率为 25%。该企业 2015 年所得税费用为(   )万元。
    A. 310.2   B. 247.5   C. 343.2   D.349.8

11. 下列各项中，不影响营业利润项目的是(　　)。

A. 企业发生的业务招待费　　　　　　B. 合同违约金

C. 转让股权收益　　　　　　　　　　D. 取得交易性金融资产支付的手续费

12. 某企业 2015 年度利润总额为 315 万元，其中国债利息收入为 15 万元。假定该企业无其他纳税调整项目，适用的所得税税率为 25%。该企业 2015 年净利润为(　　)万元。

A. 225　　　　　B. 240　　　　　C. 209.4　　　　　D. 236.25

13. 下列各项中，不影响当期营业利润的是(　　)。

A. 出租固定资产取得收入　　　　　　B. 无形资产减值损失

C. 所得税费用　　　　　　　　　　　D. 交易性金融资产公允价值变动损失

14. 下列项目中，应计入营业外支出的是(　　)。

A. 计提的固定资产减值准备

B. 购买交易性金融资产所支付的相关费用

C. 经营租入固定资产支付的租金

D. 转让无形资产所有权形成的净损失

15. 根据税法规定，下列各项中，需要进行纳税调整的是(　　)。

A. 公司债券的利息收入　　　　　　　B. 国债利息收入

C. 支付的合同违约金　　　　　　　　D. 无形资产转让净收益

16. 某工业企业 2015 年度主营业务收入为 4000 万元，主营业务成本为 3510 万元，其他业务收入为 20 万元，其他业务成本为 10 万元，财务费用为 10 万元，营业外收入为 20 万元，营业外支出为 10 万元，所得税税率为 25%。假定不考虑其他因素，该企业 2015 年度的净利润为(　　)万元。

A. 386　　　　　B. 390　　　　　C. 382.5　　　　　D. 375

17. 下列各项中，不应列入利润表中"财务费用"项目的是(　　)。

A. 销售商品发生现金折扣

B. 支付的银行结算手续费

C. 经营活动中支付银行借款的手续费

D. 筹建期间的借款利息

18. 下列各项中，不应在利润表"营业收入"项目列示的是(　　)。

A. 政府补助收入　　　　　　　　　　B. 设备安装劳务收入

C. 代修品销售收入　　　　　　　　　D. 固定资产出租收入

19. 某企业 2016 年 3 月主营业务收入 400 万元，主营业务成本 380 万元，购买办公用品支出 3 万元，计提坏账准备 4 万元，投资收益 10 万元。假定不考虑其他因素，该企业当月的营业利润为(　　)万元。

A. 13　　　　　B. 15　　　　　C. 18　　　　　D. 23

20. 红光有限公司 2013 年"未分配利润"年初贷方余额 100 万元，每年按 10% 提取法定盈余公积，所得 税税率为 25%,2013 年至 2015 年的有关资料如下:

(1) 2013 年实现净利润 100 万元；提取法定盈余公积后，宣告派发现金股利 75 万元。

(2) 2014 年发生的亏损 250 万元(假设无以前年度未弥补亏损)。

(3) 2015 年实现利润总额 300 万元(假设 2015 年盈余公积在 2016 年年初计提，2015 年年末未计提，也未发放现金股利)。2015 年"利润分配——未分配利润"账户余额为( ) 万元。

    A. 130   B. 150   C. 152.5   D. 165

二、多项选择题

1. 下列各项中，应记入财务费用的包括( )。
   A. 银行承兑汇票的手续费   B. 利息支出
   C. 诉讼费   D. 购货单位享受的现金折扣

2. 下列各项中属于营业外支出的有( )。
   A. 固定资产盘亏   B. 出售无形资产损失
   C. 水灾损失   D. 捐赠设备支出

3. 下列各项，应计入营业外收入的有( )。
   A. 补贴收入   B. 教育费附加返还款
   C. 出售固定资产取得的净收益   D. 转让短期投资取得的净收益

4. 下列各项中，应记入管理费用的有( )。
   A. 管理人员工资及福利费   B. 在建工程人员的工资及福利费
   C. 工会经费   D. 技术转让费

5. 下列各科目的余额，期末应结转到"本年利润"科目的有( )。
   A. 营业外收入   B. 营业外支出
   C. 投资收益   D. 以前年度损益调整

6. 下列各项内容中，影响利润计算过程中"营业利润"的项目有( )。
   A. 营业外收入   B. 管理费用
   C. 销售费用   D. 营业税金及附加

7. 通过利润分配我们可以了解( )。
   A. 企业实现利润的分配情况   B. 亏损的弥补情况
   C. 利润分配的具体去向   D. 利润分配后企业的财务状况

8. 下列关于"本年利润"账户的说法，正确的有( )。
   A. 该账户是一个累计计算全年利润的账户
   B. 该账户的贷方表示结转来的各项收入，借方表示结转来的各项费用、损失
   C. 该账户年末无余额
   D. 所有的损益类账户都要最终结转到"本年利润"账户

9. 企业利润分配的去向主要有( )。
   A. 提取盈余公积   B. 计算企业应上缴的所得税费用
   C. 缴纳所得税费用   D. 分配给投资者的利润

10. 企业缴纳的下列各种税金中，可以通过"营业税金及附加"科目核算的有(　　)。

    A. 增值税销项税额　　　　　　　　B. 消费税

    C. 城市维护建设税　　　　　　　　D. 印花税

三、实务操作题

[实务操作 9-1]

1. 目的

练习利润的计算。

2. 资料

无忧公司为增值税一般纳税人，其销售的产品为应纳增值税产品，适用的增值税税率为 17%，产品销售价款中均不含增值税额且产品销售为公司主营业务。公司适用的所得税税率为 25%。产品销售成本按经济业务逐笔结转。2015 年度，无忧公司发生如下经济业务事项：

(1) 销售 A 产品一批，产品销售价款为 1 000 000 元，产品成本为 500 000 元。产品已经发出，并开具了增值税专用发票，同时向银行办妥了托收手续。

(2) 用银行存款支付业务招待费 60 000 元。

(3) 计提应交的城市维护建设税为 2000 元，应交的教育费附加为 1000 元。

(4) 2015 年年末，无忧公司应收账款账面余额 100 000 元，计提坏账准备的比例为 6%，2015 年年初坏账准备的期初贷方余额为 1000 元，当年未发生其他与坏账准备有关的事项。

(5) 确认本年的应交所得税。(假定无忧公司不存在纳税调整事项)

(6) 结转损益类科目及本年利润科目。(无忧公司年末一次性结转损益类科目)

3. 要求

(1) 根据上述业务，编制相关会计分录；

(2) 计算无忧公司 2015 年度的营业利润和净利润。

[实务操作 9-2]

1. 目的

练习利润的会计核算。

2. 资料

大华公司发生下列经济业务，要求根据发生的经济业务编制会计分录并编制该企业当月的利润表(凡能确定二级或明细账户名称的，应同时列明二级或明细账户)。

(1) 企业销售甲产品 1000 件，每件售价 80 元，税金 13 600 元，货款已通过银行收讫。

(2) 企业同城销售给红星厂乙产品 900 件，每件售价 50 元，税金为 7 650 元，但货款尚未收到。

(3) 结转已售甲、乙产品的生产成本。其中：甲产品生产成本 65 400 元；乙产品生产成本 36 000 元。

(4) 以银行存款支付本月销售甲、乙两种产品的销售费用 1520 元。

(5) 王凡外出归来报销因公务出差的差旅费 350 元(原已预支 400 元)。

(6) 以现金 1000 元支付厂部办公费。

(7) 企业收到红星厂前欠货款 45 000 并存入银行。

(8) 企业取得提供劳务的收入 6020 元,存入银行。

(9) 年初,用银行存款支付 2 年办公室的租赁费 24 000 元。

(10) 摊销应由本月负担的预付办公室租赁费。

(11) 根据上述有关经济业务,结转本期主营业务收入、其他业务收入。

(12) 根据上述有关经济业务结转本月主营业务成本,销售费用及管理费用。

(13) 根据本期实现的利润总额,按 25%税率计算应交所得税。

3. 要求

根据以上经济业务编制会计分录。

[实务操作 9-3]

1. 目的

练习所得税的会计核算。

2. 资料

甲股份有限公司 2016 年度利润总额为 1800 万元,应纳税所得额为 2000 万元。该企业适用的所得税税率为 25%。甲公司递延所得税资产年初数为 400 万元,年末数为 600 万元;递延所得税负债年初数为 200 万元,年末数为 600 万元。

3. 要求

计算当期所得税费用,编制所得税核算的会计分录。

[实务操作 9-4]

1. 目的

练习利润及利润分配的计算。

2. 资料

甲股份有限公司(以下简称甲公司)为增值税一般纳税企业,其销售的产品为应纳增值税产品,适用的增值税税率为 17%,产品销售价款中均不含增值税额。甲公司适用的所得税税率为 25%。产品销售成本按经济业务逐项结转。

2016 年度,甲公司发生如下经济业务事项:

(1) 销售 A 产品一批,产品销售价款为 800 000 元,产品销售成本为 350 000 元。产品已经发出,并开具了增值税专用发票,同时向银行办妥了托收手续。

(2) 收到乙公司因产品质量问题退回的 B 产品一批,并验收入库。甲公司用银行存款支付了退货款,并按规定向乙公司开具了红字增值税专用发票。

该退货是甲公司 1999 年 12 月 20 日以提供现金折扣方式(折扣条件为: 2/10、1/20、n/30,折扣仅限于销售价款部分)出售给乙公司的,产品销售价款为 40 000 元,产品销售成本为 22 000 元。销售款项于 12 月 29 日收到并存入银行(该项退货不属于资产负债表日后事项)。

(3) 委托丙公司代销 C 产品一批，并将该批产品交付丙公司。代销合同规定甲公司按售价的 10%向丙公司支付手续费，该批产品的销售价款为 120 000 元，产品销售成本为 66 000 元。

(4) 甲公司收到了丙公司的代销清单。丙公司已将代销的 C 产品全部售出。款项尚未支付给甲公司。甲公司在收到代销清单时向丙公司开具了增值税专用发票，并按合同规定确认应向丙公司支付的代销手续费。

(5) 用银行存款支付发生的管理费用 67 800 元，计提坏账准备 4000 元。

(6) 销售产品应交的城市维护建设税为 2100 元，应交的教育费附加为 900 元。

(7) 计算应交所得税(假定甲公司不存在纳税调整因素)。

(8) 结转本年利润(甲公司年末一次性结转损益类科目)。

(9) 按净利润的 10%和 5%分别提取法定盈余公积和任意盈余公积。

(10) 按净利润的 40%向投资者分配应付利润。

(11) 结转利润分配各明细科目。

3. 要求

根据上述业务，编制甲公司 2016 年度经济业务事项的会计分录("应交税费"和"利润分配"科目要求写出明细科目)。

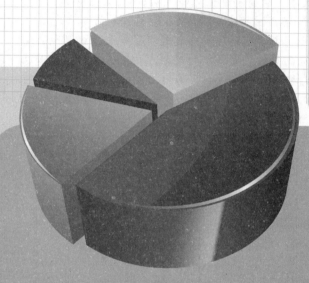

学习情境十 《

财务报表的编制

[职业能力目标]

【知识目标】

- 了解财务报表及其目标
- 掌握财务报表的组成和分类
- 熟悉资产负债表的结构和内容
- 掌握资产负债表的编制方法
- 熟悉利润表的结构和内容
- 掌握利润表的编制方法

【能力目标】

- 能够根据相关资料编制完整的资产负债表
- 能够根据相关资料编利润表

情境导入

　　2014 年 6 月 16 日，阿里巴巴集团的招股书中财务数据显示，阿里巴巴集团 2014 财年(2013 年 4 月 1 日至 2014 年 3 月 31 日)总收入约 525 亿元人民币,同比增长 52.1%, 净利润约 234 亿元, 同比增长 170.6%, 净利润率达到 44.57%(比开赌场还要赚钱)。阿里到底有多赚钱? 2014 财年阿里巴巴共完成的商品成交总额,"淘宝+天猫"共成交 1.68 万亿元人民币, 比 2013 财年提升了 55.8%。

　　在阿里巴巴的平台生态模式下,收入随平台交易额同步放大后,利润率在不断提高。数据显示, 从 2010 财年至 2014 财年, 阿里集团的净利润率从-7.5%上升至 44.57%。

　　以上数据来自阿里巴巴对外公布的财务报表,财务报告是外界了解企业的钥匙,是投资者投资决策的依据,是企业经营状况的总结。那么作为财务人员,应了解财务报表的组成,如何编制最常用的资产负债表、利润表呢? 我们又如何才能读懂它们呢? 本情境将围绕上述问题进行学习和探讨。

知识导图

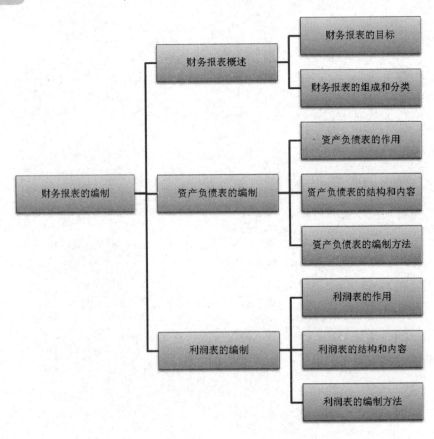

任务一　财务报表概述

任务引例

我国企业要求对外报送的会计报表有哪些？本任务中，我们将学习了解企业编制财务报表的目标，以及财务报表的组成和分类。

知识链接

一、财务报表的目标

财务报表是对企业财务状况、经营成果和现金流量的结构性表述。

企业编制财务报表的目标是向财务报表使用者提供与企业财务状况、经营成果和现金流量等有关的会计信息，反映企业管理层受托责任的履行情况，有助于财务报表使用者作出经济决策。财务报表使用者通常包括投资者、债权人、政府及其有关部门和社会公众等。

二、财务报表的组成和分类

(一)财务报表的组成

财务报表是对企业财务状况、经营成果和现金流量的结构性表述，一套完整的财务报表，至少应当包括资产负债表、利润表、现金流量表、所有者权益(或股东权益，下同)变动表以及附注。

资产负债表、利润表和现金流量表分别从不同角度反映企业的财务状况、经营成果和现金流量。资产负债表反映企业在某一特定日期所拥有的资产，需偿还的债务以及股东(投资者)拥有的净资产情况。

利润表反映企业在一定会计期间的经营成果，即利润或亏损的情况，表明企业运用所拥有的资产的获利能力。

现金流量表反映企业在一定会计期间现金和现金等价物流入和流出的情况。

所有者权益变动表反映构成所有者权益的各组成部分当期的增减变动情况。企业的净利润及其分配情况是所有者权益变动的组成部分，相关信息已经在所有者权益变动表及其附注中反映，企业不需要再单独编制利润分配表。

附注是财务报表不可或缺的组成部分，是对在资产负债表、利润表、现金流量表和所有者权益变动表等报表中列示项目的文字描述或明细资料，以及对未能在这些报表中列示项目的说明等。

(二)财务报表的分类

财务报表可以按照不同的标准进行分类。

1. 按财务报表编报期间分类

按财务报表编报期间的不同,可以分为中期财务报表和年度财务报表。中期财务报表包括月报、季报和半年报等。

2. 按财务报表编报主体分类

按财务报表编报主体的不同,可以分为个别财务报表和合并财务报表。个别财务报表是由企业在自身会计核算基础上对账簿记录进行加工而编制的财务报表,它主要用以反映企业自身的财务状况、经营成果和现金流量情况。合并财务报表是以母公司和子公司组成的企业集团为会计主体,根据母公司和所属子公司的财务报表,由母公司编制的综合反映企业集团财务状况、经营成果及现金流量的财务报表。

任务二 资产负债表的编制

任务分析

在资产负债表上,企业有多少资产,是什么资产;有多少负债,是哪些负债;净资产是多少,其构成怎样,都反映得清清楚楚。资产负债表描述了它在发布那一时点企业的财务状况,正如同我们拿一台相机在高速行进的车辆中按下快门,只不过这里的"车辆"是资金流。我们得到一幅静态的画面,它只描述了当时的状况,即信息具有时效性。本任务中,我们将学习编制完整的资产负债表。

知识链接

一、资产负债表的作用

资产负债表是总括反映企业某一特定的日期全部资产、负债和所有者权益等情况的财务报表。它反映的是期末某一日终了时的企业财务状况,是一张静态报表。

资产负债表是历史性的报告,此表所依据的是企业过去已经完成的会计事项所做的账簿记录。财会人员以货币手段衡量企业的财务状况,是依据"资产=负债+所有者权益"这一基本公式,按照一定的程序,依据规定的报表格式编制而成的。

资产负债表能够提供企业一定日期的资产、所负担的债务、企业所有者在企业的权益等重要信息。它表明企业在资产、负债和所有者权益各方面的实力状况,这是企业经营活动的基础,同时,它也反映了企业的规模和发展潜力,利用它可以掌握企业的资金状况,考核评价企业的资产分布、偿债能力、筹资能力、稳固程度、财务风险,预测企业的未来财务发展趋势。

二、资产负债表的结构和内容

资产负债表一般由表首、正表和补充资料三部分内容构成。

表首部分有：报表名称、编制单位、报表日期和金额单位。

正表部分依据"资产=负债+所有者权益"这一会计平衡公式进行设计，全部项目分为资产、负债和所有者权益三大类。

资产负债表正表部分的结构通常有账户式、报告式和财务状况式三种形式。

我国企业资产负债表采用账户式结构。

三、资产负债表的编制方法

资产负债表各项目均需填列"年初余额"和"期末余额"两栏。其中"年初余额"栏内各项数字，根据上年年末资产负债表的"期末余额"栏内所列数字填列。

"期末余额"栏主要有以下几种填列方法。

1. 根据总账科目余额填列

如"交易性金融资产"、"短期借款"、"应付票据"、"应付职工薪酬"等项目，根据"交易性金融资产"、"短期借款"、"应付票据"、"应付职工薪酬"各总账科目的余额直接填列；有些项目则需根据几个总账科目的期末余额计算填列，如"货币资金"项目，需根据"库存现金"、"银行存款"、"其他货币资金"三个总账科目的期末余额的合计数填列。

2. 根据明细账科目余额计算填列

如"应付账款"项目，需要根据"应付账款"和"预付账款"两个科目所属的相关明细科目的期末贷方余额计算填列；"应收账款"项目，需要根据"应收账款"和"预付账款"两个科目所属的相关明细科目的期末借方余额计算填列。

3. 根据总账科目和明细账科目余额分析计算填列

如"长期借款"项目，需要根据"长期借款"总账科目余额扣除"长期借款"科目所属的明细科目中将在一年内到期，且企业不能自主地将清偿义务展期的长期借款后的金额计算填列。

4. 根据有关科目余额减去其备抵科目余额后的净额填列

如资产负债表中的"应收票据"、"应收账款"、"长期股权投资"、"在建工程"等项目，应当根据"应收票据"、"应收账款"、"长期股权投资"、"在建工程"等科目的期末余额减去"坏账准备"、"长期股权投资减值准备"、"在建工程减值准备"等科目余额后的净额填列。"固定资产"项目，应当根据"固定资产"科目的期末余额减去"累计折旧"、"固定资产减值准备"备抵科目余额后的净额填列；"无形资产"项目，应当根据"无形资产"科目的期末余额，减去"累计摊销"、"无形资产减值准

备"备抵科目余额后的净额填列。

5. 综合运用上述填列方法分析填列

如资产负债表中的"原材料"、"委托加工物资"、"周转材料"、"材料采购"、"在途物资"、"发出商品"、"材料成本差异"等总账科目期末余额的分析汇总数。

资产负债表的格式如表 10-1 所示。

表 10-1　资产负债表

企会 01 表

编制单位：时达实业有限公司　　　　　　　2015 年 12 月 31 日　　　　　　　单位：元

资　产	期末余额	年初余额	负债和所有者权益	期末余额	年初余额
流动资产：			流动负债：		
货币资金	688 140	738 730	短期借款	50 000	40 000
以公允价值计量且其变动计入当期损益的金融资产			以公允价值计量且其变动计入当期损益的金融负债		
应收票据	1 032 741	417 284	应付票据	409 698	483 442
应收账款	418 224	332 030	应付账款	1 870 819	1 203 828
预付账款	49 652	19 937	预收账款	319 030	204 481
应收利息			应付职工薪酬	−16 752	−16 637
应收股利			应交税费	−70 183	−116 725
其他应收款	14 353	25 532	应付利息		
存货	2 092 475	1 769 334	应付股利		
一年内到期的非流动资产			其他应付款	116 811	80 319
其他流动资产			一年内到期的非流动负债		
流动资产合计	4 295 585	3 302 847	其他流动负债		
非流动资产：			流动负债合计	2 679 423	1 878 708
可供出售金融资产			非流动负债：		
持有至到期投资			长期借款	224 677	10 839
长期应收款			应付债券		
长期股权投资	67 921	71 153	长期应付款		
投资性房地产			专项应付款		
固定资产	899 924	872 442	预计负债		
在建工程	113 918	52 110	递延收益		
工程物资			递延所得税负债		

续表

资　产	期末余额	年初余额	负债和所有者权益	期末余额	年初余额
固定资产清理			其他非流动负债		
生产性生物资产			非流动负债合计	224 677	10 839
油气资产			负债合计	2 904 100	1 889 547
无形资产			所有者权益：		
开发支出			实收资本(股本)	630 000	570 000
商誉			资本公积	1 519 154	1 477 406
长期待摊费用	167 753	77 225	减：库存股		
递延所得税资产			其他综合收益		
其他非流动资产			盈余公积	202 080	166 193
非流动资产合计	1 249 516	1 072 930	未分配利润	289 767	272 631
			所有者权益合计	2 641 001	2 486 230
资产总计	5 545 101	4 375 777	负债和所有者权益总计	5 545 101	4 375 777

做　中　学

现以记账凭证账务处理程序为例来分析资产负债表的编制过程。

一、资料

1. 时达实业有限公司 2016 年 12 月 1 日有关总分类账户的期初余额(单位：元)

库存现金	9000	短期借款	1 800 000
银行存款	3 537 000	应付账款	900 000
应收账款	750 000	应交税费	45 000
预付账款	15 000	其他应付款	10 500
其他应收款	7500	实收资本	6 750 000
原材料	2 400 000	资本公积	6 00 000
库存商品	1 200 000	本年利润	1 950 000
生产成本	195 000	利润分配(借)	1 842 000
固定资产	9 000 000		
累计折旧(贷)	1 500 000		

2. 该公司有关明细分类账户的期初余额

"原材料——A 材料"：900 千克，单价为 1000 元，金额为 900 000 元；

"原材料——B 材料"：750 千克，单价为 2000 元，金额为 1 500 000 元；

"生产成本——甲产品"：金额为 195 000 元；

"库存商品——甲产品"：1200 件，单位成本为 400 元，金额为 480 000 元；

"库存商品——乙产品"：1500 件，单位成本为 480 元，金额为 720 000 元；

"应收账款——大华公司"：450 000 元；

"应收账款——天桥公司"：300 000 元；

"预付账款——储运公司"：15 000 元；

"应付账款——鲁光公司"：600 000 元；

"应付账款——新华公司"：300 000 元。

3. 该公司 2016 年 12 月份发生下列经济业务

(1) 12 月 1 日，收到天桥公司还来前欠货款 300 000 元，存入银行。

(2) 12 月 3 日，用银行存款缴纳上月应交所得税 45 000 元。

(3) 12 月 5 日，销售给大华公司甲产品 900 件，单价 600 元，计 540 000 元，增值税 91 800 元，款项尚未收到。

(4) 12 月 7 日，向鲁光公司购进 A 材料 150 千克，单价 1000 元；向历下公司购进 B 材料 150 千克，单价 2000 元，增值税 76 500 元。上项款项用银行存款支付。

(5) 12 月 8 日，从银行提取现金 95 000 元，准备发放工资。

(6) 12 月 9 日，用库存现金发放职工工资 95 000 元。

(7) 12 月 9 日，出售给历城公司乙产品 480 件，单价 750 元，计 360 000 元，增值税 61 200 元，款项收到存入银行。

(8) 12 月 11 日，用银行存款归还工商银行短期借款 1 500 000 元。

(9) 12 月 12 日，车间领用 A 材料 120 千克，计 120 000 元，B 材料 150 千克，计 300 000 元，共计 420 000 元，用于制造乙产品。

(10) 12 月 12 日，用银行存款偿还前欠新华公司的货款 300 000 元。

(11) 12 月 13 日，职工李江出差预借差旅费 3000 元，以库存现金支付。

(12) 12 月 13 日，本月 7 日所购材料已全部入库，结转实际采购成本。

(13) 12 月 14 日，以库存现金支付办公用品费 300 元。

(14) 12 月 15 日，用银行存款支付本月水电费计 19 080 元，其中：甲产品 7500 元，乙产品 9000 元，企业管理部门 1500 元，增值税 1080 元。

(15) 12 月 17 日，职工李江出差报销差旅费 2250 元，余额 750 元退回现金，结清本月 13 日借款。

(16) 12 月 18 日，车间领用 A 材料 45 千克，计 45 000 元，B 材料 75 千克，计 150 000 元，共计 195 000 元，用于制造甲产品。

(17) 12 月 20 日，用库存现金支付广告费 1200 元。

(18) 12 月 22 日，销售给天桥公司 B 材料 15 千克，计 37 500 元，增值税 6375 元。款项收到。

(19) 12 月 22 日，结转上项销售材料的成本 30 000 元。

(20) 12 月 25 日，用银行存款支付销售产品的运费 3000 元。

(21) 12 月 26 日，"其他应付款"中有 6000 元，确实无法付出，作营业外收入入账。

(22) 12月26日，提取坏账准备7500，其他应收款7500元，确实无法收回，作坏账损失处理。

(23) 12月28日，预计应由本月份负担的银行借款利息3000元。

(24) 12月28日，计提本月固定资产折旧30 000元，其中车间负担21 000元，管理部门负担9000元。

(25) 12月28日，分配结转本月工资费用95 000元，其中：生产甲产品的工人工资为30 000元，生产乙产品的工人工资为30 000元，车间管理人员工资7500元，管理部门人员工资为27 500元。

(26) 12月28日，按工资总额的14%提取职工福利费13 300元，其中：甲产品生产人员4200元，乙产品生产人员4200元，车间管理人员1050元，管理部门人员3850元。

(27) 12月31日，将本月发生的制造费用29 550元，按照甲、乙产品生产人员工资比例分配结转。

(28) 12月31日，结转本月完工甲产品1116件的生产成本446 475元，完工乙产品996件的生产成本477 975元。

(29) 12月31日，计算结转本月应交城市维护建设税5726元，教育费附加2454元。

(30) 12月31日，结转本月已销产品生产成本590 400元，其中：甲产品360 000元，乙产品230 400元。

(31) 12月31日，将销售收入900 000元、营业外收入6000元、其他业务收入37 500元，转入"本年利润"账户。

(32) 12月31日，将本月销售成本590 400元、销售税金及附加8180元、销售费用4200元、管理费用44 400元、其他业务成本30 000元、财务费用3000元、资产减值损失7500元，转入"本年利润"账户。

(33) 12月31日，按本月利润总额255 820元25%计算结转应交所得税63 955元。

(34) 12月31日，将所得税63 955元，转入"本年利润"账户。

(35) 12月31日，从税后利润中提取盈余公积25 710元。

二、编制记账凭证

[做中学 10-1]

根据以上经济业务编制记账凭证如表10-2～表10-4所示。

表 10-2 收款凭证

借方科目：银行存款	2015 年 12 月 1 日			银收字第 1 号
摘　要	贷方科目		过　账	金　额
	会计科目	明细科目		
收到天桥公司还来欠款	应收账款	天桥公司	√	300 000
附件 1 张	合计			300 000

(有关人员签章)

表 10-3　付款凭证

贷方科目：银行存款　　　　　　　　2015 年 12 月 1 日　　　　　　　　银付字第 1 号

摘　要	贷方科目		过　账	金　额
	会计科目	明细科目		
上交所得税	应交税费	所得税	√	45 000
附件 1 张	合计			45 000

（有关人员签章）

表 10-4　转账凭证

2015 年 12 月 3 日　　　　　　　　转字第 1 号

摘　要	会计科目	明细科目	借方金额	贷方金额	过　账
销售甲产品	应收账款	大华公司	631 800		√
	主营业务收入	甲产品		540 000	√
	应交税费	应交增值税		91 800	√
附件 1 张	合计		631 800	631 800	

（有关人员签章）

为了方便起见，以下各项经济业务需要填制的记账凭证不再一一详细给出，而以会计分录表的形式列示，如表 10-5 所示。

表 10-5　会计分录

2015 年		凭证		摘　要	会计科目		借方金额	贷方金额
月	日	字	号		一级科目	明细科目		
12	7	略	4	进料	在途物资		450 000	
					应交税费	应交增值税	76 500	
					银行存款			526 500
12	8		5	提取现金	库存现金		95 000	
					银行存款			95 000
12	9		6	发放工资	应付职工薪酬		95 000	
					库存现金			95 000
12	9		7	销售产品	银行存款		421 200	
					主营业务收入	乙产品		360 000
					应交税费	应交增值税		61 200

续表

2015年		凭证		摘　要	会计科目		借　方金　额	贷　方金　额
月	日	字	号		一级科目	明细科目		
12	11		8	归还短期借款	短期借款		1 500 000	
					银行存款			1 500 000
12	12		9	车间领料	生产成本	乙产品	420 000	
					原材料	A材料		120 000
					原材料	B材料		300 000
12	12		10	归还欠款	应付账款	新华公司	300 000	
					银行存款			300 000
12	13		11	预支出差款	其他应收款	李江	3 000	
					库存现金			3 000
12	13		12	材料入库	原材料	A材料	150 000	
					原材料	B材料	300 000	
					在途物资			450 000
12	14		13	付办公用品费	管理费用		300	
					库存现金			300
12	15		14	支付水电费	生产成本	甲产品	7 500	
					生产成本	乙产品	9 000	
					管理费用		1 500	
					应交税费	应交增值税	1 080	
					银行存款			19 080
12	17		15	报销出差费	管理费用		2 250	
					库存现金		750	
					其他应收款	李江		3000
12	18		16	车间领材料	生产成本	甲产品	195 000	
					原材料	A材料		45 000
					原材料	B材料		150 000
12	20		17	支付广告费	销售费用		1 200	
					库存现金			1200
12	22		18	销售材料	银行存款		43 875	
					其他业务收入			37 500
					应交税费	应交增值税		6 375

续表

2015年		凭证		摘 要	会计科目		借 方 金 额	贷 方 金 额
月	日	字	号		一级科目	明细科目		
12	22		19	结转材料成本	其他业务成本		30 000	
					原材料	B材料		30 000
12	25		20	支付销售费	销售费用		3 000	
					银行存款			3 000
12	26		21	应付款转收入	其他应付款		6 000	
					营业外收入			6 000
12	26		22	计提坏账准备	资产减值损失		7 500	
					坏账准备			7 500
				坏账损失	坏账准备		7 500	
					其他应收款			7 500
12	28		23	预提借款利息	财务费用		3 000	
					应付利息			3 000
12	28		24	计提折旧	制造费用		21 000	
					管理费用		9 000	
					累计折旧			30 000
12	28		25	分配工资费用	生产成本	甲产品	30 000	
					生产成本	乙产品	30 000	
					制造费用		7 500	
					管理费用		27 500	
					应付职工薪酬			95 000
12	28		26	计提福利费	生产成本	甲产品	4 200	
					生产成本	乙产品	4 200	
					制造费用		1 050	
					管理费用		3 850	
					应付职工薪酬			13 300
12	31		27	分配制造费用	生产成本	甲产品	14 775	
					生产成本	乙产品	14 775	
					制造费用			29 550

续表

2015年		凭证		摘要	会计科目		借方金额	贷方金额
月	日	字	号		一级科目	明细科目		
12	31		28	结转完工产品成本	库存商品	甲产品	446 475	
					库存商品	乙产品	477 975	
					生产成本	甲产品		446 475
					生产成本	乙产品		477 975
12	31		29	计提销售税金	营业税金及附加		8 180	
					应交税费	应交城建税		5 726
					应交税费	教育费附加		2 454
12	31		30	结转销售成本	主营业务成本		590 400	
					库存商品	甲产品		360 000
					库存商品	乙产品		230 400
12	31		31	结转利润	主营业务收入		900 000	
					本年利润			900 000
					营业外收入		6 000	
					本年利润			6 000
					其他业务收入		37 500	
					本年利润			37 500
12	31		32	结转利润	本年利润		590 400	
					主营业务成本			590 400
					本年利润		8 180	
					营业税金及附加			8 180
					本年利润		4 200	
					销售费用			4 200
					本年利润		44 400	
					管理费用			44 400
					本年利润		3 000	
					财务费用			3 000
					本年利润		30 000	
					其他业务成本			30 000
					本年利润		7 500	
					资产减值损失			7 500
12	31		33	应交所得税	所得税费用		63 955	
					应交税费			63 955

续表

2015年		凭证		摘 要	会计科目		借 方金 额	贷 方金 额
月	日	字	号		一级科目	明细科目		
12	31		34	结转利润	本年利润	应交所得税	63 955	
					所得税费用			63 955
12	31		35	提取盈余公积	利润分配		25 710	
					盈余公积			25 710

三、登记账簿

根据期初余额和本期填制的记账凭证，登记各明细账和总分类账，从略。

四、根据有关账户记录编制资产负债表

[做中学 10-2]

编制资产负债表如表 10-6 所示。

表 10-6　资产负债表　　　　　　　　　　　　企会 01 表

编制单位：时达实业有限公司　　　　　　　2015 年 12 月 31 日　　　　　　　　单位：元

资 产	期末余额	年初余额	负债和所有者权益	期末余额	年初余额
流动资产：		略	流动负债：		略
货币资金	1 818 745		短期借款	300 000	
以公允价值计量且其变动计入当期损益的金融资产			以公允价值计量且其变动计入当期损益的金融负债		
应收票据			应付票据		
应收账款	1 081 800		应付账款	600 000	
预付账款	15 000		预收账款		
应收利息			应付职工薪酬	13 300	
应收股利			应交税费	174 395.6	
其他应收款			应付利息	3 000	
存货	3 739 050		应付股利		
一年内到期的非流动资产			其他应付款	4 500	
其他流动资产			一年内到期的非流动负债		

续表

资　产	期末余额	年初余额	负债和所有者权益	期末余额	年初余额
流动资产合计	6 654 595		其他流动负债		
非流动资产：			流动负债合计	1 095 195.6	
可供出售金融资产			非流动负债：		
持有至到期投资			长期借款		
长期应收款			应付债券		
长期股权投资			长期应付款		
投资性房地产			专项应付款		
固定资产	7 470 000		预计负债		
在建工程			递延收益		
工程物资			递延所得税负债		
固定资产清理			其他非流动负债		
生产性生物资产			非流动负债合计		
油气资产			负债合计		
无形资产			所有者权益：		
开发支出			实收资本(股本)	6 750 000	
商誉			资本公积	6 000 000	
长期待摊费用			减：库存股		
递延所得税资产			其他综合收益		
其他非流动资产			盈余公积	25 710	
非流动资产合计	7 470 000		未分配利润	253 689.4	
			所有者权益合计	13 029 399.4	
资产总计	14 124 595		负债和所有者权益总计	14 124 595	

任务三　利润表的编制

任务分析

　　利润表是反映企业在一定会计期间经营成果的报表。本任务中，我们将学习编制利润表，通过利润表的学习可以从总体上了解企业收入、成本费用及净利润(或亏损)的实现及构成情况。

知识链接

一、利润表的作用

　　利润表也称损益表，是总括地反映企业在一定时期经营成果(利润或亏损)的实际情况的财务报表。它根据权责发生制基础把一个会计期间的收入与同一会计期间的费用支出进行配比，从而求出报告期的净利润，它是一张动态报表。

利润表的作用在于通过收入与成本、费用相配比，可以全面反映企业在一定期间内的经营成果，向有关部门和人员提供经营成果方面的信息资料。据此可以分析其经济效益和盈利能力，评价一个企业的经营效率和成果，评估投资的价值和报酬，衡量一个企业在经营管理上的成功程度，同时，依据利润表所反映的财务信息，还可以从获利能力及水平上，预测企业在未来一定时期的盈利趋势。

二、利润表的结构和内容

利润表由表首、正表和附注三部分内容构成。

表首部分由报表名称、编制单位、报表日期和金额单位组成。

正表部分的内容包括营业收入、营业利润、利润总额、净利润等项目内容。

附注部分为正表中未能列示的非常项目。

营业收入是指企业主营业务及其他业务所取得的收入总额，营业利润是指营业收入扣除营业成本(包括主营业务成本和其他业务成本)、营业税金及附加、销售费用、管理费用、财务费用、资产减值准备加上公允价值变动收益、投资收益后的余额。利润总额是指企业本期内经营活动的财务成果。它在营业利润的基础上加减营业外收支净额组成。利润总额减去所得税费用即为净利润。

利润表的结构通常有账户式和报告式两种。

账户式。账户式利润表就是采用"T"式结构，将各项收入列入右方，将各项成本费用支出列入左方，以差额表示企业的损益，若为净利润则列入左方，若为净损益则列入右方，左右双方总额保持平衡。

报告式。利润表通常采用上下加减的结构。报告式利润表按计算利润的步骤不同又分为单步式和多步式两种。单步式是以垂直形式先将所有各项收入列示于表的上端，然后将各项成本费用支出列入其下，最后按收支差额一次结出企业的净损益。多步式是按一定顺序，将经营中的收入、成本费用按不同的职能环节互相配合划分为若干阶段，逐步计算企业的财务成果。这是我国企业采用的一种形式。

三、利润表的编制方法

利润表中金额分为"本期金额"和"上期金额"两栏。"本期金额"栏反映各项目的本期实际发生数，在编报年度报表时，填列本年全年累计实际发生额。如果上年度利润表的项目名称和内容与本年度利润表不相一致，应对上年度报表项目的名称和数字按本年度的规定进行调整，填入本表"上年金额"栏。

利润表的主要项目有营业收入、营业利润、利润总额和净利润等，各项目之间相互关系为：

$$营业收入=主营业务收入+其他业务收入$$

营业利润=营业收入-营业成本-营业税金及附加-销售费用-管理费用-财务费用

-资产减值损失+公允价值变动收益+投资收益

利润总额=营业利润+补贴收入+营业外收入-营业外支出

净利润=利润总额-所得税费用

利润表中"本期金额"应根据各有关损益类账户的本期发生额计算填列。

做 中 学

编制利润表。

[做中学 10-3]

承接做中学 10-1 编制利润表。利润表的编制如表 10-7 所示。

表 10-7　利润表

企会 02 表

编制单位：时达实业有限公司　　　　2016 年 12 月　　　　　　　单位：元

项　目	行　次	本期金额	上期金额
一、营业收入	1	937 500	(略)
减：营业成本	2	620 400	
营业税金及附加	3	8 180	
销售费用	4	4 200	
管理费用	5	51 900	
财务费用	6	3 000	
资产减值损失	7		
加：公允价值变动收益(损失以"-"号填列)	8		
投资收益(损失以"-"号填列)	9		
其中：对联营企业和合营企业的投资收益	10		
二、营业利润(亏损以"-"号填列)	11	249 820	
加：营业外收入	12	6 000	
其中：非流动资产处置利得	13		
减：营业外支出	14		
其中：非流动资产处置损失	15		
三、利润总额(亏损总额以"-"号填列)	16	255 820	
减：所得税费用	17	63 955	
四、净利润(净亏损以"-"号填列)	18	191 865	
五、其他综合收益的税后净额	19		

续表

项　目	行　次	本期金额	上期金额
六、综合收益总额	20		
七、每股收益	21		
（一）基本每股收益	22		
（二）稀释每股收益	23		

　　按现行会计制度规定，月度财务报表应于月份终了后 6 日内报出，季度中期财务报表应于季度终了后 15 日内报出，半年度中期财务报表应于年度中期结束后 60 日内报出，年度财务报表应于年度终了后 4 个月内报出，在规定报表报送期限内，应考虑需要财务报表的各级单位能够及时收到财务报表，及时汇总财务报表。

能　力　训　练

一、单项选择题

1. 反映企业财务成果的报表为(　　)。
　　A. 资产负债表
　　B. 利润表
　　C. 单位产品成本表
　　D. 应交增值税明细表

2. 企业单位的利润表是一张(　　)。
　　A. 静态报表　　　B. 动态报表　　　C. 内部报表　　　D. 汇总报表

3. 下列资产负债表项目，需要根据相关总账所属明细账户的期末余额分析填列的是(　　)。
　　A. 应付账款　　　B. 应收票据　　　C. 应付票据　　　D. 应付职工薪酬

4. "应收账款"科目明细账中若有贷方余额，应将其计入资产负债表中的(　　)项目。
　　A. 应收账款　　　B. 预收款项　　　C. 预付款项　　　D. 其他应收款

5. 某企业"应付账款"科目月末贷方余额 40 000 元，其中："应付甲公司账款"明细科目贷方余额 25 000 元，"应付乙公司账款"明细科目贷方余额 25 000 元，"应付丙公司账款"明细科目借方余额 10 000 元；"预付账款"科目月末贷方余额 20 000 元，其中："预付 A 工厂账款"明细科目贷方余额 40 000 元，"预付 B 工厂账款"明细科目借方余额 20 000 元。该企业月末资产负债表中"预付款项"项目的金额为(　　)元。
　　A. 20 000　　　B. 30 000　　　C. -30 000　　　D. -10 000

6. 某企业 2016 年 12 月 31 日固定资产账户余额为 6000 万元，累计折旧账户余额 1800 万元，固定资产减值准备账户余额 200 万元，工程物资账户余额 200 万元。该企业 2016 年 12 月 31 日资产负债表"固定资产"项目的金额应为(　　)万元。
　　A. 6400　　　B. 6000　　　C. 4400　　　D. 4000

7. 下列各项中，不影响企业营业利润的是( )。
   A. 营业外支出　　　　　　　　　B. 财务费用
   C. 资产减值损失　　　　　　　　D. 公允价值变动损益

8. 企业期末"本年利润"的借方余额为 7 万元，"利润分配"和"应付股利"账户贷方余额分别为 18 万元和 12 万元，则当期资产负债表中"未分配利润"项目金额应为( )万元。
   A. 25　　　　　B. 19　　　　　C. 18　　　　　D. 11

二、多项选择题

1. 财务报表的主表包括( )。
   A. 资产负债表　　　　　　　　　B. 利润表
   C. 所有者权益变动表　　　　　　D. 现金流量表
   E. 应交增值税明细表

2. 资产负债表是总括反映企业在某一特定日期全部( )情况的财务报表。
   A. 资产　　　　B. 收入　　　　C. 费用
   D. 负债　　　　E. 所有者权益

3. 财务报表的使用者包括( )。
   A. 投资人　　　　B. 债权人　　　　C. 企业职工
   D. 企业管理者　　E. 上级主管机关

4. 下列各项中，应列入利润表"营业税金及附加"项目的有( )。
   A. 增值税　　　　　　　　　　　B. 城市维护建设税
   C. 教育费附加　　　　　　　　　D. 矿产资源补偿费

5. 下列各会计科目的期末余额，不应在资产负债表"未分配利润"项目列示的有( )。
   A. 应付股利　　B. 盈余公积　　C. 利润分配　　D. 本年利润

6. 通过资产负债表可以了解到( )。
   A. 企业所掌握的经济资源及其构成
   B. 企业资金的来源渠道及构成
   C. 企业短期偿债能力
   D. 企业的财务成果及其形成过程

三、实务操作题

[实务操作 10-1]

1. 目的
练习资产负债表和利润表的编制。

2. 资料
新峰有限责任公司 2016 年 8 月 31 日有关账户发生额及余额如表 10-8、表 10-9 所示。

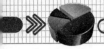

表 10-8　账户发生额

2016 年 8 月 31 日　　　　　　　　　　　　　　　　　　单位：元

会计科目	1—7 月		8 月	
	借方发生额	贷方发生额	借方发生额	贷方发生额
主营业务收入		560 000		52 000
其他业务收入		8 000		2 000
营业外收入		3 000		6 000
主营业务成本	410 000		40 000	
销售费用	40 000		3 000	
营业税金及附加	5 000		500	
其他业务成本	2 000		1 500	
管理费用	25 000		3 500	
财务费用	5 600		400	
营业外支出	3 100		200	
所得税费用	22 800		2 725	

表 10-9　总分类账户余额

2016 年 8 月 31 日　　　　　　　　　　　　　　　　　　单位：元

会计科目	借方余额	贷方余额
库存现金	2 000	
银行存款	42 000	
应收票据	3 000	
应收账款	58 000	
预付账款	9 000	
原材料	80 000	
库存商品	190 000	
包装物	3 000	
低值易耗品	7 000	
固定资产	218 000	
累计折旧		35 000
应付票据		18 000
应付账款		80 500
应付福利费		1 500
应交税费		4 000
应付股利		2 500

续表

会计科目	借方余额	贷方余额
股本		413 000
盈余公积		53 000
利润分配		4 500

3. 要求

根据上述资料编制资产负债表和利润表。

参 考 文 献

[1] 财政部会计资格评价中心. 初级会计实务[M]. 北京：中国财政经济科学出版社，2015.

[2] 财政部会计资格评价中心. 中级会计实务[M]. 北京：经济科学出版社 ，2015.

[3] 中华人民共和国财政部. 企业会计准则(2015 年版)[M]. 上海：立信会计出版社，2015.

[4] 中华人民共和国财政部. 企业会计准则应用指南(2015 年版)[M]. 上海：立信会计出版社，2015.

[5] 企业会计准则编审委员会. 企业会计准则案例讲解(2015 年版)[M]. 上海：立信会计出版社，2015.

[6] 高丽萍. 财务会计实务[M]. 北京：高等教育出版社，2014.

[7] 于文. 企业经济业务核算与报告[M]. 南京：南京大学出版社，2012.

[8] 孔德兰. 企业财务会计[M]. 北京：高等教育出版社，2011.

[9] 李琳. 财务报表分析[M]. 北京：中国原子能出版社，2013.

[10] 赵向红. 财务会计实务教程[M]. 上海：立信会计出版社，2011.

质检5